광란의 그 현장

문명고, 역사지키기 77일 백서

개정증보판에 덧붙여

홍택정(문명중·고등학교 이사장)

국정 역사 교과서의 탄생을 한사코 반대한 이유들이 한가지씩 밝혀지고 있다.

첫째, 올바른 역사 교과서로 가르치게 되면, 민노총과 전교조가 공들인 좌 편향 역사 왜곡이 송두리째 흔들려 공든 탑이 무너지기 때문이다.

둘째, 더 이상 혁명의 전위대를 양성할 수 없고, 촛불 탄핵에 학생 동원이 불가능하다.

셋째, 국정교과서가 채택되면 엉터리 좌 편향 검정교과서는 시장에서 도태된다. 즉 막대한 수익을 뺏기게 되니 사생결단으로 반대했다.

이번 민노총이 주도한 불법파업에는 노동자의 주장이 없고, 북한의 앵무새로 전락한 실체가 드러났다. 전교조 역시 윤 정권 촛불 탄핵에 학생들을 동원하도록 메시지를 전달했다.

교육이 실종된 학교 현장은 좌파 이념 교육장이 되어버렸다. 인헌고 사태가 잘 대변하고 있다. 더 이상 망가질 것조차 없는 기울어진 대한민국을 만들었던 것이다.

그러나 우리는 어떤 난관이 닥치더라도 헤쳐 나가 다시 나라를 바로 일으켜 세워야 한다. 역사도, 경제도, 진정한 노동자를 위한 노조도, 반듯한 일자리도, 정의와 공정도 뿌리내리도록 해야 한다. 좌파의 자신만만했던 20년 집권론이 내로남불과 조국의 위선으로 허망하게 무너진 것은 아직도 대한민국의 명운이 다하지 않았기 때문이다.

올바른 역사의 정립으로 더 이상 세뇌되는 학생들이 없도록 자랑스런 건국과 부국의 역사를 올바른 교과서를 통해 가르칠 때 나라는 바로 서게 된다. 민노총의 불법 파업에 미군 철수와 한미동맹 파기 등의 정치구호가 등장하고 있는 지경에 이르고 있다.

바로 이들이 국정교과서 탄생을 결사적으로 반대한 세력들이다. 올바른 역사 교과서는 적화의 걸림돌이기 때문이다. 다시 한번 2017년 3월의 광기 어린 좌파들의 국정 역사 교과서 연구학교 신청을 무자비하게 짓밟으려 했던 무법천지의 광란을 상기하고자 한다.

대한민국의 역사는 변하지 않으며, 변할 수도 없다. 한 국가에 어찌 여러 가지 역사가 있을 수 있단 말인가? 검정 역사 교과서가 8종이나 되고, 역사적 사실에 대한 기록이 다르다. 학생들은 어떤 역사를 배워야 하는가?

사실은 하나니까 반드시 역사책은 하나로 가르치고, 배우는 게 맞다.

역사 왜곡으로 국민적 갈등과 분열을 증폭시켜 나라를 혼란에 빠트리는 것이 좌파들의 목적이자 목표다. 그리하여 그들은 올바른 국정 역사 교과서의 탄생을 한사코 반대한다.

2022년 12월
新羅人 野道

<광란의 현장- 문명고, 역사지키기 77일 백서> 발간에 즈음하여

홍택정(문명중·고등학교 이사장)

지난 2017년 2월, 문명고등학교는 합법적인 절차에 따라 경상북도 교육청에 국정 역사교과서 연구학교를 신청했다. 학교는 이 신청 건에 대하여, 보다 다양하고 공개적으로 중지를 모아 의사결정에 반영하였다. 재직 교사는 79%, 운영위원회는 5대 4로 찬성을 해주었다. 뿐만 아니라 졸업생들로 구성된 총동창회 긴급이사회에서도 29대 14로 지지의사를 표시하였다. 이처럼 민주적 절차에 조금도 하자가 없는 결정 과정을 거쳐 신청했다.

그러나 그 결과는 참담과 분노를 안겨준 채 무산되고 말았다. 오로지 좌파들의 정치적 선동의 제물이 되고 만 것이다. 연구학교 신청과 무산에 이르는 그 전말을 그동안 각종 언론에서 보도하였지만, 김상곤의 교육부는 짤막한 문장으로 마침표를 찍고 말았다. 그와 더불어 2018년 교육부가 펴낸『역사교과서 국정화 진상조사 백서』(이하『교육부 백서』로 통일) 역시 아래와 같이 국정 역사교과서 연구학교를 철회한다고 언급하고 있다.

연구학교는 학교 현장에서도 외면을 받았다. 연구학교 공모 신청은 2월 10일까지였으나, 2월 7일까지 연구학교를 신청한 학교가 한 곳도 나오지 않자 교육부는 연구학교 신청기한을 10일에서 15일까지로 연장했다. 2월 15일 신청 마감 직후 전국 5,556개 중·고등학교 중에서 연구학교 운영을 신청한 학교는 경북의 사립학교 세 곳뿐이었다. 이 중 오상고는 구성원들의 반발로 하루 만에 철회했으며, 경북 항공고는 경북교육청의 심사결과 탈락했다. 유일하게 국정 교과서 연구학교로 선정된 문명고도 학생과 학부모 등이 강하게 철회를 요구했다. 문명고 국정 교과서 지정철회대책위원회는 경북교육청을 상대로 연구학교 지정 취소 및 효력정지 신청을 제기했고, 대구지방법원은 3월 17일 이를 받아들였다. 재판부는 "국회에서 국정 역사교과서 폐기 여부가 논의되는 등 앞으로 적용 여부가 불확실한 상황에서 문명고 1학년 재학생들이 이 교과서로 대학 입시를 준비해야 하는 현실적인 피해가 발생한다."고 언급하면서 "이로 인해 학생과 학부모들이 받을 불이익은 금전 보상이 불가능하며 회복할 수 없는 손해"라고 밝혔다. 이후 경북교육청이 이에 항고했으나 대구고등법원은 5월 2일 이를 다시 기각했다. 경북교육청은 5월 16일 문명고의 연구학교 지정을 철회했다.

여기에 더하여 문명고등학교는 학교 현장에서조차 외면당했다. 이 모든 일련의 상황을 정상적인 정신구조를 가진 사람이라면 가당하다 할 일이겠는가? 문명고등학교가 무슨 대역무도한 일이라도 자행했단 말인가?

그 당시, 연구학교 공모 기간은 그해 2월 10일까지였지만, 2월 7일 현재 연구학교를 신청한 곳은 한 학교도 없었다. 그러자 교육부는 연구학교 신청기한을 15일까지 연장했지만, 신청 마감 결과는 참담했다. 전국의 5,556개 중·고등학교 중에서 연구학교로 운영하겠다고 신청한 학교는 고작 경상북도의 사립학교 세 곳뿐이었다. 구미의 오상고, 경북 항공고를 포함하여 문명고등학교가 전부이다. 여기서 오상고등학교는 구성원들의 반발로 하루만에 철회했으며 항공고등학교는 심사 결과 탈락됐다. 결국 연구학교로 선정된 학교는 전국에서 오직 문명고등학교 뿐이었다.

문제는 여기서부터 시작되었다. 일부 학생과 학부모들이 강하게 철회를 요구했기 때문이다. 그들은 <문명고 국정 역사교과서 연구학교 지정철회 대책위원회>를 결성하고 경상북도 교육청을 상대로 연구학교 지정 취소 및 효력정지 신청을 제기했으며 관할 대구지방법원은 3월 17일 이를 받아들였다. 재판부는 '국회에서 국정 역사교과서 폐기 여부가 논의되는 등 앞으로 적용 여부가 불확실한 상황에서 문명고 1학년 재학생들이 이 교과서로 대학 입시를 준비해야 하는 현실적인 피해가 발생한다.'라고 언급하면서 '이로 인해 학생과 학부모들이 받을 불이익은 금전 보상이 불가능하며 회복할 수 없는 손해'라고 밝혔다. 두 권의 교과서로 공부하는데 학생과 학부모들이 받을 현실적 피해와 금전적 불이익은 도대체 무엇인가? 반대를 위한 궤변일 뿐이다.

그 이후 경상북도 교육청은 대구고등법원에 항고하였지만, 법원은 5월 2일 이것조차 다시 기각하고 말았다. 하는 수 없이 경상북도 교육청은 5월 16일 문명고등학교의 연구학교 지정을 철회했다.

중등학교 교육정책의 하나가 마치 한편의 코미디처럼 해프닝으로 끝나고 만 것이다. 『교육부 백서』는 이러한 역사적인 사실을 학교에는 아무 일도 없었던 것처럼 대수롭지 않게 그리고 학생과 관련 학부모들의 요구와 재판부의 판단을 받아들였기 때문에 철회했다는 식으로 기록하고 있다.

본교가 경상북도 교육청에 신청한 연구학교 계획서(2017. 2. 15)[1]에 명시된 연구 목적은 국정 고등 한국사 교과서의 현장 적합성 연구를 통하여 기존의 검정 고등학교 한국사 교과서(천재교육)와 국정 고등학교 한국사 교과서의 오류 및 왜곡된 내용을 정리하여 국정

---

1) 연구학교 운영 계획서 「참여형 수업을 통한 국정고등한국사 교과서의 현장 적합성 연구」 중 연구목적 참조, 본책, p. 304

한국사 교재의 현장 적용 시 유의점 및 올바른 방향을 설정하고자 하는 것이었다. 하지만 재판부는 이러한 본교의 연구 목적을 무시하고 학생들에게 회복할 수 없는 불이익을 준다는 억지 주장을 펼치는 세력에 동조하였고, 그 반대 세력들 역시 국정 교과서만을 주교재로 사용하는 것처럼 호도하였다.

그렇기 때문에 위 내용을 간과한 교육부의 백서가 얼마나 면피용으로 제작되었는가는 불 보듯 뻔하다. 교육부의 백서는 새빨간 거짓말을 하고 있다. 학생과 학부모들이 '강하게 철회를 요구했다.'라고 단 3개의 어절로 얼버무리고 있다. 백서라는 미명으로 사실을 뒤로 감춘 자의적 엉터리 내용을 적고 있다.

과연 현실은 그렇게 단순하고 조용하였던가?

교정에는 민노총과 전교조, 농민회까지 합세한 가운데 불법과 폭력이 난무했고 심지어 입학식까지 무산되었다. 그리고 좌파의 입, 민변이 주도한 소송 대행 사실을 교묘하게 은폐하였다. 학교 경영의 책임자인 나는 분노를 참으면서 광란의 77일을 지켜보았다. 나는 그들의 말과 표정과 몸짓에서 위선과 거짓을 듣고 보았다. 진상조사위원회인들 차마 그 내용을 어찌 명명백백 다 밝힐 수가 있었으랴!

그 소용돌이의 중심에 선 문명고등학교는 장구한 역사와 고유한 건학이념을 가지고 있다. 문명고등학교는 경상북도 최초의 사립

문명보통학교로부터 시작되었다. 학교법인 문명교육재단은 백십여 년 전인 1908년, 여덟 명의 애국자가 합심하여 경상북도 인가 1호로 설립한 사학이다. 그러나 일제는 설립자들의 생각과 무관하게 학교를 공립화하고 말았다. 그로부터 반세기를 넘어 1966년, 사라진 법인을 되찾고 법인조직을 변경하여 문명중·고등학교를 설립하였다.

설립자 운은(雲隱) 홍영기 선생은 나의 선친이다. 당시 선고께서는 권오병 문교부 장관 앞에 혈서를 써 보이면서까지 학교법인 인가를 받았다는 일화가 전해지고 있다. 특히 운은 선생은 새마을 운

▲ 새마을운동의 원조인 경북 청도군 운문면 방음동 새마을 사업을 돌아보는 박정희 대통령과 운은 홍영기 선생. 새마을 운동이 1972년에 전국적으로 시작되었음을 감안한다면 민간주도의 새마을 사업이 1964년 부터 이미 방음동에서 시작되었음을 확인할 수 있다.

동의 선구자로 초대 5·16 민족상 수상자이기도 하다. 그때 수상한 상패에는 '귀하는 애린 애향의 정신으로 피폐한 농촌을 살고파 마을로 지도 육성하여 영농의 근대화, 생활의 합리화를 이룩하였고, 교육기관을 설립 운영하여 지역사회 발전과 농가 수익 증대에 기여한 공이 지대하므로 이에 민족상을 드립니다. 1968년 5월 16일 재단법인 5·16민족상 총재 박정희'라고 기록하고 있다.

새마을 운동이야말로 우리에게 보릿고개를 잊게 한 농민주도의 자발적, 자생적 잘살기 운동의 하나이다. 그러나 2020 검정 교과서는 '새마을 운동'을 관 주도로 추진되었다면서 엄연한 역사적 사실까지 폄하 왜곡하고 있다.

문재인 정권은 정치 논리로 국정 역사교과서를 폐기했고, 8종의 검정 역사교과서를 다시 발행하여, 2020년 학기부터 이 책을 학교마다 선택적으로 사용하도록 제도화하였다. 나는 그 전권을 꼼꼼하게 읽고 분석하였을 뿐만 아니라 전문가들과 여러 차례 토의하고 의견을 교환하였다. 그 결과 이 책은 현 정권의 홍보물에 불과하다는 점, 선거를 앞두고 투표권이 주어지는 고3에게 세뇌를 목적으로 전략 전술의 매체로 활용한다는 점, 그리고 이념적으로 편향되어 교과서로서 균형감을 잃고 있다는 점을 발견할 수 있었다.

이런 내용을 인지하는 국민이라면 모두가 경악을 금치 못할 것이다. 나의 지적은 지난해 국회에서 황교안 대표가 주최한 '문재인 정권 좌편향 교과서 긴급진단 정책 간담회(2019년 12월 22일)', 곽상도 의원이 주최한 토론회 '2020 검정 역사 교과서, 이대로 가르칠 것인가(2020년 1월 15일).'의 내용과 맥락을 같이 한다. 또한 그동안 조선일보를 비롯한 여러 언론의 보도는 물론 학부모 단체에서 수차례 거리에 나와 국민들에게 알린 내용과도 다르지 않다. 특히 학부모 단체는 출판사를 상대로 배포금지 가처분 신청과 함께 유은혜 장관을 사전 선거운동 혐의로 고발하기도 하였다. 이들의 주장이나 시각과 염려는 모두 나의 생각과 다르지 않다는 것을 알 수 있다.

결국 국정 역사교과서는 햇빛도 보지 못한 채 역사의 뒤안길로 사라졌다. 비록 친일 미화와 군사 독재 미화란 프레임을 씌우고, 문재인 대통령으로부터 폐기처분 당했지만, 언젠가 역사 교과서로 부활해야 한다고 확신한다.

그 이유는 명확하다. 첫째, 아직 그 누구도 국정 역사교과서가 폐기되어야 할 이론적 근거와 반론을 제시하지 못하고 있다는 점을 들 수 있다. 둘째, 각 분야의 전문가 27인의 집필진들이 만든 완벽한 내용이다. 그리고 셋째, 이념적인 편견 없이 균형 잡힌 역사관으로 집필되었다는 점이다. 그러기에 나는 믿고 기다린다. 우리의 미래 세대들에게 올바른 역사 인식을 제공해 줄 교과서로 거듭 태어날 것이라고 말이다.

역사란 우리 사회가 감당했던 이런 일, 저런 일들을 기록하는 것이다. 『조선왕조실록』은 그래서 더 가치가 있고 세계문화유산으로 선정된 이유이기도 하다.

나는 지난날, 문명고등학교가 국정 역사교과서 연구학교 선정과
무산 과정에서 겪은 불법적인 폭력 시위 과정을 사실대로 기록해
두고자 한다. 해당 연구학교 교장의 교과서 선택권조차 처참하게
무시된 파행의 과정을 낱낱이 기록하고자 한다. 그래서 그 광란의
전모와 보도된 신문 기사를 빌려 밝히고 고발하여 역사에 분명하게
남기고자 한다. 그 과정이 바로 살아있는 역사이기 때문이다.

수난을 겪으면서도 내가 온전하게 버틸 수 있도록 주변의 많은
곳에서 격려와 수백 통의 응원 메시지가 있었다. 귀하고 고마운 일
들로 기억한다. 특히 좌파 단체들의 쓰나미 폭력 시위를 당하고 있
을 때, 재경·재부·재마 동문들의 눈물 어린 격려와 위로를 받았다.

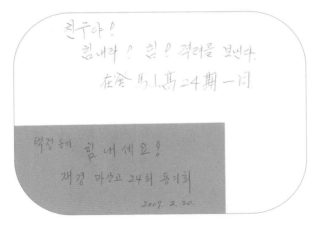

▲ 재경 마산고 24회 동기회의 격려 서신

그들이 거두어 준 격려금을 쓸 곳이 마땅찮아 보관하고 있었는데, 마침 이번 백서 발간 비용의 일부를 충당할 수 있어 얼마나 생광(生光)스러운지…

소중한 『문명고, 역사교과서 지키기 77일 백서』가 엮어지도록 주옥같은 원고를 보내주신 여러 필진분들- 권희영 교수, 김병헌 소장, 김승옥 교수, 김용삼 기자, 김○○ 동문, 박석희 선생, 박진용 위원, 양일국 박사, 우원재 기자, 이주천 교수, 정경희 국회의원, 조윤희 선생 등 여러분께 뜨거운 감사를 드리며, 또한 이 책을 출간해준 글마당 최수경 대표 이하 편집팀에게도 감사를 드린다.

모쪼록 이 책을 통하여 온 국민들에게 <2017 국정 역사교과서> 선택의 문제 없음과 <2020 검정 교과서>의 부당성을 알린다. 아울러 당시 문명고등학교가 유일하게 국정 역사교과서 연구학교로 선택된 당위성을 이해 할 수 있기를 바란다.

국정 역사교과서 연구학교 신청에 대한 회고

김태동(前 문명중·고등학교 교장)

3년이 지난 지금, 개정된 검정 교과서가 나왔다. 문재인과 김정은의 사진이 한 페이지를 차지하고, 촛불 시위를 혁명이라고 명명하며 교과서 한 페이지를 차지하는 출판사도 있다. 2017년의 국정 역사교과서를 박근혜 정부 홍보라고 비판하던 사람들이 2020년에 사용할 검정 교과서에서 아직은 결과도 모를 문재인 정부의 정책을 몇 배로 홍보하고 있는 이유는 무엇인가?

누군가는 나에게 "왜 국정 역사교과서 연구학교를 신청했는가?"라고 질문한다. 나는 주저없이 어린 학생들에게 사실에 대해 공감할 수 있는 바른 역사관이 필요하다고 답한다. 물론 국정 역사교과서를 반대하는 사람에게 같은 질문을 해도 '바른 역사관'의 정립이 궁극적 이유라고 말할 것이다. 서로 생각이 다를 수는 있다. 그러나 문제는 당시 책의 내용을 읽어보지도 않고 국정 역사교과서를 정권

15

의 홍보용이라고 비난한 사람들이다. 그들은 과연 2020년 검정 교
과서는 읽어보았는지 의심스럽다.

　2017년 2월, 문명고등학교 운영위원회의 연구학교 신청 의결 과
정이 교장의 억지로 가결되었다고 문제 삼는 사람들이 있었다. 결
론부터 말하면 회의 절차에 전혀 잘못됨이 없었다. 뿐만 아니라 운
영위원회 규정에 보면 사립학교의 일반 안건은 '심의'가 아닌 '자문'
이다. 자문은 위원들의 의견을 참고만 하며, 학교장이 결정한다는
뜻이다. 연구학교 신청 당시에 연구학교 담당 부서인 경상북도 교
육연구원에 자문을 구하니 '운영위원회의 동의를 받으시오.'라고
하여서 위원회를 개최하였다. 언론이나 민노총, 전교조 등의 반대
여론이 극성이니까 연구원에서도 사후 비난이 두려워 그렇게 답을
한 듯하다. 국정 역사교과서가 곧 박근혜 정권이라는 등식으로 반
대를 밀어붙이는 시기였다. 반대하는 그들에게는 책의 내용이 중요
하지 않았다. 박근혜만 탄핵하면 그만인 것이다. '학생들에게 올바
른 역사관, 다양한 역사관'이란 말은 모두 자신의 행동을 정당화하
기 위한 핑계였다.

　연구학교 신청서를 제출하기 이틀 전인 2017년 2월 13일, 매우
불쾌한 2통의 전화를 받았다. 하나는 경산시 민주노총 위원장이라
고 자신을 밝힌 사람으로 연구학교 신청을 막아버리겠다는 내용이
었고, 또 하나는 문명중학교 2학년 학부모라는 사람의 협박성 전화
였다. 특히, 16일 오전에 교장실로 몰려온 민주노총 회원들은 교장

16

실에 허락없이 들어와서 고함을 치면서 연구학교 신청을 하면 가만 두지 않겠다던 협박은 아직도 기억에 생생하다. 당시의 상황을 생각해보면 대한민국이 과연 법치국가가 맞는지 의문스러웠다.

교장실에 허락 받지 않고 무단으로 침입한데다가 점령군처럼 교장에게 명령하듯 겁박하는 사람들은 도대체 법을 아는 사람들인가? 무엇이 저들을 무례하게 만들었으며, 누가 저들이 무법천지로 활약하는 사람들로 만들었는가? 나는 그때 단단히 마음먹었다. '저런 이들에게 민주주의를 가르쳐야 한다.', '법치 사회가 무엇인지 가르쳐야 한다.', '대한민국이 법치 사회라는 것을 알려줘야 한다'.

2017년 2월 20일, 교육부 장관이 연구학교를 지정하였다. 전체 교사를 도서관에 모아서 2월 6일 반대서명서에 서명한 교사도 교장이 연구학교를 신청하여 학교 정책이 정해졌으므로 이후부터 모든 반대하는 행동은 해교 행위로 간주한다고 발표하였다. 22일 20명이 반대 서명을 하였다. 물론 2월 6일 1차 반대 서명한 교사를 포함하여 10명이 더 서명하였다. 나는 반대 서명한 몇 명의 교사에게 "왜 반대를 했는가?" 질문하였다. 대답은 "그냥 했다거나, 학교가 위험에 처할 것 같아서" 등의 대답이었다. 이는 전쟁에 비유하자면 지휘관의 지시를 무시하고 본인의 판단이나 동료의 의견에 따라간 것이다. 그 누구도 국정 교과서를 읽어본 사람은 없었다. 명색이 학생들의 생각에 영향을 주는 교사들이 너무나 생각없이 살고 있다는 생각이 들었다.

2017년 3월 17일 대구지방법원의 국정 역사교과서 사용금지 가처분 신청의 인용으로 사용보류가 되었는데, 그 판결 주문이 당시의 한국 정치와 사법부의 현주소를 말해준다. 책에 대한 비판은 없고 가처분 인용 이유를 단지 한 학교만 선택했기 때문에 학생들이 대학 입시에서 손해를 보기 때문이라고 한다. 문명고등학교는 검정과 국정 교과서를 비교 연구하고 두 교과서를 모두 배우므로 다양한 역사적 관점을 경험했다는 측면에서 입시에 오히려 이익인데 말이다. 주문에 '학생들에게 회복할 수 없는 상실감 등등…' 당시의 상황에서 판사가 공정성을 가지고 판결하기는 힘들 수도 있는 촛불시위에 밀리는 정치적인 상황이 판사의 판결에 영향을 주었다고 추측된다.

2017년 5월 대통령 탄핵에 이은 촛불세력에 의한 새 정권이 탄생하여 문재인 대통령은 적폐 1호로 국정 역사교과서를 지목하였다. 참으로 역사교육에 관심이 많은 정부다. 굵직한 정책이 많을텐데도 역사교과서를 가장 중요시하다니, 앞으로는 더 좋은 교과서가 발행되리라고 생각하며 국정 역사교과서 사용 금지로 상실된 마음을 삭힐 수밖에 없었다. 그런데 3년이 지나서 발행된 검정 역사교과서는 참으로 가관이다.

역사란 과거 사실에 대한 냉정한 평가를 바탕으로 한다는 대전제를 무시한 채 새롭게 개정된 한국사 교과서는 현 정권을 옹호하고 두둔하는 문구로 치장되어 있다. 3년 전 국정 역사교과서를 박근혜, 최순실 교과서라고 비판하던 그들의 논리를 빌리자면 이번 교과서는 문비어천가, 문재인 교과서이다.

　'역사는 힘이다.', '힘의 역사'라고 하는 사람도 있다. 정권이 바뀔 때마다 역사에 대한 평가가 바뀐다면, 같은 나라 안에서도 20대가 배운 박정희 대통령은 나쁜 사람이고, 30대가 배운 박정희 대통령은 훌륭한 사람이고, 40대, 50대, 60대가 각각 다르게 혹은 반대로 배운다면 그들이 사는 국가의 정체성은 무엇일까? 걱정이다. 그래서 어린 학생들에게는 객관적인 사실의 전달이 필요하고 역사교과서는 국정으로 하는 것이 옳다는 생각이다. 역사관이 상대주의 사관이라 하더라도 정부가 바뀔 때마다 평가가 상반되는 것을 뜻하지는 않는다. 지금 나온 검정 교과서도 잘못된 부분은 객관적으로 검토하고 수정하여 미래를 살아갈 우리 학생들을 위하여 오랫동안 누구나 사용할 수 있는 역사교과서가 되기를 간절히 기원한다.

목차

01 검정 한국사 교과서의 문제점과 국정 한국사 교과서의 당위성

04 올바른 역사 교육을 위한 제안

01

검정 한국사 교과서의 문제점과
국정 한국사 교과서의 당위성

현대사 교육의 궤도 이탈

박진용(언론인/ 역사저술가)

우리나라 근대 역사학은 1920년대 이후 민족주의, 마르크스주의, 실증주의의 세 갈래 흐름을 보여 왔다. 박은식, 신채호로 대표되는 민족주의 사학은 일제 강점기 민족정신을 강조하는 학맥으로 정인보, 안재홍, 문일평으로 이어졌다. 해방 후 신민족주의를 주창했다. 안재홍은 좌우합작 건국준비위원회 부위원장, 국민당 당수, 미군정청 군정장관을 지냈다.

사회경제사학으로 지칭되는 마르크스주의 사학은 사회주의 사상이 풍미하던 일제 강점기의 산물이었다. 뒤에 북한 교육상(교육부장관), 최고인민회의 의장(국회의장)을 지낸 백남운은 해방 이튿날 조선학술원을 설립하고 1946년 5월 민족문화연구소를 설립해 연구와 현실정치(신민당 위원장)에 뛰어들었다.

실증주의 사학은 일제의 문화 탄압과 직접적 마찰을 피하기 위해 사료비판 등 역사를 우회적으로 접근한 학파다. 식민체제를 동조, 묵인하거나 관변역사기구인 조선사편수회에 종사하면서 식민사학에 협조하는 길을 걸었다. 실증사학은 해방 후 서울대에서 입지를 굳혔다. 이병도는 김상기와 더불어 미 군정청의 역사 교과서인 『국사교본』을 집필했다. 그러나 식민사학의 주장을 벗어나지는 못했다.

6·25 전쟁 이후 민족주의 사학은 대표학자들의 납북으로 남북 어디서도 뿌리를 내리지 못했다. 반면 마르크스주의 사학은 북한 역사학계의 주도권을 잡았고, 실증주의 사학은 남한의 대학 강단을 차지해 대한민국의 역사학을 이끌었다. 주류가 됐어야할 민족주의 사학의 맥이 끊김으로써 우리나라 역사학은 이때부터 절름발이가 되고 말았다. 실증주의 사학에 의해 역사의 정기가 흩어지고, 마르크스주의 사학에 의해 역사가 침식된 현실이 오늘에 이어지고 있다.

좌경사관 등장과 역사교육 파행

6·25 전란과 북한 공산당의 만행으로 1950년대와 1960년대 남한의 좌경세력은 숨도 쉬기 어려운 처지가 됐다. 그러나 1970년대 유신통치와 맞물려 좌경 수정사관이 반체제 이론으로 등장해 역사학계와 언론, 출판, 문단 그리고 대학생들 사이에 널리 유포됐다. 좌경

수정사관은 반독재 투쟁이라는 이념 목표에 따라 한국 근현대사의 전통적 해석을 부정하고 나섰다.

1980년대 이후에는 좌경 민중주의(민중적 민족주의) 사관이 등장해 이승만·박정희에 대한 비판적 연구가 이뤄졌다. 민중주의 사관은 대학가를 장악한 좌경 운동권의 논리로 발전했고 초중 교과서로까지 세를 넓혔다. 좌경사관은 권위주의 정부와 상호작용을 일으키며 남북 민족 지상주의로 흘렀다. 1980년대 중반 미국 반체제 학자 브루스 커밍스의 『한국전쟁의 기원(한국어판)』이 좌경 수정사관을 확산시키는 촉매제가 됐다. 북침설을 주장하는 엉터리 책이었다.

1990년대 좌경사관은 정치적, 이념적 목적에 따라 역사적 사실마저 왜곡하는 도구로 전락하기에 이르렀다. 김영삼 정부 때인 1994년 6차 교육과정 국사교과서 준거안은 대구 10·1폭동과 제주 4·3 폭동을 항쟁으로 기술하고, 여수·순천 반란사건을 여수·순천 10·19 사건으로 바꿔놓았다. 공산주의자들의 폭력을 정당화하거나 얼버무린 것이다. 또 좌익운동사와 주체사상을 다루도록 하는 등의 행태로 좌편향 파동을 일으켰다.

김대중, 노무현 좌파정권 시기에는 좌경 학자 및 문화계 종사자들의 영향력이 커지면서 현대사 왜곡의 폐해가 심각해졌다. 김대중 정권 말기인 2002년 7차 교육과정(2002~2010)에 채택된 한국근현대사 검정 교과서 6종은 역사 갈등을 본격화시켰다. 이들 교과서들은 6차까지의 교과서들과 달리 대한민국의 건국, 국가 정체성, 6·25 전쟁과 국난 극복, 안보노력 등을 언급하지 않거나 부정 기술했다. 통일 문제에서도 남북 간 화해와 교류 협력만을 강조하고 자유민주주의에 입각한 통일원칙을 외면했다.

이명박 정부는 2008년 12월 좌편향 논란이 제기된 한국근현대사 검정 교과서 6종을 수정보완(206곳)하는 조치로 문제를 1차 봉합했다. 이어 2009년 개정 교육과정(2010년 검정, 2011년 교재 사용)을 도입해 좌편향을 바로 잡으려 했으나 6종 중 일부는 근현대사의 편향성이 더 심해졌다. 대한민국 건국의 주역들을 폄훼하고 북한정권 성립을 우호적으로 서술하는 등의 문제가 노골화됐다.

2009년 개정 교육과정 2013년 검정(2014년 교재 사용) 교과서 8종 역시 대한민국의 정통성 훼손, 북한체제의 무비판적 접근, 대한민국의 발전과 번영 축소평가 등 문제점을 지니기는 마찬가지였다. 박근혜 정부는 2013년 10월 8종의 교과서에 대한 829건의 수정, 보완을 지시했으나 심각한 오류가 해소되지 않았다. 이에 2015년 개정교육과정(2018년 교재 사용)에 따라 자유사관에 입각한 국정교과서로의 전환을 시도했으나 탄핵사태를 맞아 교과서가 발간되자마자 폐기처분되고 말았다. 결과적으로 2002년부터 좌경화된 현대사 교육이 2019년 현재까지 계속되고 있다.

좌파정부의 옹색한 역사인식

대한민국은 세계 최악의 빈곤국에서 10위권의 경제대국으로 성장한 세계사적 성공국가다. 그런 열매는 아무 나라에게 주어지는 것이 아니다. 그렇다면 나라의 주춧돌을 놓고 그것을 지키며 조국의 근대화를 이룬 건국의 지도자들에게 합당한 평가가 이뤄져야 정상적인 국가라 할 수 있다. 한민족 역사에 처음 있는 삼성, 현대, LG 등의 세계 제패도 역사 서술에서 의미 있게 조명돼야 마땅하다. 후세들에게 자부심과 긍지, 동기를 부여하는 역사가 있어야 새로운 도약이 이어질 수 있기 때문이다. 그것이 국가 통합과 정체성의 공유라는 역사의 본래적 기능에 부합한다.

하지만 대한민국 부정의 좌경사관은 이런 성취를 깎아내리고 용공으로 치닫는 종속-자폐-공론에서 헤어나지 못하고 있다. 2018년 좌파 여당의 자유 빠진 개헌안 해프닝에 이어 교육부는 자유민주주의를 민주주의로 바꿔치기한 역사교과서 집필기준 시안을 확정했다. 교육과정 내용체계, 학습 성취기준, 학습요소에 있던 자유민주주의를 모두 민주주의로 뒤집은 것이다. 교육부는 민주주의가 자유민주주의(및 인민민주주의, 민중민주주의 등)를 포괄하는 상위개념이라는 이유를 들었지만 그것은 궤변에 지나지 않는다.

문재인 3기 좌파정부의 2018년 역사 교과서 집필기준은 한국의 한반도 유일 합법정부 지위와 북한의 각종 도발, 인권 실태를 의무적인 서술내용에서 제외시켰다. 역사 서술의 기본 틀을 좌경으로 뒤집겠다는 속셈을 노골화했다. 그런 의도는 고교 현대사 단원(대주제)의 소주제 내용체계에서도 어느 정도 읽어낼 수 있다. 이들 소주제는 얼핏 문제가 없어 보이지만 좌경의 함정들이 숨어 있다.(도표 참조)

<고등 현대사 단원의 제목 체제 비교>

자료: 박진용

교육부 집필기준(8소주제)	저자 시안(6소주제)
대한민국의 발전	대한민국 건국과 선진화의 과정
8·15 광복과 통일정부수립 노력	냉전… 남북분단과 대한민국 건국
대한민국 정부수립	
6·25 전쟁과 남북분단 고착화	북한의 6·25 남침과 전후 국가재건
4·19 혁명과 민주화 노력	
경제성장과 사회, 문화 변화	군사정부 등장과 산업화의 달성
6월 민주항쟁과 민주주의 발전	중진국 진입과 자유민주주의 발전
외환위기와 사회, 경제적 변화	선진국 도약과 세계화 시대의 굴곡
남북화해와 동아시아 평화노력	북한의 파탄과 통일안보 정책 공전

교육부 집필기준의 「8·15 광복과 통일정부 수립 노력」이라는 1 소주제는 역사 사실의 오도에 가깝다. 통일정부 수립은 소련의 야욕과 방해로 애초에 불가능한 상태였고 남북회담은 김구 등이 북한의 농간에 놀아난데 불과했다. 엉뚱한 곳에 방점을 찍은 꼴이다. 이어지는 소주제들에서는 역사의 본질을 흐리거나 반독재에 매몰된

시각으로 역사를 설명하고 있다. 저자 시안의「산업화의 달성, 중진국 진입, 자유민주주의의 발전, 선진국 도약」과 같은 주제들이 현대사의 중추가 되도록 해야 정상적 교과서라 할 수 있다.

교육부 집필기준의 마지막 소주제 전반부「남북화해」는 역사의 특정 일면만을 부각시키는 좌경 왜곡의 한 단면이다. 남북이 화해를 이뤘다면 각종 도발이나 북한의 핵 개발 같은 일이 없어야 한다. 한국의 지향은 북한해방이지 남북화해가 아니다.「동아시아 평화노력」이라는 소주제 후반부는 냉엄한 역사현실을 무시하고 공론적 환상을 심어줄 우려가 있다. 동북아시아의 갈등과 협력이라는 국가 현실을 제대로 반영한 소주제가 돼야 한다.

* 이상 내용은 박진용(전 매일신문 논설실장) 저『다시 쓰는 한국 현대사 70년』(2019)에서 발췌 요약한 것입니다.

한국사 교과서 어떻게 편향되었나

정경희(국민의 힘 국회의원)

1. 북한 역사서와의 유사성

국사 교과서는 최근의 교과서로 올수록 역사 용어, 역사 해석 및 기술 방식에서 『한국사신론』 등 우리나라의 대표적 개설서와는 점점 더 상이(相異)해지고 있으며, 오히려 북한의 역사서인 『조선통사(하)』 및 『현대조선력사』와 점점 더 유사해지고 있다.

1) 역사 용어의 유사성

북한의 역사 용어와 최근 대한민국 한국사 교과서에 등장하는 용어의 유사성을 가장 잘 보여주는 예가 '일제 강점기'라는 용어다. 이 용어는 6차 교육과정까지의 교과서에서는 전혀 사용된 적이 없는 것으로 북한의 한국 근현대사 인식을 대변해주는 북한의 조어(造語)로 해방 이후의 시기를 가리키는 '미제 강점기'와 짝을 이루는 용어다. 7차 이후의 교과서 12종 전체가 이 용어를 일제히 사용하고 있다는 사실은 최근의 국사 교과서의 근·현대사 역사 인식이 북한의 역사 인식과 그 궤를 같이하고 있다는 추정을 가능하게 한다.

신탁통치 문제에서도 6차 교과서부터 '찬탁(贊託)'이라는 용어 대신 '모스크바 3국 외상 회의의 결정을 받아들이기로'하였다는 생경한 표현이 사용되기 시작했고, 이 표현은 7차 이후 거의 전체에서 그대로 사용되고 있다. 이는 '모스크바 3국 외상 회의 결정을 열렬히 지지 환영'한다는 북한 역사서의 표현과 별 차이가 없다.

2) 역사 해석의 유사성

동학농민운동의 경우 그 성격에 대해 학계에서 아직 합의가 이루어지지 않았음에도 불구하고 학계 일각에서는 한사코 이를 '농민전쟁'으로 파악하려고 애썼다. 최근 몇몇 교과서도 동학농민운동의 항일전쟁으로서의 성격을 지나치리만큼 강조하는데 이는 한국사를 '지배/저항'이라는 이분법적 틀로써 해석하는 이른바 '민중사학'의 역사해석에서 비롯된 것이다.

북한 역사학의 연구 성과가 남한 학계에 유입 정착된 것은 비단 동학농민운동이라는 한 사건의 해석에만 국한된 것이 아니라, 근·현대사 전반에 걸친 것으로 보인다.

독립운동에 대한 서술도 최근의 교과서로 올수록 북한 역사서와 점점 더 유사해진다. 5차 교육과정부터는 여러 형태의 독립운동 중 무장독립전쟁을 강조하기 시작했으며, 6차 교육과정에서 외교적 노력을 독립운동의 범주에서 빼면서 더욱 심화되었고, 7차에서는 무장독립전쟁에만 초점을 맞추고 있다.

사회주의자 및 공산주의자의 항일투쟁에 많은 분량을 할애하여 상세히 기술하는 반면, 미주 지역의 독립운동 및 외교 운동에 대해서는 서너 줄로 매우 소략하게 기술하고 있다. 이승만이 펼친 독립운동은 제대로 서술하지 않으면서 김원봉을 비롯한 공산주의자들의 활동은 상대적으로 과대하게 서술하고 있으며, 김일성이 관련된 조직의 활동에 대해서도 북한측 주장대로 과대하게 서술하고 있다.

3) 기술 방식의 유사성

최근 교과서 가운데 일부는 역사 용어와 해석뿐 아니라 기술 방식까지도 북한 역사서와 유사하다. 미국 군정, 소련 군정을 대비시키고 있는 대목이 좋은 사례다. 최근의 교과서는 미군정에 대해서는 대체로 부정적인 평가를 내리는 반면, 북한에 진주한 소련군에 대해서는 우호적 평가를 한다.

2. 대한민국 정통성 부정

최근의 일부 교과서는 우리나라 근대사 및 광복, 분단 등 초기 현대사에 대해 북한의 역사 해석과 유사한 해석을 내리고 있다. 그 결과 이들 교과서는 대한민국의 건국에 대해 부정적 서술로 일관하고 나아가 대한민국의 정통성마저 부정하고 있다. 건국(建國)으로 가는 관문이었던 5·10 총선거에 대해 대부분의 교과서는 '5·10

총선거가 우리나라 역사상 최초의 민주 보통선거였다'고 긍정적으로 서술했지만, 7차 이후 일부 교과서는 '남한만의 총선거였다'며 그 의의를 폄훼한다.

7차 교과서 이후 대한민국의 건국을 '정부 수립'으로 격하시키는 서술이 시작되었다. 그 결과 7차 근·현대사 교과서 6종과 2007년 개정 한국사 교과서 6종 가운데 절반가량에서는 대한민국의 건국과 관련된 내용을 전혀 찾아볼 수 없다. 이는 남북한에 두 개의 정부가 들어섰다는 인식 아래 쓰인 것으로 대한민국 건국에 대해 부정적인 서술에 불과하다.

3. 이승만 대통령 폄훼

일부 국사 교과서에서 이루어지고 있는 대한민국 건국에 대한 부정적 서술은 대한민국을 건설한 세력에 대한 조직적 폄훼로 이어진다. 폄훼의 가장 주된 대상은 건국 대통령인 이승만이다. 7차 금성교과서의 경우, 이승만의 정읍 연설의 내용을 내세워 남북한 통일 정부가 수립되지 못한 책임을 전적으로 이승만에게 지우고 있다. 북한에 독자 정권을 수립한다는 소련의 결정(1945년 9월)은 남한만이라도 임시정부를 조직하자는 이승만의 정읍 연설(1946년 6월)보다 훨씬 앞선 것임에도 일부 교과서는 이승만이 마치 고의로 분단을 획책한 것처럼 묘사하고 있다.

금성교과서의 경우 북한에서는 친일파가 철저하게 숙청된 반면 남한에서는 친일파 처벌이 거의 이루어지지 못했다고 하면서 남북한 친일파 처리 문제를 평면적으로 대비시키고 있다. 이처럼 이승만 정부가 친일파 처리에 소극적이었다는 점을 강조하는 까닭은 친일파 처리가 미진하다는 이유를 들어 이승만 정부를 폄훼하고 나아가 대한민국 건국을 헐뜯으려는 것이다.

이승만 대통령의 최대 업적 중 하나인 농지개혁에 대해서도 상당히 부정적으로 서술하고 있다. 독립운동에 관한 기술만 하더라도 이승만이 중심이 된 미주지역 외교독립운동의 성과는 무시되거나 폄훼된다. 오로지 무장투쟁, 특히 사회주의 무장투쟁에 초점이 맞추어지기 때문이다.

나아가 금성 한국 근현대사와 2010년 검정 한국사 교과서는 독립운동 노선 중 이승만의 외교적 노선을 '미련한 꿈'으로 일축하고 폭력혁명만이 유일한 길이라고 주장하는 문건을 수록하는 등, 이승만 깎아내리기에 몰두한다. 교과서에서 이러한 서술이 이루어지는 까닭은 최근의 교과서 집필자 가운데 대한민국을 태어나지 말았어야 할 나라로 여기는 이른바 '민중사학자'들이 포함되어 있기 때문이다. 그들에게 대한민국의 건국을 비방할 가장 좋은 방법은 대한민국을 건국한 건국 대통령을 비방하는 것이다.

4. 반미 성향의 증대

최근 교과서의 반미(反美) 성향은 한반도 분단에 관한 서술에서 잘 드러난다. 7차 교과서 및 2010년 검정 한국사 교과서 가운데 일부는 한반도 분단에 대해 미·소 공동의 책임으로 보는 기존의 교과서와 달리 분단의 책임을 미국으로 돌리고 있다.

7차 이후 최근의 교과서는 한반도 분할 점령을 제안한 당사자가 미국이라는 내용을 강조함으로써 분단 요인을 미국의 책임론으로 옮겨갔다. 하지만 이러한 서술의 문제점은 소련군이 북한에 진주하자마자 38선을 봉쇄하여 한반도를 분단의 길로 몰아넣은데 대해 언급하고 있지 않다는 것이다. 한반도는 미군이 서울에 들어오기 이전에 이미 소련군에 의해 실질적인 분단 상태에 들어가 있었다.

또한 국사 교과서는 근래로 오면서 미 군정기의 정치적 무질서와 혼란을 강조하면서 미군정 전반에 대해 대체로 부정적인 평가를 내린다. 7차 교과서 이후부터는 미국의 원조가 한국 경제를 회복시키는데 기여했다는 사실에 대해 아무런 기술을 하지 않거나, 미국의 원조가 오히려 한국 경제에 부정적인 영향을 끼쳤다고 서술하고 있다.

5. 친북 성향의 증대

역대 국사 교과서 분석을 통해서 알 수 있는 또 다른 사실은 최근의 교과서로 올수록 현대사 서술에서 친북(親北) 성향이 커지고 있다는 것이다. 다시 말해 7차 교과서부터는 남북한의 역사에 대해 이중의 잣대를 들이대, 남한의 역사에 대해서는 폄훼하거나 무조건 비판하면서 북한의 역사에 대해서는 우호적으로 서술하는 경향이 본격화되었다.

최근의 친북적 성향은 6·25 전쟁 이후의 현대사 서술에서 두드러진다. 7차 이후의 일부 교과서는 전쟁 중 국군에 의해 이루어진 민간인 희생을 '학살'이라는 용어를 써가며 부각시킨다. 이들 교과서는 국군과 미군이 민간인을 학살했다는 거창 사건과 노근리 사건에 대해서는 상세히 서술하고 있지만, 6·25 전쟁 중 적의 만행에 대한 내용은 거의 찾아볼 수 없다.

7차 교과서 6종 가운데 '납북'을 다루고 있는 교과서는 단 하나도 없다. '인민재판', '납북' 같이 대한민국의 전쟁 피해를 나타내는 용어의 사용을 꺼리면서, 남한과 북한 중 누가 피해자인지 알 수 없는 용어인 '학살', '처형' 등의 표현을 쓰고 있다.

남북한의 정치 체제에 대한 서술에서도 친북 성향이 드러난다. 7차 이후의 교과서에서 김일성 체제가 '독재 체제'라고 서술하는 교과서는 몇 종 안 된다. 상당수의 교과서가 '김일성 중심의 통치 체제', '김일성 유일 체제' 등 전혀 체제 명이라고 볼 수 없는 명칭으로 김일성 체제를 부르고 있다.

금성 『한국 근·현대사』의 경우 건국 후 1987년 6월 항쟁에 이르는 약 40년간 우리나라 정부에 대해서 '독재'라는 표현을 모두 13회 사용하고 있지만, 북한에 대해서는 단 한번도 사용하지 않는다.

7차 이후 김일성 체제에 대해서 '독재'나 '세습' 체제라는 표현은 커녕 김정일의 권력 세습을 정당화하기 위해서 북한이 내놓은 주장 그대로 '후계 체제'라 부르고 있다.

결어

우리나라 현대사는 2차 세계대전 이후 불과 반세기 만에 민주화와 경제발전을 이룩했기 때문에 세계사에서 그 유례가 없는 성공한 역사라는 평가를 받는다. 그러나 1980년대 중후반 이후, 해외의 수정주의 해석 및 북한 역사학의 유물론적 해석을 추종하는 좌파 민중사학자가 등장하면서 우리나라의 근·현대사를 수치와 죄의 역사라고 폄훼하는 '부정의 역사관'이 힘을 얻기 시작했다.

그 결과 근·현대사를 해석하되 투쟁과 갈등만을 강조하여 종국에는 대한민국 정통성마저 부정하는 교과서가 나오게 되었다. 하지만 국사 교과서는 일반 개설서와 달리 국민교육, 후세교육을 위해 만들어지므로 투쟁과 갈등보다는 단결과 통합의 측면에서 서술되어야 하며, 그 나라의 정통성을 긍정적으로 부각시켜야 한다.

특히 대한민국 건국 전후의 역사인 근·현대사는 자라나는 미래 세대의 국사에 대한 올바른 가치관을 형성하는 요인이 되므로 대한 민국 국민으로서의 자긍심이 훼손되지 않도록 서술되어야 한다. 이 것이 최근에 일부 한국사 교과서에서 드러나는 편향성을 바로잡는 동시에 국민 대다수가 공감할 수 있는 내용을 담은 제대로 된 한국 사 교과서가 만들어져야 하는 까닭이다.

대한민국 역사교육과 정치적 오염

곽일천(서울디지텍고등학교 교장)

1. 역사교육의 정치적 측면

사람이 생각하고 행동하지 않으면 행동하는 대로 생각하게 된다는 프랑스 철학자의 말이 생각난다. 현재 대한민국이 겪고 있는 국가적 위기는 바로 생각 없이 살아온 우리의 잘못에 대한 결과로 보인다. 이러다 그저 매를 맞고 뉘우치는 정도를 넘어 국가의 정체성이 바뀌어 베트남과 같은 역사적 고난을 맞이하는 것은 아닌가 하는 우려를 갖는 국민들이 상당수 있을 정도로 매우 위중한 시기를 지나고 있다.

일련의 위기상황 하에서 우리가 지나칠 수 없는 것은 문제의 근원을 따져보고 이에 대한 철저한 분석과 자성이 있어야 한다는 것이다. 이러한 과정 없이 그저 이 위기를 지나가도록 기대하는 것만이 능사가 아니다. 이 위기의 핵심에는 국가정체성에 대한 교육 부재 및 이에 대한 토의 및 고민 자체가 사라져 버린 교육현장이 문제다. 한 예로 이승만정부에 대해 정치적 이해에 따라 제멋대로 왜곡하고 은폐하는 일들은 그저 친북 좌파만의 문제가 아니다. 경제적 기적을 이루고 보수의 대표적 지도자 중 하나로 여겨지는 박정희 정부 하에서도 건국역사에 대한 올바른 교육은 이루어지지 않았다. 그저 잘 살아 보자는 구호 아래 "경제가 내 종교다"라는 박정희 대통령의 고백 속에 담겨져 있는 것처럼 자기 나라의 정체성을 잘 모르는 국민을 배출하는 교육을 하고 있었던 것이다. 아울러 자신의 정치적 이해에 따라 대한민국의 근간이 되는 건국역사를 제대로 배우게 하려는 기본자세가 없었다는 것은 매우 안타까운 일이다. 박정희 정부 하에서 체결된 7·4 남북공동성명에서도 자유민주주의 이념 아래 세워진 대한민국은 보이지 않고 우리 민족끼리의 정신이 지배하는 양상이 나타나고 있다. 이러다 보니 김영삼 정부는 취임식에서 이념보다 민족이 우선이라는 말을 아무 거리낌 없이 하며 이를 듣고도 아무 이상한 것이 없다는 반응을 보이는 대다수의 국민을 만든 책임은 교육에 있다. 이러다 보니 지금의 좌파적 정치 압력에 역사교육이 짓밟혀 가는 것이 별 이상한 현상이 아니다.

검인정 한국사 교과서의 친북 좌편향은 단순히 교육현장의 무개념만은 아니다. 교육 현장이 얼마나 비뚤어진 정치에 오염이 되어 있는지 여실히 증명하고 있다. 삐뚤어진 역사교육의 균형을 잡기 위한 노력의 일환으로 도입된 검인정 교학사 역사 교과서의 경우를 보면 정치오염을 넘어 정치적 암세포가 광범위하게 퍼져 있는 듯 보인다. 균형 잡힌 역사교육을 위한 교학사 교과서 채택학교에 대한 폭력적 외부개입과 이에 대한 무력한 대응 결과는 참담하다 못해 창피할 정도이다. 정치 오염에 대응력이 이렇게 없을 정도로 기울어진 상황은 매우 우려스럽다. 최소한의 정의감과 판단력의 상실은 우리 교육에 대해 근본적인 재검토를 해야 할 정도이다. 자신에게 주어진 권한과 법적 장치에도 불구하고 국가파괴 세력 집단들의 협박에 대응할 정도의 최소한의 양식도 실종된 듯 보이는 것은 심각한 문제이다.

이와 같이 나약한 교육현장의 상황에 대응하기 위하여 나타난 것이 국정 역사교과서 정책의 도입이다. 이를 둘러싼 많은 논쟁이 있었다. 가장 두드러진 것이 역사교육의 획일화라는 측면의 주장이었다. 그러나 이는 완전히 반대되는 주장이다. 획일화는 오히려 친북 좌편향 교과서가 주류를 이루고 다른 역사관의 교과서는 철저히 봉쇄해 버리는 현상이 오랫동안 지속되어 기득권 세력으로 각종 이권화 한 것이 더 큰 획일화 및 독점화이다. 국정 역사교과서 정책 도입은 공교육에서 최소한의 대한민국 역사의 필수적인 측면을 포함시키려는 시도이며 획일화의 우려를 불식시키기 위하여 검인정 교과서도 포함한 선택 대상의 한부분으로 시행되었으며 복수 채택도 가능한 제도이었다.

2. 교육의 정치적 중립

외부의 부당한 압력에 대응하지 못하고 이를 함께 대처하지 못하는 변명으로 빈번히 등장하는 이야기가 교육의 정치적 중립 의무 조항이다. 교육의 정치적 중립은 매우 중요한 법률적 요구이며 사회적 동의가 있는 사안이다. 그러나 이를 해석하는데 있어서는 다양한 시각과 혼동이 있는 것이 현실이다. 교육(자)의 정치적 중립 요구는 정치 문제를 전혀 언급하지 않거나 정치 사안에 대해 학교현장은 거리를 두어야 한다는 것으로 해석하는 사람들이 많다. 그러나 이는 잘못된 해석이다. 정치적 중립이란 교육을 정당적 차원의 그리고 선거의 목적 등으로 이용하는 것을 금지하는 것이다. 즉 한국의 정치를 발전시키고 현명한 정치의식을 가지고 올바른 유권자가 되도록 교육하는 일을 교육의 장에서 배제시킨다면 부패하고 실망스러운 한국의 정치수준을 어떻게 변화시키고 올바로 정상화 시킬 수 있는 방법을 제시할 수 없을 것이다. 그런데도 국가파괴 세력들은 매우 편향된 정치구호를 일방적으로 학교현장에 전하면서 객관적인 국가정체성 교육에 대해서는 교육의 정치적 중립을 내세우며 입을 막으려 하고 있다. '내로남불'의 대표적 사례이다.

역사교육이 워낙 사회·정치적으로 발전되다 보니 교육계가 거리를 두려고 하는 자세를 취하게 되는 것을 이해 못하는 바는 아니다. 이러한 문제에 개입되다 보면 본연의 주 임무와는 달리 편향 된 일부 언론의 공격과 외부 정치단체의 공격에 시달리게 되다 보니 이를 피하려는 교육현장의 어려움을 이해한다. 그러나 지금의 상황은 매우 심각하여 교육이 정치를 이끌고 나가도록 사회에 대한 교육기능과 정화기능 마저 말살될 지경이 되었다. 아무리 힘의 상태가 잘 못되었다 하더라도 교육은 사회적으로 정치를 리드 해 나가야 국가의 미래가 있다고 하겠다. 흡사 사법부가 정치상황을 반영한다고 정치적 재판을 한다면 국가의 큰 재앙이 되는 것과 마찬가지다. 교육이 정치의 눈치를 보고 정치 지배 하의 교육을 한다면 기울어진 운동장이 되어가는 현 대한민국 사회는 어디서 희망을 찾아야 할 것인가?

따라서 교육의 정치적 중립은 편향된 정치체제를 벗어나 교육자적인 양심과 식견을 가지고 균형 잡힌 역사 인식과 토론을 통해 성숙한 미래 유권자 및 정치인을 키워내는 원동력이 될 수 있다. 교육의 정치적 중립은 다양한 가치관이 존재하고 이의 갈등구조를 포용하고 가야 할 상황이라면 이를 적극적으로 대처할 교육적 준비와 중심을 잡고 나갈 극복정신, 애국심이 더욱 기대되는 시대 현실이다.

3. 역사교육은 영적, 이념 전쟁이다

이제 바른 역사교육은 단순한 교육적 과제가 아니라 전쟁이다. 그리고 이 전쟁은 눈에 보이는 세력과의 싸움만이 아니라 눈에 보이지 않는 것들과의 싸움임을 정확히 인식할 때 전쟁을 치를 수 있다. 사람은 오로지 가슴으로만 올바로 볼 수 있다. 본질적인 것은 눈에 보이지 않는다. It's only with the heart one can see rightly; what is essential is invisible to the eye.(Antoine de Saint-Exupéry's Little Prince)

역사교육이 논란이 된 배경에는 2가지 이념대립의 싸움이 엄연히 존재한다. 두 대립되는 이념적 패러다임은 광복 후 대한민국 수립 때부터도 있었으며 이렇게 세월이 지난 시점에도 계속되고 있다. 이 2가지는 자유민주주의 대 사회주의적 국가관으로 크게 구별된다. 더 나아가서는 이념이 중요하냐, 민족이 중요하냐의 대립적 구도이다. 외교적으로는 자유진영을 대표하는 미국과의 동맹이 중요하냐 아니면 친 중국적 외교를 중시하느냐의 대립이다. 평화를 추구하는 것에서도 강력한 국방능력을 중시하느냐 비군사적인 외교노력을 강조하느냐 등의 차이이다. 역사관에 한정해 보면 대한민국을 자랑스러운 것으로 평가하는 기조에서 역사를 바라보느냐아니면 대한민국은 태어나서는 안 될 나라였고 분단의 원흉이라는 해석을 가진 북한의 주장에 공감하는 역사의식이냐로 구별된다.

이러한 치열한 이념전쟁 속에 있는 역사교육의 전쟁터에서 교육계가 가져야 할 입장은 무엇일까 생각해 보아야 하겠다.

첫째, 헌법상 명시된 대한민국의 정체성을 기본으로 바라보아야 한다. 아무리 다양성이 존중된다고 하더라도 정체성을 무너뜨리는 수준까지 갈 수는 없는 것이다. 혹 이러한 체계적 토의가 필요하다면 이는 의회가 이를 담당하고 사회 전체의 논의 과정을 거친 후 개헌 등의 절차적 조처가 선행되어야 한다. 이를 무시하고 국가의 정체성을 바꾸려는 것은 매우 개탄스러운 것이며 특히 교육 현장에서 이를 수용할 수는 없다.

둘째, 사회과학의 연구자며 교육담당자인 교사들은 철저히 균형 있는 교육을 실시하여야 한다. 만약 이를 지키지 않는다면 학생의 권리를 빼앗으며 잘못된 역할을 하는 것임을 알아야 한다. 아무리 어린 학생이라 하더라도 그 나이에 맞는 균형감각과 선택할 줄 아는 능력을 키워 주도록 지도하여야 한다. 이게 바로 사회과학을(자연과학에 대비하여) 배우는 기본 중 기본인 것을 교사 및 교육계가 잊지 말아야 하며 만약 이것이 훼손된다면 이는 학생에게 평생 취약성을 지닌 상태로 사회생활을 하게 만드는 끔찍한 일임을 기억해야 한다.

셋째, 이념 논쟁의 대상이 경제, 외교, 국방 등 다양한 분야를 포괄하는 것이기 때문에 역사교육을 역사학계나 역사 담당교사만의 독점적인 것으로 보는 시각도 교정되어야 한다.

넷째, 이론과 실제를 언제나 연결시켜 시각 조정을 꾀하는 겸손한 학문적 태도가 매우 중요하다. 각종 자료들을 객관적인 시각에서 활용하는 대신 자신의 주장에 부합하는 데이터(특히 일부분만 인용하거나 왜곡되게 변형시키는 행위)를 이용하는 비학문적이고 지극히 정파적인 활동을 멀리해야 한다.

이와 같이 치열한 역사교육의 전쟁의 적절한 접근방법의 구성요소로는 공정성의 보장, 충분한 시간, 객관적 사회 분위기, 집단 폭력적 의사결정 구조를 탈피하는 노력 등이다. 이로써 갈등구조를 발전적인 국가 에너지로 승화시킬 수 있다.

이 역사이념 전쟁에서 승리의 목표는 중간에서 객관적인 질문과 의문을 지닌 많은 수의 국민들로부터 신뢰를 획득하는 것을 목표로 해야 한다. 극단적 양극점에 있는 상대를 무너뜨리는 것보다 진정성과 사실에 입각한 자료제시 및 경청하는 태도로 신뢰를 얻어 나가는 것 외에는 다른 대안이 없어 보인다.

4. 대한민국 교육을 정상화시키기 위해 경계해야 할 일들

역사교육 전쟁과 같은 맥락에서 최근 대한민국의 교육계는 또 다른 체제 전쟁을 치루고 있다. 바로 인권 전쟁이다. 학생인권조례의 도입으로 조성되고 있는 혼란과 매우 부정적인 방향성은 심각한 우려를 낳고 있다. 최근에는 전북지역의 어느 교사가 억울하게 인권조례를 이용한 그 지역 인권담당관의 잘못된 처사로 자살이라는 비극적 사건이 발생케 하였다. 문제는 역사교육의 경우에서와 같은 미숙한 이해 및 대응능력의 부족함이 더 큰 문제를 낳을 소지가 엿 보인다는 것이다. 즉 겉과 속이 완전히 다른 일종의 부정행위가 아름다운 학생인권이라는 포장지로 속속 진행되고 또 다른 인권을 유린하고 있는 것이다. 이와 같은 일이 지속되고, 내년도에 차별금지법이 상위법으로 초입되어 국회에서 아무 저항없이 통과 된다면 그 결과는 상상하기도 싫은 끔찍한 일들이 벌어질 것이다.

대한민국 교육은 수많은 도전 하에 있다. 자유대한민국을 이룩하기 위해서는 용기있는 구성원들의 희생적인 노력이 절실히 요구된다. 자유라는 가치는 공짜가 아닌 용기라는 큰 대가를 지불해야만 얻을 수 있는 매우 소중한 것이다. 민주주의는 다양성과 다른 의견을 존중하는 태도를 요구한다. 나와 다른 입장을 적폐청산이라 부르며 공격하는 것을 자유민주주의 국가에서 허용할 수 있을까? 교육에 대한 정치오염을 막아야 한다.

좌편향 교과서들을 절대 용납해서는 안 되는 5개의 사례

권희영(한국학중앙연구원 한국학대학원 교수)

머리말

좌편향 교과서들이 지금까지 시장을 독점하고 있었다. 그리고 교학사 교과서가 출현하게 되자 검정 합격 취소까지 요구하며 총공격을 하고 있다. 무엇이 두려운 것인가? 그들이 두려워하는 이유는 그들의 정체가 교학사 교과서를 통하여 드러나게 되었기 때문이다. 이제 무엇이 그들 교과서의 문제점인지 중요한 것 5가지만 지적해 보고자 한다.

1. 제 2차 대전 전후체제 대립의 기본 구조

좌편향 교과서들은 20세기의 역사를 근본적으로 왜곡 내지는 오해하고 있다. 20세기는 자유민주주의라는 이념이 전체주의적 이념과 힘들게 투쟁하면서 성장하는 시기였다. 자유민주주의는 제1차 세계대전 이후 이상적인 정치체제로 간주되었으나 이에 도전하는 세력 역시 강하게 성장하였다. 한편에서는 파시즘이, 다른 한편에서는 공산주의가 자유민주주의 체제를 공격하면서 세력을 확장하려고 했다.

그러나 좌편향 교과서들은 이러한 세계사적 구조를 근본적으로 왜곡하고 있다. 20세기의 세계사적 대립을 자본주의 대 공산주의(혹은 사회주의)로 설정하고 있기 때문이다. 이 같은 설정으로 교과서를 구성한 책은 8종 중 무려 4종이나 된다. 이제 그 리스트를 보면 다음과 같다.

그런데 자본주의와 공산주의(사회주의)의 대립으로 국면을 구성하는 이유는 무엇인가? 그 이유는 공산주의 이론에 따라 역사발전단계를 설정하고 자본주의-사회주의-공산주의의 단계적 발전이 있다는 전제 하에 자유민주주의 체제를 가진 나라들은 필연적으로 사회주의 혹은 공산주의로 이행해야 한다는 전제를 가지고 논리를 구성하고 있기 때문이다.

이들이 사용하는 이론적 도구는 사회구성체론이다. 자본주의, 사회주의, 공산주의는 모두 사회구성체론적 용어이다. 그런데 이런 사회 구성체론적 틀을 가지고 세계를 자본주의 대 공산주의라는 대

출판사	이념 성향	
교학사	자유민주주의	공산주의
천재교육	자본주의	사회주의
미래엔	자본주의 진영	공산주의 진영
두산동아	자본주의	공산주의
금성	자본주의	공산주의
비상교육	자유주의 진영	공산주의 진영
리베르	자유주의 진영	공산주의 진영
지학사	자유 진영	공산 진영

립구도를 설정하는 이유는 분명하다. 자유인가 예속인가가 핵심적인 전체주의에 대한 투쟁의 내용이었던 역사를 왜곡, 그 본질을 흐리게 하는 것이다. 이같은 서술은 청소년들을 반자본주의적으로 만들고 자유민주주의의 참된 가치를 이해할 수 없게 한다.

좌편향 교과서들이 이같이 왜곡된 대립 구조를 설정하는 이유는 공산주의 국가 소련, 나아가서 북한을 옹호하기 위해서이다. 구체적 사례를 든다면 천재교육 교과서는 제 2차 세계대전에 관해서 다음과 같이 서술하였다.

"1939년 독일이 소련과 불가침조약을 체결하고 폴란드를 침공하였다. 이에 반발한 영국과 프랑스가 독일에 선전포고를 하면서 제 2차 세계대전이 시작되었다. 독일은 유럽 곳곳에서 승리를 거두었다. 이탈리아도 전쟁에 가담하여 그리스를 공격하고, 독일과 함께 북아프리카에서 영국과 대립하였다. 독일은 기세를 몰아 소련과의 불가침조약을 파기하고 소련을 침공하였다."(p.273)

이같은 서술은 독소불가침조약의 체결이 마치 소련이 속은 것처럼 그래서 독일만 잘못한 것처럼 서술한 것이다. 소련이 제국주의적 야심으로 영토 확보에 나섰다는 것을 은폐한 것이다. 이같은 공산주의 국가 소련에 대해 정확한 사실을 알 수 있는 교과서는 오로지 교학사 교과서 뿐이다.

"제 2차 세계대전은 소련에 새로운 기회를 제공하였다. 소련은 자유민주주의 국가들이 나치즘에 의하여 도전받는 사이 공산주의 혁명을 선동하고 공산 세력을 팽창시킬 수 있는 기회를 얻었다. 1939년에는 독·소 불가침조약을 체결하고 비밀의정서를 체결하여 분할 안에 따라 에스토니아, 라트비아, 라투아니아의 발트해 3국을 합병하였다. 그 뿐만 아니라 루마니아, 핀란드, 폴란드를 침공하여 영토의 일부를 합병하였다. 1941년 히틀러가 먼저 협약을 깨고 소련을 침략하자 그제서야 소련은 나치즘과 싸울 것을 결정하고 연합국에 합류하게 되었다."(p.300)

천재교육 교과서가 공산주의 국가인 소련이 침공을 받았다는 것을 안타깝게 생각하면서, 소련이 발트 3국을 포함한 동유럽 국가들을 적화야욕을 가지고 침공했다는 사실을 왜 누락하였겠는가? 소련을 '사회주의 조국'으로 보고 그에 충성하려는 김일성과 박헌영의 역사관을 그대로 답습하였기 때문이다.

2. 미소 군정의 평가 및 인민위원회

대한민국의 역사는 인민공화국을 세우자는 세력과 대한민국을 세우자는 세력과의 투쟁의 역사이다. 인민공화국을 세우자는 민중사관(인민사관)이 한국사 교과서를 장악하고 해방 전후사의 역사를 왜곡하고 있다. 인민을 강조하는 자는 계급투쟁을 통해 국민을 분열시키는 것이다. 지금 7종의 좌편향 교과서 모두가 해방 후 인민위원회 운동을 긍정적으로 서술하고 있다.

교학사 교과서는 UN감시하의 남한 자유선거를 서술하고, 소련에 의한 북한 공산화를 언급하였다. 반면 좌편향 교과서 5종은 '미국은 직접통치, 소련은 간접통치를 했다'고 하여 친소반미를 분명히 보이고 있다. 나머지 2종도 공산주의자들이 주도한 건국준비위원회를 긍정적으로 평가하여 결국은 인민공화국을 세우자는 인민위원회 운동을 긍정적으로 서술하고 있다. 이 역시 명확하게 반미를 주장하는 것이다.

출판사	통치방식	
천재교육	**직접통치**(미국)	**간접통치**(소련)
미래엔	**직접통치**(미국)	**간접통치**(소련)
두산동아	**직접통치**(미국)	**간접통치**(소련)
금성	**직접통치**(미국)	**간접통치**(소련)
비상교육	자유주의 진영	**간접통치**(소련)
리베르	인민위원회 인정 주장	
지학사	인민위원회 긍정 평가	

　이같은 역사 인식은 북한에서 간행된 선전물의 논리를 따르는 것이다. 1948년 11월 1일 북한 문화선전성에 나온 선전물에서는 소련은 "해방된 조선의 주인은 반드시 조선인민 자체"라 언급했고, 미국은 "군정을 실시하여 일제총독통치기구를 그대로 답습했다." 하였다(『북조선민주건설 사업에서 위대한 쏘련이 북조선인민들에게 준 정치 경제문화상 방조』).

3. 박정희 정부에 대하여 악의적 왜곡 서술

기존의 좌편향 교과서들은 그들이 가진 편향성으로 인해, 대한민국의 역사적 정체성을 지나치게 훼손시킨다. 이들은 박정희 정부를 악의적으로 왜곡 서술한다. 구체적인 사례를 들어보자.

5·16이 헌정질서를 중단시킨 쿠데타라는 것은 맞다. 하지만 그 이유로 인하여 박정희 대통령의 치적을 모두 부정적으로 묘사하는 것은 정당하지 않다. 공과를 정당하게 이해할 수 있어야 한다.

5·16 당시 한국은 후진 빈국이었음에도 불구하고 유혈없이 쿠데타가 안착되었다. 그 이유는 북한의 위협을 국민들이 깊이 의식하고 있었고 따라서 사회 안정을 바라고 있었다는 사실, 그리고 반공을 통하여 자유민주주의 체제를 유지하고자 했던 미국의 희망이 있었기 때문에 가능했던 것이다. 그리고 안착 후 박정희 대통령이 체제경쟁의 차원에서 대한민국의 경제를 북한을 능가하는 상태로 바꾸기 위해 전력을 기울였다는 사실은 바르게 교육되어야 한다. 이 꿈은 60년대 말에 이루어졌다. 교학사 교과서는 이 점을 충실하게 서술한 것이다.

그러나 좌편향 교과서들은 대한민국의 정체성을 훼손할 정도로 과도하게 박정희 정부를 비난하고 있다. 그러면서 대한민국을 끊임없이 위협하고 도발하였던 북한 주도의 중요한 사건들을 거의 기술하지 않거나 스치는 정도로만 기술한다. 교학사 교과서는 박정희 정부의 안보 차원의 반공정책을 적극 평가하고, 경제성장을 통한 체제경쟁에서 북한에 대하여 승리하였다는 점을 부각시켰다. 단, 유신 이후의 독재에 대해서는 부정적인 평가를 했다.

하지만 좌편향된 7종 교과서는 박정희 정부를 비난하기 위하여 사실까지 왜곡하여 서술하였다. 그 대표적인 왜곡이 다음에 제시된다.

출판사	내용
천재교육	"정부는 학생과 재야인사를 묶은 인혁당 사건과 민족주의 비교연구회 사건 등을 잇달아 터트리며 학생운동을 탄압하였다."(p.326)
미래엔	"동백림간첩단 사건 조작"(p.327)
두산동아	"민간인 학살"(p.295)
금성	"베트남인들에게 피해"(p.388)
비상교육	"1차 인민혁명당 사건 등을 일으켜 시위를 억누르려 하였다."(p.365) "무고한 베트남 사람들이 피해"(p.366)

국군의 월남 파병을 언급하면서 한국군이 월남에서 범죄를 저지른 듯 묘사를 하는 교과서들도 너무 많다. '민간인 학살'이라는 표현

을 사용한 교과서도 2종(천재교육, 두산동아)이며, 다른 교과서들은(금성, 비상교육) '피해'라고 표현하였다. 여기에서 보듯 월남 파병 군인들의 명예와 대한민국을 고려함 없이 일부 교과서는 구체적 내용도 없이 '학살'이라는 표현을 썼다. 이것이 공산주의의 침략을 막기 위하여 파견된 군인들에 대한 적절한 서술인가?

또한 제1차 인혁당 사건을 정부에서 조작한 듯 서술한 교과서도 2종이 있다(천재교육, 비상교육). 미래엔 교과서는 동백림간첩단 사건을 '조작'이라고 서술하였다. 그런데 2006년 과거사위원회 조차도 사건의 확대, 과장을 말했지 '조작'이라고는 하지 않았다. 명백한 왜곡서술인 것이다. 이는 이 교과서들이 '백년전쟁' 식의 역사인식으로 박정희 정부를 의도적으로 왜곡·폄하하는 것으로 이것만으로도 이들 교과서는 교과서로서의 자격이 없다.

4. 5·18과 반미

좌편향 교과서의 특징은 5·18을 통해 반미운동을 정당화시킨 데서 찾아진다. 1980년대 반미운동이 본격화된 것은 무슨 이유인가? 그것은 미국이 제국주의 세력이며 대한민국을 식민지처럼 지배한다는 인식에서 나온 것이다. NL노선을 주창하는 주사파가 한국에서 등장하여 민주화 운동의 성격을 변질시켰을 때 이들은 더 이상 자유민주주의의 정당성 회복을 주장하는 세력이 아니었다. 이들은 반 대한민국 세력, 대한민국 파괴세력이었다. 이 노선의 정당성을 5·18과 연계시키는 서술을 교과서들이 하고 있는 것은 참으로 놀라운 일이다. 이 같은 극렬좌파의 입장을 가진 교과서는 다음 4종의 교과서이다.

출판사	내용
천재교육	반미운동 정당화
미래엔	반미운동 정당화
두산동아	반미운동 정당화
금성	미국의 책임문제 제기

5. 북한의 핵미사일·군사도발·인권문제

북한의 핵미사일·인권문제는 좌편향 교과서들이 가장 의도적으로 서술하기를 회피하고 있는 부분이다. 대부분의 교과서들은 이 항목을 모두 합하여 단군 용어 나열식으로 3~5줄 정도 서술하고 있다. 다소 길게 서술하는 경우도 1쪽을 넘지 못한다. 그런데 그 경우는 북한에 우호적으로 서술하는 것이다.

이에 비해 교학사 교과서는 이 항목들에 총 3쪽을 할애하고 있어서 상세하게 문제를 이해할 수 있게 되어 있다. 교학사 교과서에만 1956년부터 시작된 북한 핵개발의 역사를 알 수 있고, 1970년대부터 시작한 미사일 개발의 역사도 알 수 있다.

1983년 아웅산 묘역테러, 1987년 KAL기 폭발, 1999년 연평해전, 2002년 제2 연평해전, 2010년 천안함에 대해서의 자세한 설명은 교학사 교과서에만 있다. 북한의 인권상황과 인권법에 대해 상세하게 알 수 있는 것도 역시 교학사 교과서뿐이다.

출판사	내용
천재교육	4줄 서술(p.357)
미래엔	2~3줄(p.351, p.353) 인권(11줄)
두산동아	2줄(p.316)
금성	1쪽(p.411), 이해하려는 방향으로 서술
비상교육	4~5줄(p.390)
리베르	1/2쪽(p.371) 인권문제만 서술
지학사	3줄(p.392)

좌편향이 심한 교과서 중 하나인 천재교육이 북핵, 미사일, 군사 도발, 인권 문제에 대해 언급한 부분을 찾아보자.

"또한 미사일을 시험 발사하는 등 군사력을 강화하였으며, 핵을 개발하였다."(p.356)

"그러나 북한의 개발이 국제 문제로 등장하면서 남북관계는 급속히 냉각되었다…. 그러나 2008년 이후 북한의 미사일·핵실험 강행·연평도 포격 사건 등이 이어졌다."(p.357)

이상과 같은 서술이 전부이다. 천재교육 교과서는 북한의 핵과 미사일을 마지못해 가볍게 언급하고 북의 인권문제에 대해서는 완전히 침묵하고 있다. 도대체 이 교과서에서 학생들이 북한의 위협에 대하여 무엇을 배울 수 있다는 것인가? 이제 참고로 교학사 교과서에 나타난 서술을 보자.

핵과 미사일 개발

"북한은 1956년 핵물리학자 30명을 소련에 파견하여 연수를 받게 하였고, 1964년에는 영변에 원자력연구소를 설치하였다. 이후 북한은 은밀하게 핵무기를 개발해 왔다. 1993년에 북한은 핵확산금지조약(NPT)을 탈퇴하였지만, 미국이 북한에 매년 중유를 공급하고 경수형 원자로발전소를 건설해 주는 것을 조건으로 1년 만에 다시 복귀하였다. 그러나 북한은 약속을 어기고 2002년 우라늄 농축 방식의 핵무기 개발 계획을 발표하고 다시 핵확산금지조약을 탈퇴하였다. 그리고 2006년 핵실험을 강행하고 2009년 2차 핵실험까지 강행하였다. 이제 북한은 핵보유국임을 인정받으려 하고 있다.

북한은 핵무기를 실전에서 사용할 수 있도록 미사일 개발에도 힘을 쏟고 있다. 1970년대 후반부터 미사일 개발에 주력한 북한은 1993년에는 사거리 1,300킬로미터의 노동 1호 미사일 발사에 성공했고, 2009년에는 사거리 6,000킬로미터의 대포동 2호의 발사에 성공하였다. 북한은 미국과의 협상에서 주도권을 가지려고 이러한 실험을 강행하고 있다."(p.344)

북한의 군사 도발

"북한은 6·25 전쟁 이후 남한에 대한 군사도발을 멈춘 적이 없다. 1983년 10월 9일 북한은 미얀마를 방문한 전두환 대통령을 시해하기 위하여 아웅산 묘역에 폭탄을 설치하여 서석준 부총리 등 한국인 17명과 미얀마인 4명을 사망케 하였다. 1987년 11월 19일 바그다드 발 서울행 대한항공 858기를 미얀마 근처 안다만 해상에서 공중 폭발시켜 탑승자 전원을 사망케 하는 만행을 저지르기도 하였다. 심지어 북한에 대해 원조 자금을 지원하고 유화정책을 폈던 김대중 정권하에서도 군사도발을 하였다. 1999년 북한의 경비정이 북방한계선(NLL)을 침범하여 교전이 벌어져 북한 어뢰정 1척이 격침되었다.

북한은 이에 보복하고자 2002년 또다시 북방한계선을 침범하였다. 정부는 선제공격을 하지 말라는 지시를 내렸기 때문에 북한은 마음 놓고 공격하여 아군 참수리 367호의 승조원 6명이 사망하고, 18명이 부상을 당했다. 2010년에는 백령도 해상에서 천안함을 어뢰 공격으로 폭침시켜 46명을 사망케 하였다."(p.344)

북한의 인권 상황

"북한은 세계 최악의 인권 위반 국가가 되었다. 북한의 전체주의 체제 자체가 국민들의 자유를 극도로 억압하고, 모든 것을 통제할 뿐만 아니라 반인륜적인 만행도 서슴없이 저지르고 있기 때문이다. 북한은 체제를 의심하는 사람들을 수용소에 가두고, 공개처형을 행하며, 기본권을 제약하고, 체제에 대한 충성의 정도에 따라 신분을 나누고 있다. 아사 위기에 처하고 체제의 탄압에 견디지 못한 북한 주민이 탈북하였지만, 통제가 강화되면서 많은 사람들이 희생당하는 상황이다.

북한은 세계 최악의 인권국가라는 비난을 들으면서도 인권 문제는 북한의 내정 문제라는 주장을 되풀이하고 있다. 그러나 세계인권선언이 선언하고 있는 바와 같이 인권은 어느 특정 국가의 내정문제가 아니다. 인권은 인류가 추구하는 보편적 가치이며, 모든 인간은 인권을 누릴 권리를 가지고 있다."(p.346)

UN 및 국제사회

"UN 및 국제사회는 북한의 인권문제를 심각한 것으로 간주하여 결의 문서를 발표하고, 인권법을 제정하여 인권 단체를 지원하고 탈북자를 보호하는 등의 조치를 하고 있다.

북한인권법은 미국과 일본에서도 통과되었다. 미국의 북한인권법은 2004년 발효되었다. 북한 주민의 인권신장, 인도적 지원, 탈북자 보호 등을 골자로 하는 이 법안은 인권의 문제는 국경을 넘는 문제라는 것을 잘 보여준다.

일본에서도 북한인권법이 2006년 공포되었으며, 정식 명칭은 '납치 문제 그 밖의 북조선 당국의 인권 침해 문제의 대처에 관한 법률'이다. 이 법 역시 북한의 인권 상황 개선을 목표로 필요한 제재 조치를 취할 수 있도록 하고 있다. 한국은 2005년 북한인권법안을 발의하였으나 제17대 국회의 임기 만료로 폐기되었고, 2008년 제18대 국회에서 재발의 하여 법안이 법사위 전체회의에 계류되었다가 자동 폐기되었다.

2012년 UN총회에서는 193개 회원국들이 북한 인권 개선 촉구 결의안을 표결없이 통과시켰다. 북한, 중국, 러시아 등은 결의안 공동 제안국이 된 것을 비난하여 "인민 사랑의 정치가 가장 훌륭하게 구현되고 있는 우리 공화국에서는 애당초 인권문제란 존재하지도 않으며 있을 수도 없다."(p.346)

"또한 북한은 핵과 미사일을 개발하고 실험하고 있다. 절대적 열세인 북한경제로는 남한과 경쟁을 할 수 없으므로 핵과 미사일을 통하여 국제사회에 대하여 북한의 체제 유지를 위한 보장을 받아 내고 북한이 필요로 하는 경제지원을 확보하려고 하는 것이다. 북한의 경제력을 뛰어넘는 병력 유지 및 무기 개발은 단지 통치 체제를 강화하는 데에 그치는 것은 아니다. 그것은 남한을 언제나 위협할 수 있는 수단을 확보하는 데에도 목적이 있다."(p.347)

맺음말

좌편향의 7종 교과서와 교학사 교과서를 비교하면 학생들의 손에 어느 교과서를 쥐어 주어야 하는가에 대한 답이 명확하게 나온다. 대한민국의 청소년들을 종북 세력의 먹잇감이 되도록 놔두어서도 안 되고, 계급투쟁의 전사가 되도록 놔두어서도 안 된다. 이들이 아직 학생일 때 대한민국에 대하여 건강한 정체성을 가진 시민으로 성장할 기회를 가져야 한다.

『가야만 사는 길, 역사는 안보다』 글마당, 2013에서 발췌

북한을 대변하는 좌편향 교과서들

교과서분석연구회

현행의 검인정 역사교과서는 교학사를 제외한 7종 모두 다양성을 찾아보기 힘들다. 반대로 하나같이 친북 반국가적으로 좌편향 획일화되어 있다. 이는 분단이후 70여 년 계속되어 온 북한정권의 '남남갈등', '반미 반한'이라는 대남공작에 의해, 대한민국이 이념 역사전쟁에서 완패했다는 증거물이다.

또한 교육과정, 집필기준, 교과서 출판에 이르기까지 전 과정을 일부 역사학계가 독과점하고 있는 심각한 구조는 국가가 나서서 정상화할 수밖에 다른 길이 없었다는 것이다. 그렇기 때문에 단지 검정이냐 국정이냐의 형식에 대한 문제를 가지고 일부 정치권에서 반국정 교과서 운동으로 국민을 선동하는 것은 매우 무책임하다고 생각한다.

오늘은 현행 검인정 역사교과서 8종 중 특히 좌편향이 심한 것으로 평가되는 미래엔, 천재, 비상, 두산동아, 금성 등 5종교과서 속의 친북 반국가적 기술의 예를 살펴보고자 한다.

첫째, 미래엔 교과서 350쪽에서는 김정일의 권력세습에 대해 "김정일은 아버지 김일성이 사망하면서 북한의 최고 권력자가 되었다(1994). 김정일은 주석 자리를 비워놓은 채, 국방위원장의 직함으로 군대가 사회를 이끈다는 '선군 정치'를 내세웠다."라고 서술하고 있다. 김정일의 권력세습을 당연하다는 듯, 그리고 김정일이 효자라도 되는 것처럼 북한 논리를 그대로 따르고 있는 것을 볼 수 있다.

둘째, 제 2차 세계대전 후 세계체제를 자유민주주의와 공산주의 혹은 전체주의 간의 대립 및 대치 관계로 접근하는 것은 매우 중요한 문제다. 그러나 현 검정교과서들은 자본주의와 공산주의 대립으로 보고 있다. 이 같은 인식은 자본주의에서 사회주의(공산주의)로 발전해 간다는 마르크스의 <역사발전 5단계설>에 따른 것이다. 대한민국의 건국 과정은 자유민주주의에 대한 긍정적 평가와 북한 정권의 공산주의에 대한 비판적 평가를 사실에 기초하여 분명히 함으로 학생들에게 자유민주주의 체제에 긍정적 시각을 갖도록 기술해야 한다.

국사 교과서의 가장 중요한 목표는 학생들이 국가와 체제에 대한 긍정적인 생각과 애국심을 갖도록 유도하는 것이다. 북한의 공산주의를 상대로 한국의 자유주의 세력이 사활을 걸고 대결하는 조건에서 국가가 국사교과서에 자유민주주의와 우방국에 대한 확신과 긍정적인 평가를 제외하도록 한 것은 자기 상실과 자기 부정의 극치이다.

셋째, 북한정부 수립을 서술한 부분을 보면 두산동아 273쪽에서

(천재 311쪽) 다음과 같이 서술하였다.

"마침내 1948년 8월 15일 대한민국 정부가 출범하였다…", "8월 25일
에는 남북 인구 비례에 따라 최고인민회의 대의원을 뽑는 선거를 실시
하였다. 북한과 남한에서 선거로 뽑힌 대의원들은 1948년 9월 최고인민
회의를 열어 헌법을 만들고, 김일성을 수상으로 선출하였다. 9월 9일에
는 내각을 구성하고, 조선민주주의인민공화국 수립을 선포하였다."

대한민국은 '정부'가 '출범'했다고 한 반면 북한은 조선민주주의
'인민공화국' '수립'으로 마치 북한정권이 국가로서 정통성을 가진
것처럼 기술하고 있다. 더욱이 심각한 거짓은 이 부분은 마치 북한
이 남북한 인구비례에 따른 정상적인 선거를 통해 합법적으로 수립
된 국가인 것처럼 서술하고 있다는 것이다. 당시 남쪽에는 지하 공
산당 조직 남로당이 있었을 뿐이다. 그들의 지하 투표를 포함한다
는 것으로써 대한민국 정부 자체를 부인하는 기술이다. 또한 이것
은 '흑백 투표함'에 의한 찬반 공개로 강압, 조작된 엉터리 날조 선
거였음을 밝히지 않고 있다.

넷째, 6·25 당시 중공군을 '중국군'으로 북한에서 사용하는 용어
를 사용하고 있다.(미래엔 317쪽, 두산동아 279쪽, 금성 379쪽, 천재 313쪽)

1992년 수교 전까지 중공을 나라로 인정하지 않았기 때문에 역
사서에 그 시대 용어를 사용하는 것이 원칙인데, 이 원칙을 어겼을
뿐 아니라 누가 우방이고 누가 적인지 구별 못하게 하는 서술이다.

다섯째, 북한의 주체사상을 북한식으로 소개하고 있는데, 두산

68

동아 315쪽에서 '주체사상에 토대를 둔 우리식 사회주의를 강화하다'라는 제목으로 소개한다.

김정일 '우리식 사회주의'를 내세우다

1980년에 김일성의 아들인 김정일 후계체제를 공식화하였다.

김정일은 당의 여러 요직을 차지하여 2인자의 위치를 확립하고, 주요 대회 문제를 제외한 대부분의 국내 정책을 지도하는 실질적인 당 책임자이자 후계자가 되었다.

1980년대 후반 소련의 개혁과 개방으로 시작된 동유럽 사회주의 국가 몰락, 독일 통일, 소련과 유고슬라비아 해체 등 정세 변화는 독자적 노선을 고집한 북한 사회주의 체제의 존속을 위협하였다. <u>이에 북한은 주체사상에 토대를 둔 '우리식 사회주의'를 강조하고 이를 뒷받침해 주는 근본적인 '조선 민족 제일주의'를 내세웠다. 이는 세계 정세의 변화에 따라 일어날지 모를 사회적 동요를 막고, 북한 내부의 단합을 강화하기 위한 것이었다.</u>

1990년대에 들어 북한은 남한을 비롯한 일본, 미국과 관계를 개선하는 일에 적극 나섰다. 이는 다각적인 외교 관계를 맺음으로써 서방의 고립화 정책을 헤쳐 나가기 위한 것이었다.

1994년 김일성의 사망으로 김정일 체제가 들어섰다. 김정일은 1998년 헌법을 바꾸어 주석직을 폐지하고, 권한이 더욱 강화된 국방위원장 자격으로 북한을 통치하였다. 북한은 계속되는 난관을 돌파하기 위해 강성 대국 건설을 목표로 삼고 새로운 통치 방식으로 선군 정치를 내세웠다. 군대를 앞세운 선군 정치는 외부 세계에 힘을 과시하고, 대중적 저항 의식이 성장할 수 있는 사회 분위기를 봉쇄하려는 것이다. 그러나 선군 정치로 경제적 어려움을 풀기에는 한계가 있었다. 1990년대 잇따른 자연재해와 서방의 경제 봉쇄로 북한의 경제 침체는 가속되었다. 이러한 어려움 속에서 핵무기 개발 등 군사력 강화에 온 힘을 쏟던 김정일이 2011년 12월 사망하고 아들 김정은이 3대째 권력을 세습하였다.

'우리식 살아 나가자'라는 표어가 붙어 있는 공장

강성 대국 건설 2012년 강성대국으로의 진입 목표를 대대적으로 홍보하고 있다.

이는 주체사상의 허구성과 위험성에 대한 비판이 없이 북의 선전 자료를 근거로 삼아 기술하는데, 이는 변질되어 북한 주민을 노예화하는데 쓰인 주체사상을 설명하며 북한 주장을 그대로 받아들일 수 있도록 하고 있다. 결국 북한의 주체사상 선전을 대행해주고 있는 것이다,

여섯째, 북한의 대남 도발에 대해서 축소, 은폐하고 있는데, 1·21 청와대 침투 사건, 푸에블로호 사건, 삼척울진 무장간첩 침투사건, 육영수 여사 시해, 아웅산 테러, 대한항공기 폭파, 제2연평해전, 천안함 폭침 등 북한의 대남 도발에 대해서는 하나도 언급하지 않는 교과서도 1종이 있고, 대부분의 교과서가 1~2개 정도만 가벼운 사건처럼 기술하고 있다.

천재, 미래엔, 비상, 두산동아, 금성- 특히 이 5종의 좌편향이 심각한 검인정 교과서는 정도 차이만 있을 뿐 대한민국에 대한 평가는 박하고 북한에 대한 평가는 후하다. 분단의 책임도 남한에, 통일을 달성하지 못하는 책임도 남한에 돌린다. 북한은 자주와 주체의 땅이고 대한민국은 친일, 친미, 기회주의의 땅이라는 식의 맥락인 것이다. 따라서 돈으로 사는 평화라도 평화라면 좋은 것이고, 통일도 저들의 비위를 맞출 수만 있다면 어떤 이념을 바탕으로 하든 대수냐는 식이다. 이런 교과서는 학생들로 하여금 북한정권을 이성 국가, 합리적 대화가 가능한 국가라고 인식할 수 있는 길을 열어준다. 분단국, 휴전국의 국민으로 살아가는 학생들에게 갈라진 책임은 어디에 있는지, 우리의 적은 누구인지, 앞으로 저들을 어떻게 상대해야 하는지를 가르치지 못하는 역사교과서는 역사도 교과서도 아니다.

일곱째, 계급투쟁적 사관을 보여주는 기술을 볼 수 있다.

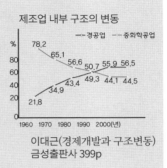

박정희 정부 시기 경제 개발 정책의 특징

1960~1970년대에 박정희 정부의 경제 개발 정책은 선진 자본주의 국가와는 달리 정부가 주도한 점이 특징이었다. 정부 주도의 경제 개발 정책은 단기간에 성과를 올릴 수 있는 장점이 있어서 다른 저개발 국가들이 경제 정책을 수립하는데 큰 영향을 주었다. 그러나 경제 활동에 정부가 지나치게 개입하여 민간 차원의 자발적인 경제 활동이 위축되고, 정경 유착을 비롯한 여러가지 폐단을 낳기도 하였다.

제조업 내부 구조의 변동

이대근(경제개발과 구조변동)
금성출판사 399p

외자 도입을 통한 경제 개발과 수출 주도형 성장 정책 역시 성과가 컸던 만큼 부작용도 많았다. 지나친 외자 도입으로 인한 상환 부담은 국가 경제에 큰 부담을 주었으며, 안정적인 기업 운영에도 어려움을 초래하였다. 또한 내수 경제의 성장보다는 수출에 의존한 결과 한국 경제의 대외 의존도, 특히 일본과 미국에 대한 의존도가 크게 심화되었다.

5종 대부분의 좌편향 교과서에서는 경제발전에 기여한 기업인과 산업에 대해서, 당시의 정부에 대해서는 긍정적 평가가 거의 없는 반면, 노동운동가 전태일, 민주항쟁의 희생자 이한열, 박종철에 대해선 지나치게 비중있게 다루고 있는 것을 볼 수 있다. 그리고 기업과 기업가에 대한 서술은 부정적인 내용이 압도적이다.

우리 대한민국은 세계에서 가장 가난한 나라에서 일약 근대 공업국가로 도약하여 이른바 '한강의 기적'을 만들어 냈다. 이러한 경제 기적에는 1960~70년대의 '정부 주도적' 개발 전략이 있었기 때문이다. 또한 조국 근대화에 헌신적인 노력을 기울였던 기업가와 뜻을 같이 하는 근로자의 동참이 없었다면 이러한 기적은 불가능했을 것이다.

이렇게 기업인과 당시 정부에 대해서는 무자비하고 탐욕스런 탄압가로만 묘사해 놓고서 이들에 저항하는 노동가, 민중만을 영웅처럼 묘사해 놓은 교과서의 기술 방식은 계급투쟁적 사관에서 기인한다. 사회주의적 이념의 핵심이 바로 계급투쟁설인데, 이들은 역사의 발전을 계급투쟁의 결과로 본다. 국가를 지배계급의 도구로 간주하며, 국가보다 계급을 우선시한다.

좌파는 노동자, 농민, 민중같은 특정 계급이 세상의 주인이 되어야 한다고 생각한다.

[활동하기] 전태일, 인간으로서 최소한의 요구를 한 노동자

대통령 각하,
··· 저희들은 근로 기준법의 혜택을 조금도 못 받으며··· 90% 이상이 평균 연령 18세의 여성입니다.··· 또한, 3만여 명 중 40%를 차지하는 시다공은 평균 연령이 15세의 어린이들로서··· 일반 공무원의 평균 근무 시간이 1주 45시간인 데 비해, 15세의 어린 시다공은 1주 98시간의 고된 작업에 시달립니다.··· 저희들의 요구는··· 1일 15시간의 작업시간을 1일 10시간~12시간으로 단축해 주십시오. 1개월 휴일 2일을, 일요일마다 휴일로 쉬기를 희망합니다.··· 절대로 무리한 요구가 아님을 맹세합니다. 인간으로서 최소한의 요구입니다.

—조영래 "전태일평전"—

▼1981 전두환, 제2대 대통령 취임
▼1987 박종철 군 고문치사
   4·13 호헌 조치
   6·29 민주화 선언

"서울대 학생 박종철 군은 1987 월 14일 치안본부 남영동·대공 분실 ··· 행되었다. 경찰의 발표에 따르면, 오전 10시 50분쯤 수사관의 심문을 받기 시작, 11시 20분쯤 수사관이 선배의 소재를 물으면서 책상을 세게 두드리는 순간에 앉은 채 갑자기 '윽'하는 소리를 지르며 쓰러졌다는 ···

—경향신문(1987.

6월 민주 항쟁과 민주화의 확대   ▲박종철 추모제

◀ 전태일(1948~1970) 동상과 분신 장소에 세워진 동판(서울 청계천 6가) 동대문 평화 시장의 재단사였던 전태일은 노동자의 열악한 근로조건에 항거하여 '근로 기준법을 준수하라'는 구호와 함께 자기 몸을 불살랐다.

▶ 박종철의 죽음은 민주화 운동에 어떤 영향을 끼쳤을까?

1 당시 노동자의 근로 조건과 생활 모습을 알아보고 전태일이 요구한 내용이 무엇인지 파악해 보자.
2. 전태일의 죽음이 한국 사회에 미친 영향을 조사하여 발표해 보자.

그러나 이는 대한민국 헌법에 위반된다. 대한민국은 인간 생명의 존엄성과 개인주의에 기초한 자유민주주의와 법치주의를 채택하여 헌법을 우선시한다. 노동자, 농민, 민중, 자본가란 이유로 어떠한 특혜도 차별도 주어져선 안 된다고 생각한다. 좌파적 관점에서 쓰인 교과서는 자연히 이승만, 박정희, 군인, 기업인들보다 노동자, 농민들을 우대한다.

대한민국은 세계가 놀랄 60여 년의 압축 성장을 이뤄냈다. 세계 최빈국에서 벗어나 원조를 주는 국가로 성장했으며 민주화까지 성공시킨 나라다. 정치와 경제 두 축 모두를 우리처럼 빠른 시간 내에 성공시킨 국가는 세계에서도 유례를 찾기 어렵다. 산업화와 민주화는 단절되어 있지 않다. 경제적 뒷받침 없는 민주화는 존재할 수 없다. 성숙한 민주주의 없이 더 이상의 경제발전도 있을 수 없다. 역사교과서가 바라보아야 하는 산업화와 민주화에 대한 시각은 이러해야 한다. 그러나 현행 역사교과서들은 산업화와 민주화를 분절적인 것으로 인식한다. 산업화 시대를 경제발전은 이루었으나 노동자들의 삶이 피폐해지고, 도시화로 인간소외가 발생했고 자본주의는 약육강식의 경쟁과 피로사회를 가져왔다는 태도로 기술한다. 결국 이런 교과서로는 기업과 노동자를 갈등론적 시각에서 기술하고, 학생들에게 기업가 정신, 국제사회로 뻗어나갈 포부를 심어주지 못한다.

또한 비상출판사는 제 6장 '대한민국의 발전과 현대 세계의 변화'라는 현대를 기술하는 첫 페이지부터 광주 시위를 말하면서 63 페이지에 걸쳐서 무려 17개의 시위내용을 반복해서 수록하고 있는데, 찬탁 및 반탁시위, 4·19시위, 교수시위, 학생시위, 한일회담 반대시위, 5·18 광주시위, 이한열 영결식, 외국 민주화시위, 수입 개방 반대시위, 농민시위, 독도관련 반크시위, 6월 10일 민주화시위 등의 사진을 실으면서 한국 현대 역사를 시위 역사로 잘못 이해하도록, 정부에 대한 저항과 시위로 인해서 대한민국이 발전했고 세계 변화에 적응한 것으로 만들고 있다.

여덟째, 친소, 지나친 반미적 서술 태도를 볼 수 있다.

■ 미·소의 한반도 분할 점령

1960년 8월 8일 미국이 일본 히로시마에 원자폭탄을 투하하자, 소련은 이틀후에 서둘러 대일 선전 포고를 하였다. 소련군은 곧바로 만주지역의 관동군을 공격하는 한편, 한반도 북부로 진출하여 일본군과 교전하였다. 8월 하순에는 38도선 이북 지역을 완전히 장악하고 일본군을 무장 해제시켰다.

한반도에서 소련군이 예상보다 빠른 속도로 남하하자, 미국은 이를견제하기 위해 38도선 분할 점령안을 소련에 제안하였다. 소련은 미국과 갈등을 빚을 필요가 없다고 판단하여 분할 점령안에 동의하였다. 이로써 한반도에 38도선이 설정되었다.

38도선 광복직후 미국과 소련은 협력관계를 맺고 있었으며, 남북한 주민들 역시 38도선을 오갈 수 있었다.

38도선 이남에는 9월 초에 미군이 진주하여 조선 총독부의 항복을 받았다. 미국은 곧바로 군정청을 설치하고 38도선 이남 지역에 대한 직접 통치를 선포하였다. 이에 따라 대한민국 임시 정부는 정부의 자격을 인정받지 못하였으며, 광복 직후 각 지역에 자발적으로 수립된 인민 위원회 등과 같은 자치기구도 강제로 해산되거나 점차 영향력을 상실하였다. 또한 미 군정청은 통치의 편의를 위해 일제 강점기 관리들을 그대로 기용하고 조선총독부의 행정 체제를 활용하는 현상 유지 정책을 실시하였다.

한편 38도선 이북에서는 사회주의자들이 주도하여 각지에 인민 위원회를 결성하였다. 소련군은 행정권을 인민 위원회로 넘긴 뒤, 간접 통치의 방식으로 이북 지역에 영향력을 행사하였다. 또한, 소련군과 함께 귀국한 공산주의 세력을 후원하여 자국에 우호적인 정부를 수립하고자 하였다.

금성출판사 364쪽에서는 미·소의 한반도 분할 점령과 38선 확정에 대해 "한반도에서 소련군이 예상보다 빠른 속도로 남하하자, 미국은 이를 견제하기 위해 38도선 분할 점령안을 소련에 제안하였다. 소련은 미국과 갈등을 빚을 필요가 없다고 판단하여 분할 점령안에 동의하였다. 이로써 한반도에 38도선이 설정되었다."고 하면서 미소 분할 점령을 소련군의 한반도 단독 점령에 대한 미국의 우려 때문으로 서술하고 있다.

■ 남한과 북한의 전후 복구

전쟁이 끝나자 남북한 모두 전후 복구 사업에 힘을 기울였다. 이승만 정부는 경제를 안정시키기 위해 식량 유통을 부분적으로 통제하는 한편, 귀속 재산 불하, 적자 재정 정책 등을 통해 경제 건설에 필요한 재정을 확보하고자 하였다. 귀속 재산 불하는 정부 재정 확충에 어느 정도 도움이 되었지만, 그 과정에서 각종 특혜 조치가 잇따라 국민의 불만을 초래하였다.

이승만 정부의 전후 복구 사업은 상당부분 미국의 경제 원조에 의존하였다. 미국이 제공한 잉여 농산물과 면방직, 설탕 등의 공업 원료는 식량 부족 문제를 해결하고 소비재 산업이 발달하는데 큰 도움이 되었다. 그 과정에서 한국 경제의 미국에 대한 의존도는 더욱 심화되었으며, 밀과 면화 등 일부 품목의 국내 생산은 큰 타격을 입기도 하였다.

미국의 원조 물자 중 하나였던 밀가루

미국의 대한 원조 추이

한국은행(경제통계연보)

한편, 북한은 6·25 전쟁으로 남한보다 더 큰 경제적 피해를 보았다. 북한 역시 소련을 비롯한 공산주의 국가들의 도움을 받는데 1954년부터 3년 동안의 원조 액수는 북한 전체 예산액의 23%에 이를 정도였다.

북한은 1954년부터 본격적으로 전후 복구 사업을 전개하였으며, 1957년부터는 이른바 '천리마 운동'으로 상징되는 5개년 경제 계획을 통해 사회주의 경제체제를 확립하기 위해 노력하였다. 그러나 지나치게 군수 산업 중심으로 경제정책을 추진하여 북한 주민의 생활 수준은 크게 나아지지 못하였으며, 산업간의 불균형도 심화되었다.

같은 교과서 382쪽에서는 미 군정을 부정적으로 표현하고, 미국 원조에 대해서도 비판적 평가를 볼 수 있다.

" …그 과정에서 한국 경제의 미국에 대한 의존도는 더욱 심화되었으며, 밀과 면화 등 일부 품목의 국내 생산은 큰 타격을 입기도 하였다."

이것은 미국의 농산물 원조에 대한 근거 없는 악의적 왜곡이다. 그때 미국의 원조가 없었다면 수많은 국민들이 아사했을 것이다. 반면 공산국가들의 북한 원조에 대해서는 아무런 평가 없이 서술하고 있다.

아홉째, 통일의 과정도 북한의 입장과 비슷하게 기술되어 있다. 초등학교 6학년 도덕교과서 4단원 88페이지에 통일을 이루기 위한 과정을 화합, 연합, 통일의 3단계로 말하고 있다.

1단계는 화합으로 '남북한이 대립관계를 넘어 서로를 인정하고 함께 발전하기 위해 여러 가지 교류와 협력을 합니다.' 라고 되어있고, 2단계는 연합으로 '남북한이 서로에 대한 믿음을 바탕으로 평화로운 관계를 맺으며 하나의 공동체를 이루기 위한 여러 가지 제도와 기구를 만들어 운영합니다' 라고 되어 있으며, 3단계는 통일로 '남북한 의회 대표들에 의해 마련된 통일 헌법에 따라 민주적인 선거를 통해 통일 정부와 통일 국회를 구성하고 여러 제도와 기구들을 통합하여 완전한 통일을 이룹니다' 라고 되어 있다.

그러나 여기에는 가장 중요한 전제조건이 빠져 있다. 북한이 리처럼 민주화되어야 한다는 것이다. 그것이 교과서에 명시되어야 평화 통일을 이루기 위한 과정을 알아봅시다.

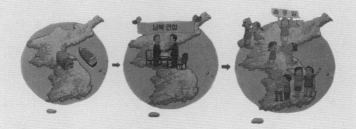

♣ 바람직한 통일 과정을 위의 그림과 같이 3단계로 나눈다면, 각 단계에서 남북한의 모습은 어떨지 생각해 봅시다.

<table>
<tr><td>1단계
화합</td><td>남북한이 대립관계를 넘어 서로를 인정하고 함께 발전하기 위해 여러가지 교류와 협력을 합니다.</td></tr>
<tr><td>2단계
연합</td><td>남북한 의회 대표들에 의해 마련된 통일 헌법에 따라 민주적인 선거를 통해 통일 정부와 통일 국회를 구성하고 여러 제도와 기구들을 통합하여 완전한 통일을 이룹니다.</td></tr>
<tr><td>3단계
통일</td><td>남북한이 서로에 대한 믿음을 바탕으로 평화로운 관계를 맺으며 하나의 공동체를 이루기 위한 여러 가지 제도와 기구를 만들어 운영합니다.</td></tr>
</table>

♣ 현재 남한과 북한은 통일 과정 중 어느 단계에 있다고 생각하나요. 그리고 앞으로 어떤 단계를 거치고 어떤 일들을 하면서 통일로 나아가야 할까요?

한다. 북한의 독재 정권체제가 변하지 않고 이런 식으로 통일 대통령을 뽑는 남북한 총선거를 한다면 북한은 99.98% 투표율에, 북한 후보 100% 지지 몰표가 나오게 되고, 남한은 50~60% 투표율에 여러 후보에게 표가 분산되므로 북한 후보가 통일 대통령으로 선출될 것이고, 국회에서도 북한 노동당이 제1당이 될 것인데, 이런 위험성을 간과한 채 초등학교 교과서가 기술되어 있다. 수정되어야 한다. 우리 모두가 방심하는 사이 곰팡이처럼 교과서 속에 북한의 논리가 숨어 들어와 있다.

이처럼 북한을 대변하는 듯한 내용들이 교과서 속에서 제거될 수 있도록 학부모와 교사는 더욱 노력해야 한다. 그래서 우리나라의 학생들이 자유 대한민국에 대한 긍정적인 생각과 애국심을 갖게 되는 올바른 교과서로 교육받을 수 있어야 한다. 그래야 북한 2,400만 동포, 남한 5,000만, 바야흐로 7,500만 모두가 꿈꾸는 세계사 속에 자랑스러운 자유통일 한국을 기대할 수 있는 것이다.

내가 국정 역사교과서 집필에 참여한 이유

김승욱(중앙대 경제학부 명예교수)

내용은 뒷전, 절차만 시비

마치 국정 교과서는 발전을 역행하는 것이고, 검정 교과서가 절대적으로 바람직한 방향인 것처럼 생각하는 사람들이 많다. 그러나 검정 교과서가 등장한 것은 얼마 되지 않았을 뿐만 아니라 많은 문제점이 발견되어 끊임없이 논란이 되어 왔다. 국정화를 반대하는 사람들은 마치 그전의 검정 교과서에 아무런 문제가 없었다는 전제하에서 국정화는 역사 발전을 거스르는 것이라고 주장하는 것이다.

역사 교과서는 2001년 6차 교육과정까지는 국정 교과서로 가르쳤다. 그런데 2002년에 시작된 제7차 교육과정 개편에서 중·고등학교 국사는 국정 교과서로 하면서, 고등학교 과정에 <한국 근·현대사>라는 과목을 선택과목으로 넣으면서 이것을 검정 교과서로 했다.

『한국 근·현대사 검정 교과서』가 여러 종류가 나오면서 2004년부터 편향적으로 서술되었다는 논란이 일어났다. 주로 YS정부에 비해 DJ정부에 대해 지나치게 긍정적으로 서술되어 있다는 등 역대 정부의 공·과에 대한 서술이 편파적이라는 것과 북한 관련 역사 서술이 편향되었다는 것이다.

예를 들면 북한은 건국이라고 명시하고, 대한민국은 건국이 아니라, 정부수립으로 묘사하는 것 등이었다. 특히 금성출판사 『한국 근·현대사 교과서』 편향성이 많이 지적되었다. 월간조선에서는 『한국 근·현대사 교과서』 내 34개 항목이 북한을 옹호하고 대한민국을 비판 일변도로 서술하고 있다고 지적했다.

권철현 의원(한나라당)은 17대 국감에서 『한국 근·현대사 교과서』가 "친북, 반미, 반재벌 관점에서 서술되어 있다."고 지적했다. 또한 '교과서포럼'이 만들어져 여러 차례 포럼을 열어 검정 교과서들의 편향성을 지적했고, 반대 측에서는 이런 문제 제기를 하는 측을 뉴라이트 계열의 역사학자라고 낙인을 찍으며 반발했다.

국정 교과서란 '교육부가 저작권을 가진 교과용 도서로 교육부가 편찬하며, 학교의 장은 국정도서가 있을 경우에는 국정도서를 반드시 사용해야' 한다. 검정 교과서란 '국가 이외의 저작자가 국가에서 검정 권한을 위임한 검정기관(한국사의 경우, 국사편찬위원회)의 검정을 받아 사용하는 교과용 도서'를 말한다.

인정교과서란 '교육부 장관이 시·도교육감에게 교과서 출원권한을 위임하여 시·도교육감이 국·검정 교과서 이외 도서를 교과서로 대용할 수 있도록 승인(인정)한 도서'를 말한다. 검정과 인정을 합해서 검인정 교과서라고 한다.

이런 가운데 교육부는 2007년에 7차 교육과정을 개정하면서, 국정이었던 중학교와 고등학교의 <국사> 과목을 <역사>라고 이름을 바꾸고, 많은 문제가 제기되었던 <한국 근·현대사> 과목을 <한국문화사>라는 이름으로 바꿨다.

그리고 2009년에 다시 개정해서 <한국문화사>라는 과목을 없애고, <고교 역사>를 <한국사>로 바꿔 결국 <국사>와 <한국 근·현대사> 과목이 <한국사>라는 과목으로 통합되었다. 이제는 역사 과목에서 국정 교과서가 사라지고, 검정 교과서만 남게 되었다. 그러므로 국정 역사교과서가 사라진 것은 불과 10년도 채 안 되는 짧은 기간이다.

그런데 이 짧은 기간 동안 검정 역사교과서의 문제점이 상당히 많이 제기되었다. 2008년에 금성출판사 『한국 근·현대사 교과서』에 대해 교육부가 38건의 수정 명령을 내렸으나 집필진의 불복 소송으로 사회적 혼란이 발생했다.

또한 2011년에도 '자유민주주의' 용어 사용의 적절성 문제나, 대한민국의 '한반도 유일의 합법정부'라는 진술의 사실 여부, 5·18 민주화 운동, 6월 민주 항쟁 등 민주화 운동의 명기 여부, 일본군 위안부, 제주 4·3사건 및 친일파 청산 노력의 명기 여부 등 주요 용어의 적절성 등을 중심으로 논란이 발생했다.

2013년에는 6·25전쟁의 책임이 남북한 모두에게 있는 것으로 오해할 수 있는 자료 등을 실은 교과서들에 교과부가 829건의 수정 권고 사항과 41건의 수정 명령을 내렸으나 일부 집필진이 이를 거부하고 소송을 반복했다. 2016년에 교과부가 승소판결을 받았지만, 대법원 판결이 날 때까지 3년이 소요되었다.

검정 교과서, 이념편향 심각

이렇게 검정 교과서는 여러 가지가 있으나, 모두 천편일률적으로 민중사관에 입각해 있는 편향적 서술 일색이어서, 우파 진영에서는 2013년에 교학사를 통해 다른 시각의 한국사 교과서를 편찬했다. 하지만 이 교과서가 보수적 성향이며, 친일과 독재자를 미화한다는 이유로 집단 반대운동을 벌이는 바람에 교학사 역사 교과서를 채택한 학교는 전국 5,560여 개 중·고등학교 중 단 3개 학교 뿐이었다.

교학사 교과서를 채택하는 학교와 교사에 대해서 갖은 협박과 집단행동을 저질러 결국은 다 철회하게 만들었다. 이전에는 교학사는 가장 많은 교과서 종류를 발행하는 출판사인데 이 사건으로 이윤이 548억 원(2012년)에서 312억 원(2014년)으로 급감했고, 시장점유율이 최하위권으로 떨어졌다.

이러한 사실은 검정 교과서 체제가 자유로운 선택을 보장하는 체제가 아니고, 결국은 한쪽의 시각에 편중된 교과서만 채택되게 만든다는 사실을 여실히 보여주고 있다.

만약 검정체제 하에서 다양한 교과서가 나와서 학생과 교사가 외부의 압박을 받지 않고 자유롭게 선택할 수 있는 상황이라면, 검정체제가 자유의 폭이 넓어졌다는 측면에서 발전이라고 볼 수 있을 것이다. 그러나 검정체제 하에서 그러한 이상적인 모습은 현실적으로 찾아볼 수 없었다.

그래서 검정 교과서 체제로 간 지 불과 8년 만에 정부는 국정체제로 전환을 하려고 했는데, 이를 자유가 후퇴하는 역사의 후퇴라는 등 온갖 비난을 했다. 지금도 국정 역사교과서의 내용을 비판하는 것이 아니라, 국정화로 후퇴했다는 이유로 문제시 하는 것이다. 국정화로 돌아갈 수밖에 없었던 과정에 대한 비판은 거의 찾아볼 수 없다.

물론 국정화에 대해서는 보수 측에서도 일부 반대했다. 그 이유는 정권의 입맛에 따라 역사교과서가 만들어질 수 있다는 우려 때문이다. 그러나 막상 집필에 동참해 보니 그것은 기우라는 것을 알았다. 검정 교과서의 경우 교수 1 2명과 현직 교사 5 6명이 집필을 한다.

따라서 참여한 한두 명의 역사학자의 견해에 따라서 상당히 서술이 영향을 받을 수 있다. 그러나 국정 교과서의 경우는 31명이 참여했다. 집필진 중에 학습 탐구 등을 맡은 7명의 현직 교사를 제외한 24명은 교수이거나 역사 관련 연구소의 연구위원들로 각 시대나 분야의 전문가들이다.

국정화 교과서가 신뢰도 더 높다

이들은 모든 국민이 주시하는 가운데, 자신의 이름을 걸고 아주 좁은 부분에 한정해서 집필하기 때문에 정치적 색깔 논쟁에 빠지지 않기 위해서 매우 조심했다. 또한 편수 책임을 맡은 국사편찬위원회의 위원장의 경우에는 정치적 영향을 받을 수 있지만, 집필회의에 참여하여 집필진과 긴밀하게 의견을 나누는 국사편찬위원회 편수담당 연구사들은 오랫동안 국사편찬업무에 종사해온 전문가들로 정치적인 영향을 크게 받지 않는다.

그리고 학생들의 눈높이를 검토하는 현장 교사들의 검토도 받는데, 이 교사들은 자원자들 중에 뽑혔기 때문에 정치적으로 선발된 사람들이 아니다. 또한 국사학계 원로들이 최종 검토를 하면서 치우친 견해들은 걸러내는 과정이 있기 때문에, 이 단계에서 지적을 받으면 필자가 아무리 주장을 해도 수용이 안 된다.

검정체제 하에서는 여러 교과서가 있어서 관심을 적게 받지만, 국정의 경우에는 온 국민의 관심을 받기 때문에 한쪽으로 치우친 집필을 하기 어렵다는 것이 필진에 참여한 소감이다. 따라서 일부의 우려와 같이 정권이 바뀌면 다시 교과서의 색깔이 바뀌어 정권에 따라 극단과 극단으로 역사교과서가 갈팡질팡 할 것은 염려하지 않아도 될 것이다.

이번에 국민적 반대로 인해서 교육부가 작년에 만들어진 '올바른 교과서'를 원하는 학교는 연구학교로 지정하고, 무상으로 원하는 학교에 공급하겠다고 했지만, 5,556개교 중에 단 한 학교도 선택하지 못했다.

처음에는 대구와 경북 지역의 약 2,100개 학교가 채택할 것으로 보인다는 보도가 나갔지만, 결국 현장 교사들이 전교조 소속 교사들의 압박으로 인해서 전국에서 연구학교 신청을 한 학교는 경산문명고와 경북항공고 2곳 뿐이었다. 이들 학교에서 선택하려고 하자 교장실 앞에서 학생들이 교사를 해임하라는 등 피켓을 들고 시위를 하는 지경에 이르렀다. 공교육살리기학부모연합 등 많은 단체에서 노력했지만 관철하지 못했다.

교재 선택권은 교장에게 있는 것이 아니고 교사에게 있는데, 교사가 자신의 재량에 의해서 선택하고 싶어도 이런 조직화된 반발 앞에서 무기력하기만 하다. 국가에서 예산을 들여 만든 국정 역사 교과서를 무조건 폐기하는 것은 옳지 않다. 주변에 많은 사람들이 책을 구할 수 없느냐는 문의가 온다. 집필자도 한 권씩 밖에 받지 못했다.

교육부 홈페이지에 파일을 올려서 원하는 국민은 누구나 볼 수 있게 해줘야 한다. 그리고 문제가 있다면, 어떤 내용이 문제인지 학자들 사이에서 많은 토론이 전개되어야 한다. 그렇게 국민적 합의를 이끌어가면서 정말 모든 국민이 사랑하는 교과서를 만들어가는 것이 바람직하다. 지금과 같은 갈등의 소지가 많은 검정체제를 유지하는 것은 바람직하지 않다고 생각된다.

미래한국(2017. 05. 31.)특집에서 발췌

교육부

올바른 역사교과서

무엇이
달라졌나요?

교육부

대한민국의 정통성을 확고히 하였습니다.

1. 대한민국이 대한민국 임시 정부의 법통을 계승한 한반도 유일의 합법정부임을 명확히 서술

▶ 정통성이 북한에 있는 것으로 오해하도록 서술

한국은 정부 수립, 북한은 국가 수립

유일한 합법 정부인 대한민국 정부가 수립되다

제헌 국회는 무소속이 85석으로 다수를 차지했지만, 이승만이 이끄는 대한 독립 촉성 국민회가 55석을 얻어 원내 제1당이 된 뒤 한국 민주당 등 군소 우익 정당과 연합해서 과반을 차지하였다. 그 결과 국회의 간접 선거를 통해 이승만이 대통령에 당선 되었다. 내각을 조직한 이승만은 8월 15일 미 군정 종식과 함께 대한민국 정부 수립을 국내외에 선포하였다.

(2016, M교과서 313p)

대한민국 정부 수립 후, 북한에서는 최고인민회의 대의원을 선출하는 총선거를 실시하였다(1948. 8. 25). 최고인민회의는 헌법을 제정하고 김일성을 초대 수상으로 선출하여 조선 민주주의 인민 공화국을 수립하였다(1948. 9.9). 이로써 남과 북에 이념과 체제가 다른 두 개의 정부가 수립되어 서로 대립하게 되었다.

(2016, M교과서 315p)

합법 정부의 범위를 남한 지역으로 한정

제3차 유엔총회의 대한민국 정부 승인 결의안(1948)   [사료]

유엔 한국임시위원단이 총선거 감시와 합의를 실시할 수 있었던 남한 지역에서 효과적인 통제 및 사법권을 보유한 합법 정부가 수립되었으며… 이 정부는 선거가 가능하였던 한반도 내에서 유일한 합법정부임을 승인한다.

(2016, M교과서 315p)

▶ 대한민국이 한반도의 유일한 합법정부임을 분명히 서술(250p, 251p)

한국은 국가 수립, 북한은 정권 수립

대한민국의 수립

1948년 5월 10일 한국 역사상 최초의 보통·평등·비밀·직접 선거의 원칙을 바탕으로 한 총선거가 유엔의 감독 속에서 실시되었다. 제주도의 두 곳을 제외한 선거구에서 전국적으로 90% 이상의 투표율을 기록한 5·10 총선거를 통해 헌법을 제정할 국회 의원들이 선출되었다. 제헌국회는 헌법을 제정하고 7월 17일 공포하였다. 한편 5·10 총선거에서 친일 반민족 행위자들에 대한 피선거권은 제한 되었다.

제헌 헌법에 따라 국회에서 이승만과 이시영이 각각 대통령과 부통령에 선출되었고, 광복군 지도자 이범석을 국무총리(국방부 장관 겸임)로 하는 내각이 조직되었다. 대한민국 정부가 구성됨으로써 대한민국 임시 정부의 법통을 계승한 대한민국이 수립되었다(1948. 8. 15). 대한민국은 우리 역사상 최초로 민주적 자유선거에 의해 수립된 국가였다.

1948년 12월 12일 유엔은 총회 결의를 통해 대한민국 정부를 한반도(코리아)에서 수립된 유일한 합법 정부로 승인하였다. 한편 38선 이북에서는 북한 정권이 수립되었다(1945. 9. 9).

제헌 헌법

제헌 헌법은 1919년 3·1 독립선언의 결의를 담아 민주 공화국을 세우려 하였던 대한민국 임시 정부 헌법의 정신을 계승하였다. 제헌 헌법은 국민의 자유 보장, 민주주의와 시장 경제를 기본 틀로 삼았고, 대한민국의 영토는 '한반도와 그 부속 도서'라고 규정하였다. 이러한 헌법의 바탕 위에 주권 재민의 민주 공화국인 대한민국이 수립되었다. 정부 형태로는 대통령제를 채택하였고, 정부통령을 국회에서 선출하도록 하였다.

○ **제헌 헌법 및 현행 헌법의 주요 내용과 연계하여 대한민국의 국가 체제와 정통성에 대해 충실히 서술** (251p, 272p, 273p)

제헌 헌법

제헌 헌법은 1919년 3·1 독립 선언의 결의를 담아 민주 공화국을 세우려 하였던 대한민국 임시정부 헌법의 정신을 계승하였다. 제헌 헌법은 국민의 자유 보장, 민주주의와 시장 경제를 기본 틀로 삼았고, 대한민국의 영토는 '한반도와 그 부속도서'라고 규정하였다. 이러한 헌법의 바탕 위에 주권 재민의 민주공화국인 대한민국이 수립되었다. 정부 형태로는 대통령제를 채택하였고, 정부통령을 국회에서 선출하도록 하였다.

제헌 헌법은 국민의 기본적 자유와 권리를 선언함과 동시에 이를 보장하는 권력 분립, 사법권의 독립을 천명하였다. 이로써 일제의 식민 지배하에서 보장되지 못했던 국민의 기본권과 민주주의의 기본 원칙이 제헌 헌법에 의해 법적으로 보장되었다.

제헌 헌법은 '모든 국민에게 생활의 기본적 수요를 충족할 수 있게 하는 사회 정의의 실현과 균형 있는 국민 경제의 발전을 기본으로 할 것'을 규정하였다. 국가 재산의 상당 부분이 일본의 귀속 재산이었던 상황에서 국유화를 내세운 헌법 조항을 두었다. 이 조항은 귀속 재산 처리가 종결된 후 삭제 되었다.

1987년 직선제 개헌과 평화적 정권 이양

6월 민주항쟁의 결과 1987년 개정된 헌법은 5년 단임의 대통령을 국민이 직접 선출하도록 하였다. 이 헌법은 국민의 권리를 제한하는 경우에는 반드시 적법한 절차를 따르도록 하는 등 기본적 인권을 보장하기 위한 절차적 장치(적법 절차 조항)를 더욱 강화하였다. 그리고 유신 헌법 및 1980년 개정 헌법에서 사라졌던 지방 자치제를 부활시켰다.

또한 개인과 기업의 경제상의 자유와 창의를 존중함을 기본으로 하는 동시에 경제의 민주화를 위하여 경제에 관한 규제와 조정을 할 수 있다는 조항을 두었다.

한편, 6월 민주 항쟁 이후 민주화 요구가 증대되는 가운데 국민 기본권을 보장하기 위해 헌법에 헌법재판소 제도와 함께 헌법 소원제도[17]가 도입되었다. 이는 법치주의의 확립과 자유 민주주의 정착에 기여하였다.

1987년 12월 제13대 대통령 선거가 실시되었다. 이 선거에서 노태우 후보가 당선되었다. 이로써 헌정 사상 최초로 평화적 정권 이양이 이루어졌다.

역사 돋보기 **제헌헌법**

유구한 역사와 전통에 빛나는 우리들 대한국민은 기미 3·1 운동으로 대한민국을 건립하여 세계에 선포한 위대한 독립 정신을 계승하여 민주 독립 국가를 재건함에 있어서 정의, 인도와 동포애로써 민족의 단결을 공고히 하며, 모든 사회적 폐습을 타파하고 민주주의 제도를 수립하여 정치, 경제, 사회, 문화의 모든 영역에 있어서 각인의 기회를 균등히 하고 능력을 최고도로 발휘케 하며 각인의 책임과 의무를 완수케 하여 안으로는 국민 생활의 균등한 향상을 기하고 밖으로는 항구적인 국제 평화의 유지에 노력하여 우리들과 우리들 자손의 안전과 자유와 행복을 영원히 확보할 것을 결의하고, 우리들의 정당, 또 자유로이 선거된 대표로서 구성된 국회에서 단기 4281년 7월 12일 이 헌법을 제정한다.

제헌 헌법은 대한민국이 민주 공화국이며, 모든 권력이 국민으로부터 나온다는 점을 분명히 하였다. 또한 자유 민주주의 국가로서 국민의 자유와 평등, 재산권, 선거권, 재판 청구권, 근로자의 단결권, 단체 교섭권, 단체 행동권 등 기본적 자유와 권리를 보장하였다.

---

17 헌법 소원제도와 헌법 재판소 | 법률이 헌법에 어긋나는지의 여부는 소송 절차를 거쳐서 헌법 재판소가 판단할 수 있게 되어 있는데 헌법 소원 제도는 기본권이 침해당했을 때 국민은 누구나 소송 절차를 거치지 않고도 직접 그 판단을 받을 수 있게 하였다. 헌법 재판소는 기본적 인권 보장의 증진과 법치주의의 확립 및 자유 민주주의의 정착에 기여하였다.

검정 교과서

북한의 핵 개발, 군사 도발, 인권 문제 등에 대해 누락하거나 축소 서술

일부 교과서는 천안함 피격 사건에 대해 기술하지 않거나, 도발의 주체가 불분명한 천안함 침몰로 표기

그러나 북한의 미사일 시험 발사와 핵실험 강행 등 잦은 군사 도발로 남북관계는 다시어려움에 처하였다. 이명박 정부는 한·미 공조 체제를 강화하고 대북 강경 정책을 폈다. 또 2010년 천안함 침몰 사건, 연평도 포격 사건 등으로 남북 관계는 더욱 경색되었다.
(2016, M교과서 353p)

2010년 천안함이 침몰하는 사건이 발생하자 남북관계는 경색되고 대한민국은 5·24 대북조치를 발표하였다. 이에 모든 대북투자가 금지되면서 개성공단의 운영도 축소되기 시작했다. 2013년 4월 26일 개성공단에 남아있던 대한민국의 모든 인원이 철수하고 개성공단을 폐쇄하였다가, 9월 16일 시운전을 시작으로 재가동되었다.
(2016, ○○교육청 중학생 보조교재 87p)

북한의 군사 도발에 대해 1~4줄로 축소 서술

더구나 2010년 북한이 천안함 피격 사건과 연평도 포격 도발 사건을 일으켜 남북 관계는 경색 국면으로 접어들었다.
(2016, J교과서 392p)

어들이지 않았다. 게다가 북한에 의해 금강산 사업 중단, 천안함 피격 사건, 연평도 포격 사건 등이 일어나 남북 관계는 경색되었다.
(2016, D교과서 320p)

다. 이명박 정부는 상생과 공영의 남북 관계를 추구하였다. 그러나 최근 북한의 미사일 시험 발사와 핵 실험 강행, 연평도 포격 사건 등 잦은 군사 도발로 남북 관계는 어려움을 겪고 있다.
(2016, V교과서 390p)

전과 평화 번영을 위한 선언을 채택하였다. 그러나 북한은 2006년에 이어 2009년에 핵 시험을 강행하고, 2010년 연평도에 포격을 가하여 남북 관계가 경색되었다.
(2016, L교과서 373p)

례의 정상 회담을 더 열어 10·4 남북 공동선언을 이끌어 냈다. 그러나 북한의 핵과 장거리 탄도 미사일을 개발하면서 남북 관계는 다시 경색되었다. 더구나 북한에 의해 금강산 관광이 중단되고, 천안함 피격 사건, 연평도 포격 사건 등이 발생하면서 남북관계는 다시 갈등 상황에 빠지게 되었다.
(2016, K교과서 415p)

그러나 2008년 이후 북한의 미사일 시험 발사, 핵 실험 강행, 연평도 포격 사건 등이 이어졌다. 이 때문에 남북관계는 다시 정체 상태에 빠졌다. 북한의 핵 문제 또한 미국과 북한 사이에 갈등이 계속되면서, 2003년부터 남북한과 미·일·중·러가 참가하는 6자회담도 중단되었다.
(2016, C교과서 357p)

올바른 역사교과서

북한 핵 개, 군사 도발 상황, 인권문제의 심각성 등을 구체적으로 서술 (286p)

북한의 군사도발을 소주제로 구성하고, 천안함의 경우 북한의 책임을 명확히 서술

북핵 위기와 북한의 대남 도발

북한의 핵개발은 남한의 안보 위기를 심화시키고 있다. 남북한은 1991년 12월 한반도 비핵화 공동선언을 채택하였으나, 북한은 핵 확산 금지 조약(NPT) 탈퇴를 선언하고 영변의 핵 시설을 가동하여 핵 개발을 추진함으로써 위기를 고조시켰다. 1994년 10월 북한은 미국과의 제네바 합의를 통해 핵 확산 금지 조약에 복귀하고 핵무기 개발을 일시 중단하였다. 그러나 김정일은 비밀리에 핵무기 개발을 지속함으로써 2002년 북미 제네바 합의는 파기되었다. 핵무기 개발과 동시에 북한은 핵무기 탑재를 위한 각종 중장거리 탄도 미사일 개발에도 박차를 가하고 있다.

북한의 핵과 미사일 개발에 대응하여 국제 사회는 다양한 대북제재 조치를 취하였다. 한국 정부도 남북 대화 재개 등 북핵 문제 해결과 한반도 긴장 완화를 위한 노력을 계속해왔다. 그러나 북한이 핵 보유 의지를 포기하지 않은 채 지속적으로 핵 개발과 미사일 발사 등 도발을 멈추지 않고 있기 때문에 한반도와 동북아시아의 평화는 큰 위협을 받고 있는 상황이다.

또한 북한은 핵 개발과 더불어 대남 도발을 지속해 왔다. 서해 북방 한계선(NLL)을 북한이 세 차례 침범하여 다수의 희생자가 발생하였다. 2008년 금강산 관광객 피살 사건으로 금강산 관광이 중단되었다. 2010년 3월 26일에는 서해 백령도 인근 해상에서 한국 해군의 천안함이 북한의 어뢰 공격을 받아 40명이 사망하고 6명이 실종되었다. 이에 맞서 이명박 정부는 대북 제재 조치를 취하였다. 2010년 11월 북한군의 연평도 포격으로 군인과 민간인이 사망하는 피해를 입었다.

이러한 북한의 끊임없는 대남 도발은 남북 대화 추진 및 교류 협력을 증대하기 위한 노력을 어렵게 만들고 있다.

91

검정 교과서

6 · 25 전쟁의 책임은 남북 모두에 있다고 오해할 수 있도록 서술

38선을 경계로 잦은 충돌이 일어나다

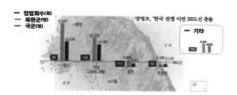

38도선이 그어지고 6·25 전쟁이 일어나기 이전 남북한 간에 많은 충돌이 있었다. 교전에 투입된 군인은 국군에 비해 북한군의 숫자가 월등히 많았다. 1949년 1월부터 10월까지 38도선을 경계로 벌어진 교전만 500회를 넘겼다. 옹진 지역에서만 이미 전사자가 6,000여 명을 넘었다. 이러한 상황에서 남북한은 서로 통일을 주장하였다.

(2016, D교과서 278p)

대부분의 교과서에는 6·25 전쟁을 위해
소련이나 중화인민공화국이 북한에
지원하였던 자료나 사진 없음

올바른 역사교과서

6·25 전쟁은 북한이 소련과 중국으로부터 지원을 받아 치밀하게 준비하여 시작된 전쟁 (253, 254p)

6·25 전쟁의 배경

유럽의 안보를 중시하던 미국이 대한민국에 대한 군사 지원에 소극적이었던 반면, 소련과 중화인민공화국(중국)이 북한에 대한 지원을 늘리면서 대한민국 수립 직후부터 남북한의 군사적 격차가 커졌다.

북한의 남침에는 소련과 중국이 깊게 관여하였다. 소련은 전차와 항공기 등 최신 무기와 장비를 북한에 제공하고, 군사 고문단을 파견하여 남침계획을 수립하도록 하였다. 또한 마오쩌둥은 1949년 후반부터 전투 경험이 풍부한 만주 지역의 조선 의용군을 북한군에 편입시켰다.

소련과 중국의 적극적 지원에 힘입은 북한은 대규모 군사훈련을 실시하고, 간첩을 남파하여 남한 사회의 혼란을 유도하였으며, 개전 직전 남한에 정치 회담을 제의하는 등 체계적인 전쟁 준비에 돌입하였다.

반면 대한민국은 1948년 9월 국방 경비대를 국군으로 확대 개편하였으나, 무기 체계와 훈련면에서 초보적 수준이었다. 게다가 일부 병력은 지리산 등지에서 활동하는 공산게릴라를 소탕하느라 38선에서 벗어나 있었다.

또한 미국은 남한에 소규모 군사 고문단만 남기고 주한미군을 철수시키는 한편, 1950년 초에는 극동 방어선에서 한반도와 타이완을 제외시켰다.

6·25 전쟁의 발발과 전개

1950년 6월 25일 새벽, 북한은 38선 전역에서 불법적으로 기습 남침하였다. 북한군은 치밀하게 준비한 군사

1 소련 군사 고문관이 북한군에 넘겨준 선제 타격 계획

대한민국의 정통성을 확고히 하였습니다.

1. 친일파의 이름과 행적을 구체적인 자료와 함께 제시

올바른 역사교과서

○ 친일 반민족 행위에 대해 별도의 소주제로 편성하여 다양한 자료와 함께 상세히 서술
(229p)

전시 체제와 친일 반민족 행위

일제가 침략 전쟁을 감행하여 추진한 통제, 동원, 수탈때문에 수많은 한국인이 막대한 희생을 치렀다. 일제는 침략 전쟁에 한국인을 이용하기 위하여 더욱 노골적으로 친일 인사나 단체를 활용하였다. 친일 세력은 일제의 승리에 대한 기대감으로 일제에 적극 협력하였다. 이들은 개인의 이익을 위해 침략 전쟁에 적극적으로 부응하였고, 한국인들의 전쟁 참가, 식민 정책 협력을 독려하고, 돈이나 군수품을 헌납하기도 하였다. 이러한 친일 행위는 한국인을 전쟁의 도구로 쓰는 데 앞장선 반민족 행위였다.

친일 반민족 행위는 크게 보면 매국행위, 항일 운동 탄압 행위, 일제의 통치 기구에 참여한 행위 자체 혹은 통치 기구에 참여하여 적극 참여한 행위, 침략 전쟁에 적극 협력한 행위 등으로 구분할 수 있다.
…매국 행위나 항일운동에 대한 탄압행위를 넘어 모든 종류의 식민 통치와 침략 전쟁에 대한 협력 행위가 적극적일 경우 모두 친일 반민족 행위에 해당한다.… 일본 제국주의의 부당한 식민지 지배와 통치 그리고 반인륜적 침략 전쟁에 적극 협력함으로써 우리 민족의 정당한 발전을 저해하고 민족 구성원에 불이익을 미친 행위이다.
– 『친일 반민족행위진상규명보고서』

특히 이광수, 박영희, 최린, 윤치호, 한상룡, 박흥식 등 많은 지식인, 예술인, 종교인, 경제인이 친일 활동에 앞장섰다. 이들은 황국 신민화 정책을 찬양하는 활동에 나서며 신문이나 잡지 황국 신민화 정책을 선전, 옹호하거나 전쟁 협력 및 징병을 권유하였다. 또한 조선 임전 보국단[3]과 같은 친일 단체의 순회 강연회나 좌담회 등에 적극 참여하였다. 일제에 협력하는 종교계 및 친일 경제인 등이 군용기를 헌납하기도 하였다.

> 3 **조선 임전 보국단 |** 1941년 서울에서 조직된 친일 단체로, 일제의 침략전쟁에 협조하기 위하여 만들어졌다. 최린, 윤치호, 한상룡 등의 친일파가 참여하였다.

1 비행기 헌납
친일파들은 국방헌금을 내거나 비행기와 무기를 구입하여 일본군에 바치기도 하였다.

역사 돋보기 **친일 반민족 행위자로 변절한 최남선**

"만주 사변으로 부터 중일 전쟁 내지 대동아 전쟁에 이르는 일련의 전개는 … '성전(聖戰)'이라 이르지 아니하면 다시 무엇이라 일컬으랴.…
오늘날 대동아인으로서 이 성전에 참가함은 대운 중의 대운임이 다시 의심 없다.
… '성전이다'하는 일념과 함께 대장부의 의기를 나타낼 때가 지금이다. … 옛날 원광법사의 '임전무퇴' 네 자까지를 진두의 청년학도에게 선물하고 싶다."
– 「매일신보」「보람있게 죽자」

최남선은 독립운동가에서 대표적인 친일반민족 행위자로 변절하였다. 그는 한국의 역사, 문화, 지리 등을 연구한 역사가이자 지식인으로, 3·1운동에 참여하였다는 이유로 감옥살이를 하기도 하였다. 그러나 이후 조선사 편수회 위원, 중추원 참의, 만주 건국 대학교수, 조선 임전 보국단 발기인 등이 되어 일제의 식민 통치와 민족 문화 파괴에 적극 협력하였다.
그는 심지어 징병을 앞두고 한국 청년들의 전쟁 참가를 독려하며 「보람 있게 죽자」라는 글을 「매일신보」에 게재하기도 하였다. 신라 시대 화랑의 임전무퇴 정신을 거꾸로 해석하여 일제의 침략 전쟁을 위해 목숨을 바치는 것이라고 강변하는 등 자신이 가진 학문적 지식을 악용하며 친일 반민족 행위에 앞장섰다.

◐ 항일 무장 투쟁의 역사는 별도 주제로 충분히 서술 (235p)

3-4 항일 무장 투쟁의 발전과 한국 광복군의 활동

한중 연합 작전의 전개

1931년 일제가 만주를 침략하자 독립군은 중국군과 연합하여 항일 무장 투쟁을 전개하였다. 한국 독립군(총사령 지청천)은 중국군과 함께 쌍성보, 경박호, 대전자령 등 북만주 일대에서 일본군과 싸워 큰 승리를 거두었다. 하지만 일제의 탄압으로 한인 사회가 해체되고 군수품이 고갈되면서 활동이 어려워졌다. 결국 이들은 김구 측의 지원을 받아 중국 관내 지역으로 이동하여 중국 육군 군관학교 낙양분교 내의 한인 특별반에 합류하였다.

조선혁명군(사령관 양세봉)은 중국 의용군과 함께 영릉가, 흥경성 등 남만주 일대에서 일본군과 싸워서 크게 승리하였다. 하지만 일본군의 대대적인 공격이 이어지고 한인 사회와의 연계가 차단되어 어려움을 겪었다. 양세봉마저 전사하자 활동이 크게 위축되었고, 그 일부가 중국 관내로 이동하여 임시 정부의 김구와 합작하였다. 만주에 잔류한 세력은 1930년대 후반까지 소규모 투쟁을 지속하였다.

한편, 만주에서 활동하던 한국인 공산주의자들은 동북 항일 연군에 참가하여 항일 무장 투쟁을 전개하였다. 동북 항일 연군은 1940년에 들어 일본군과 만주국 군대의 공격으로 거의 와해 지경에 이르렀고, 남은 세력은 소련쪽으로 이동하였다.

중국 관내에서 활동하던 한국인 청년들은 1939년 중국군의 지원을 받아 한국 청년 전지 공작대 등을 결성하고 중국군과 함께 항일전에 참여하였다.

조선 의용대와 조선 의용군의 활동

일제의 중국 본토 침략이 본격화되면서 항일 무장투쟁은 중국 관내 지역을 중심으로 전개되었다. 김원봉 등은 중국 국민당의 협력을 얻어 조선 의용대를 창립하였다(1938). 조선 의용대는 중국군과 함께 활동하며 정보 수집, 포로 심문, 후방 교란 등의 지원 활동을 전개하였다.

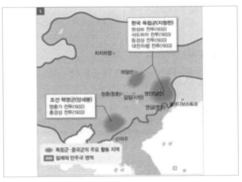

❶ 1930년대 한중 연합군의 활동
한국 독립군과 조선 혁명군은 일제의 만주 침략에 맞서 싸우면서 중국 항일군과도 연합 작전을 펼쳤다.

자료 탐구

한국 독립군과 조선혁명군의 활동

[자료 1] 한중 양군은 최악의 상황이 오는 경우에도 장기간 항전할 것을 맹세한다. 전시의 후방 전투 훈련은 한국 장교가 맡고, 한국군(한국 독립군)에 필요한 군수품 등은 중국군이 공급한다.
— 「광복」

[자료 2] 조선 혁명군은 역사적 사명에 의하여 의용군 총사령부에 대표를 파견하여 강도 일본을 타도함에 그 공작을 합작하기로 하였다. 첫째로 강도 일본은 피아의 공통된 적이 되는 것과 둘째로 초야에서 궐기한 (중국)의용군은 우리 조선 민중을 잘 이해하지 못하고 조선 민중이 일본의 앞잡이라고 잘못 생각하여 한국인에 대한 무조건적 적개심으로서 학살과 약탈을 벌이는지라, 이에 조선 혁명군은 시급히 그들의 착오를 바로잡아 동포를 구원하고 또한 그들로 하여금 진정한 우군으로서 연락하지 않으면 안 된다고 믿었기 때문이었다.
— 「신한민보」(1934)

▶ [자료 1]과 [자료 2]를 통해 알 수 있는 1930년대 항일 무장 투쟁의 특징을 발표해 보자.

3. 역대 정부의 공과 과를 균형 있게 서술

> ▷ 이승만 정부의 독재로 인해 대한민국의 자유 민주주의가 훼손되었음을 분명히 서술
> (257p)

1-4 전후의 한국 사회

반공 체제와 이승만의 장기 집권

6·25 전쟁 직전 시행된 제2대 국회의원 선거에서 이승만에게 비판적인 무소속 의원이 대거 당선되었다. 이승만은 국회의 간선제로는 연임 가능성이 낮아지자 1952년 직선제 개헌을 추진하였다. 이승만 정부는 1952년 5월 부산을 포함한 경상남도와 전라도 일대에 비상계엄을 선포하고, 내각 책임제를 추진했던 반대파 국회의원들을 체포하는 등 이른바 '부산 정치 파동'을 일으켰다. 같은 해 7월 반대파 국회 의원들에 대한 강압과 회유를 통해 발췌 개헌의 형식으로 대통령 직선제가 채택되었다. 1952년 최초로 직선제로 치러진 대통령 선거에서 이승만이 제2대 대통령에 당선되었다.

1954년 자유당은 초대 대통령에 한하여 3선 출마를 가능하게 하는 사사오입 개헌을 강행하였다. 1956년 제3대 대통령 선거에서는 자유당 후보 이승만이 무소속 조봉암을 이기고 3선에 성공하였다. 그러나 함께 실시된 제4대 부통령 선거에서는 민주당의 장면 후보가 자유당의 이기붕 후보에게 승리하였다.

당시 이승만 정부는 북진 통일론을 표방하며 다른 방식의 통일론을 허용하지 않고 있었다. 1958년 이승만 정부는 평화 통일론을 내세운 진보당의 정당 등록을 취소시켰고, 이듬해 당수인 조봉암을 간첩 혐의로 국가보안법을 적용하여 사형[3]에 처했다. 또한, 자유당은 국회에서 국가 보안법을 개정하여 반공 체제를 강화하였다. 이승만 정부는 정부에 비판적인 신문을 탄압하였고, 자유당은 대한 반공 청년단을 앞세워 야당을 탄압하였다. 이승만 정부의 독재로 인해 대한민국의 자유 민주주의가 훼손되고 있었다.

---

3 조봉암의 사형 | 2011년 대법원은 조봉암 사형 사건에 대한 재심에서 간첩 혐의 등에 대해 무죄를 선고하였다.

1 발췌 개헌안 처리를 위한 국회 본회의 제2독회 거수표결(1952. 7. 4.)

2 경향신문 사옥 앞에서 신문 폐간 공고를 보고 있는 사람들(1959)
경향신문은 폐간 정지 소송을 제기하여 승소했으나 다시 정간되었다.

역사 돌보기 발췌 개헌과 사사오입 개헌

발췌 개헌은 제2대 대통령 선거를 앞둔 1952년에 이루어졌다. 개헌안은 대통령 간선제를 직선제로 개정하려는 정부 여당의 개헌안과 내각제 도입을 원한 야당의 개헌안을 절충하여 대통령 및 부통령 직선제, 국회 양원제(민의원과 참의원), 국회의 국무 위원 불신임제 등을 담고 있었다. 개헌안은 정부와 관제 시위대가 조성한 공포 분위기 속에 통과되었다.

1954년 자유당이 제출한 사사오입 개헌안은 초대 대통령에 대한 3선 금지 조항의 적용 배제, 국가 안위에 관한 중대 사항에 대한 국민 투표제, 대통령 유고 시 부통령의 대통령직 승계 제도 등을 담고 있었다. 1차 표결 결과, 개헌 찬성 의원은 135명으로 가결 정족수인 재적 인원 203명의 3분의 2인 135.333…에 미달하였다. 이에 국회에서 부결이 선포되었으나, 자유당은 사사오입의 논리를 내세워 일방적으로 개헌안을 통과시켰다.

4. 민주화 운동의 과정과 결과, 의미에 대해 충실히 서술

◎ 4·19 혁명의 과정과 결과, 의미에 대해 충분히 서술 (259p)

1-5 4·19 혁명과 5·16 군사 정변

4·19 혁명

1960년 정부통령 선거를 앞두고 야당 대통령 후보 조병옥이 병사하자 이승만은 단독 후보로서 당선이 확실시 되었다. 그러나 이승만 정부는 대통령 유고시 승계권을 가진 부통령에 자유당 이기붕 후보를 당선시키고자 공권력을 동원하여 3·15부정선거[5]를 자행하였다.

선거 기간 중 대구의 고교생들은 학생들의 야당 선거 유세 참석을 막기 위한 당국의 일요일 등교 조치에 항의하여 시위를 벌였다. 3월 15일 선거 당일에는 마산에서 부정 선거를 규탄하는 대규모 시위가 벌어졌다. 4월 11일 마산 앞바다에서 경찰이 쏜 최루탄을 맞은 김주열의 시신이 발견되자 시위는 전국으로 확대되었다. 미국의 무상 원조 감축에 따른 경제 상황의 악화와 이승만 정부의 부정부패로 생긴 정치적 불만도 시위 확산의 배경이었다. 4월 18일에는 시위를 마치고 귀가하던 고려대 학생들이 정치 깡패들에게 습격을 받아 많은 부상자가 발생하였다.

4월 19일 시위대는 대통령과의 면담을 요구하며 경무대로 향하였다. 경찰이 시위대를 향해 발포하면서 많은 사상자가 발생하자 시위가 절정에 이르렀다. 정부는 계엄령을 선포하고 군대를 동원하여 시위를 진압하려고 하였다. 그러나 4월 25일 대학 교수들이 '학생의 피에 보답하라'는 구호를 내세우며 시위를 벌였다. 결국 이승만 대통령은 라디오를 통해 하야 담화를 발표하였다(4월 26일).

---

5 3·15 부정 선거 | 1960년 3월 15일 정·부통령 선거를 앞두고 당시 내무부는 전국의 각급 기관장에게 부정 선거를 지시하였다. 4할 사전투표, 3인조 또는 5인조 공개 투표, 완장 부대의 활용, 야당 참관인 축출 등의 부정한 방법들이 동원되었다.

역사돋보기
대학 교수단 시국 선언문(일부)

1. 마산, 서울, 기타 각지의 학생 데모는 주권을 빼앗긴 국민의 울분을 대신하여 궐기한 학생들의 순진한 정의감의 발로이며 부정과 불의에 항거하는 민족 정기의 표현이다.
2. 이 데모를 공산당의 조정이나 야당의 사주로 보는 것은 고의의 왜곡이며 학생들의 정의감에 대한 모독이다.
4. 누적된 부패와 부정과 횡포로써 민권을 유린하고 민족적 참극과 국제적 수치를 초래케 한 현 정부와 집권당은 그 책임을 지고 속히 물러가라.
5. 3·15 선거는 불법 선거이다. 공명선거에 의하여 정부통령 선거를 다시 실시하라.

1960년 4월 25일 서울 지역의 대학 교수들이 시위에 가세하였다. 이들은 시국 선언문을 통해 3·15 선거를 부정 선거로 규정하고, 정부통령 선거를 다시 실시할 것을 요구하였다.

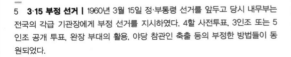

■ 4 · 19 혁명 당시의 학생 시위대

② 대학 교수단의 시위

3. 역대 정부의 공과 과를 균형 있게 서술

◆ 경제성장 과정에서 나타난 부작용을 지나치게 강조

경제성장의 문제를 부각하여 서술

한강의 기적, 그 원동력을 찾아서(2) _ 기업인의 노력

물건 하나라도 더 수출하기 위한 기업인의 노력이 없었다면 한강의 기적은 불가능했다. 기업인들은 우리 기업에 대한 국제적인 인지도가 낮은 여건 속에서 새로운 해외 시장을 개척해 나갔다. 이에 정부는 수출 기업을 표창하여 격려하고, 수출 경쟁력을 높이기 위해 각종 금융 및 세금 혜택을 제공하였다. 1960년대 은행에서 100만 원을 빌리면 일반인은 1년에 이자로 25~35만 원을 내야 했지만, 대기업은 5~6만 원에 불과하였다. 이러한 특혜 속에서 한국을 대표하는 세계적 기업이 성장할 수 있었다.

그러나 대표적인 기업인들은 각종 혜택을 악용하여 횡령과 비자금 조성을 일삼고, 세금을 포탈하거나 수출 대금을 해외로 빼돌렸다. 구속되어 실형을 선고받은 이들 기업인 대부분은 경제 발전에 기여했다는 명분으로 특별 사면 되었다.

◀기업인에게 산업 훈장을 수여하는 박정희 대통령(1977)

(2016, M교과서 340p)

경제개발 계획에 대한 한계 부각

수출 위주 성장을 추구한 제1차 경제 개발 5개년 계획

박정희 정부는 장면 정부가 수립한 경제 개발 계획을 수정·보완하여 제1차 경제 개발 5개년 계획(1962~1966)을 수립하고 경제 성장 정책을 적극 추진하였다. 우리 자본으로 시멘트와 비료 등 수입을 대체할 수 있는 산업을 육성하여 자립 경제를 이룩할 계획이었지만, 자본 부족으로 성과를 거두지 못하였다. 이후 자립 경제 전략을 수출 위주 경제 성장 전략으로 수정한 뒤, 일본과 미국 등에서 자본을 들여와 의류·신발·합판 등 노동 집약적 산업을 육성하여 수출을 늘려 나갔다.

(2016, D교과서 338p)

◆ 경제성장의 원동력과 성과에 대해 사실대로 서술 (267p, 268p, 264p)

경제성장의 성과를 각각 소주제로 구성

중화학 공업의 육성

1973년 1월 박정희 대통령은 중화학 공업화 추진을 선언하였다. 당시는 자주국방을 위한 방위 산업을 육성해야 하였고, 만성적인 국제 수지 적자에서 벗어나기 위해 자본재[9]와 중간 원자재[10]를 국산화할 필요가 있었다. …중략… 이를 토대로 한국의 대기업은 이후 미국, 유럽 등의 세계적 기업들과 경쟁할 수 있는 수준으로 성장하였다.

새마을 운동의 전개

1960년대 이후 경제 개발이 본격화되면서 농촌과 도시간의 소득 격차가 커지고, 이촌향도 현상이 심화되었다. 이로 인해 농촌이 공동화되고 소외되자, 정부는 이중 곡가제[11]를 실시하고 새마을 운동을 통해 농촌 사회를 안정시키고자 하였다.

1971년에 정부는 전국의 마을에 시멘트를 제공하여, 마을 환경을 개선하도록 하였다. 새마을 운동은 정부의 독려로 시작되었지만, 농민들의 자발적 참여와 농촌의 자립을 유도하는 방식으로 추진되었다. 새마을 운동은 근면, 자조, 협동 정신을 강조하면서 전국적으로 확산되어 도로 및 하천 정비, 주택 개량 등 농촌 환경을 개선하는 성과를 거두었다. 그러나 유신 체제 유지에 이용되었다는 비판을 받기도 하였다. …중략…

경제 개발 계획의 성과에 대해 사실대로 서술

과학 기술을 진흥하기 위해 한국 과학 기술 연구소(KIST)를 설립하였고, 경부고속 도로를 건설하여 물자 유통을 위한 기반 기설을 개선하였다. 산업의 기초 소재인 철을 자급하기 위해 종합제철소를 세우고자 포항제철을 설립하였다. 이 시기는 '수출로 나라를 일으킨다(輸出立國)'는 구호에서 드러나듯이 수출이 경제 개발 정책의 중심에 놓여 있었다. 어느 품목이든 수출 실적만 있으면 그에 비례하여 낮은 이자의 금융을 제공하였고, 이는 수출을 위한 민간 기업의 광범한 참여와 경쟁을 촉진하였다. 정부는 수출 진흥 확대 회의를 매달 개최하여 수출 목표 달성 여부를 점검하는 등 수출 증대를 위해 노력하였다.

그 결과 제1, 2차 경제 개발 5개년 계획 기간에 수출은 연평균 36%로 급격히 늘어났다.

올바른 역사교과서

▷ 일본군 '위안부' 강제동원과 인권 유린에 대한 일본 정부의 책임을 분명히 서술 (228p, 290p)

전시 동원 체제와 물자 · 인력의 수탈

일제는 여자 정신 근로령(1944)의 공포 이전부터 많은 여성을 정신대라는 이름으로 강제 동원하여 노동력을 착취하였다. 게다가 일제는 1930년대 초부터 전쟁터에 위안소를 설치하고, 많은 여성을 일본군 '위안부'로 끌고 가 성 노예 생활을 강요하였다.

역사 갈등의 해결과 평화 공존을 위한 노력

일본군 '위안부' 피해는 오랫동안 일반인들에게 알려지지 않았다. 1991년 김학순의 증언 이후, 일본군의 인권 유린을 고발하는 용기 있는 증언들이 잇따랐다. 이후 1993년 고노 요헤이 일본 관방 장관은 위안소의 설치, 관리와 일본군 '위안부'의 모집, 이송에 일본군과 정부가 직간접적으로 관여하였음을 인정하고 사죄와 반성을 표명하면서 "역사 연구, 역사 교육을 통해 기억하고 동일한 과오를 되풀이 하지 않겠다."라고 약속하였다. 1995년 무라야마 도미이치 총리는 식민지 지배와 침략으로 고통을 받은 사람들에게 사죄와 반성의 뜻을 전하고, 역사의 교훈을 바탕으로 평화의 길로 나아가야겠다고 밝혔다.

역사 돋보기 **일본군 '위안부' 강제 동원과 위안소 생활의 참상**

한국, 한국, 타이완, 중국을 비롯하여 필리핀, 인도네시아, 동티모르, 네덜란드 등 여러 나라의 여성들이 일본군 '위안부'로 동원되어 피해를 당하였다. 이들은 일본군과 일본 정부의 직간접적인 관여 속에 일본군에 의해 직접 납치·유괴 당하거나 일본군의 하수인인 민간 모집책들에 의해 취업 사기, 인신매매, 유괴 등 불법적인 방법으로 끌려갔다. 이들은 자신들의 의사에 반하여 강제 동원되었고, 전장에 설치된 위안소 등에 강제로 수용되어 지속해서 성폭력을 당하였다. 일본군 '위안부' 피해자들은 거부할 수 없는 상황 속에서 끔찍한 고통과 수모를 겪으며 인권을 유린당한 성 노예였다. 이들 중에는 열악한 환경 속에서 질병, 폭행, 자살로 죽어간 사람도 많았다.

강제 동원된 일본군 '위안부'

역사 돋보기 **일본군 '위안부' 문제 해결을 위한 노력**

우리 정부는 일본군 '위안부' 피해자들의 명예 회복과 진상 규명을 위해 일본 정부의 책임 있는 자세를 촉구해 왔다. 시민 단체에서도 매주 수요 시위를 열어 일본 정부의 사죄와 배상을 요구하며 피해자의 인권 유린의 실태를 국내외에 알렸다.

일본군 '위안부' 문제 해결을 촉구하는 국제 사회의 목소리도 높아졌다. 유엔 인권 위원회 쿠마라스와미 보고서(1996)에는 '위안소'제도의 국제법 위반 인정 및 법적 책임 인정 피해자에 대한 서면 사과, 가해자 처벌, 역사적 사실을 반영한 교육 과정 개정 등을 명시하였다. 2007년 미국 하원은 일본군 '위안부' 결의안에서 일본군이 피해자들을 성 노예화한 것에 사죄하고 잔혹한 범죄 행위에 대해 현재·미래 세대를 유럽 연합(EU) 등의 각국 의회와 유엔 기구에서 문제 해결을 촉구하는 결의와 보고서가 채택되었다.

최초로 일본군 '위안부' 피해를 증언한 김학순 할머니

주변국 역사왜곡에 대응할 수 있는
능력을 길러줍니다.

○ **독도가 우리 영토임을 다양한 자료 및 사료를 통해 명확히 설명** (194p)

4 독도와 간도

예로부터 조상들은 독도를 우리의 영토로 인식하고 관리하였으며, 대한 제국은 칙령 제 41호를 통해 영토 주권을 확실히 밝혔다. 그러나 일제는 독도를 일본의 영토로 불법으로 편입하였다. 한편 대한 제국은 간도에 살고 있는 한국인을 보호하기 위하여 관리를 파견하였으나 대한 제국의 외교권을 강탈한 일제는 청과 간도 협약을 체결하여 청의 간도 영유권을 인정하였다.

4-1 독도

역사적으로 우리의 영토인 독도

독도는 한반도의 부속 도서로 동도와 서도 및 89개의 바위섬으로 이루어져 있다. 독도는 오래전부터 울릉도와 하나의 생활권으로 인식되어 왔다. 「세종실록지리지」(1454)에는 "두 섬은 거리가 멀지 않아 날씨가 맑으면 서로 바라볼 수 있다."라는 기록이 있다. 「신증동국여지승람」의 「팔도총도」를 비롯한 많은 지도에서도 독도는 우리나라의 영토로 표시되어 있다.

이처럼 예로부터 우리의 영토로 인식된 울릉도와 독도는 울릉도 사람들의 생활 터전이었다.

울릉도와 독도 인근에서 일본 어부들의 불법 어로 활동이 심해지자, 안용복은 1696년 일본의 오키 섬에 들어가 그곳의 관리에게 '조선 팔도 지도'를 보여 주며 울릉도와 자산도(독도)가 조선 땅임을 주장하였다. 에도 막부는 두 섬이 일본 영토가 아니라고 결론 내리고 일본인이 울릉도에 가는 것을 금지하였다. 이후 조선은 1894년까지 2~3년마다 울릉도를 관리하기 위해 수토관을 파견하였다. 또한, 1882년 개척령을 내려 울릉도와 독도를 본격적으로 개척·관리하도록 하였다.

반면 1877년 일본의 최고 행정 기관인 태정관은 울릉도와 독도가 일본과 관계가 없다는 것을 공식 문서로 밝혔다. 1900년 대한 제국 정부는 칙령 제1호를 공포하여 울도(울릉도) 군수의 관할 지역에 독도를 포함하였으며, 이를 관보에 게재하여 독도에 대한 영토 주권을 국제법적으로 분명히 하였다.

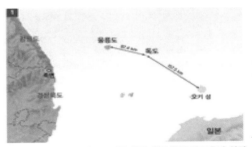

1 독도의 지리적 위치
지리적인 위치상 울릉도에서 독도는 맑은 날이면 관측이 가능하지만 오키 섬에서는 관측이 불가능하다.

2 대한 제국 칙령 제41호가 실린 관보
관보에 "제2조 군청의 위치는 태하동으로 정하고 구역은 울릉 전도와 죽도, 석도를 관할할 것'을 명시하였다. 울릉 전도는 울릉도 본섬을, 죽도는 울릉도 옆의 '댓섬'을, 석도는 독도를 가리킨다.

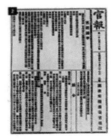

▷ **신라나 고구려에 비해 소홀히 다뤄졌던 백제에 대해 충분히 이해할 수 있도록 특집 코너 구성** (39p)

주제로 읽는
역사

해상 강국 백제

4세기 초부터 백제와 고구려는 황해의 해상권을 놓고 경쟁을 벌였다. 고대에는 해로를 통한 교역이 육로에 비해 수송 규모와 속도에서 뛰어나 문물 교류와 국가 발전에 중요한 역할을 하였다. 백제의 근초고왕은 마한 지역으로 진출하고 가야를 압박하여 한반도 남해안의 해로를 장악하였다. 이후 백제는 고구려 고국원왕을 물리치고 황해도 일대를 차지하며 고구려의 간섭을 받지않고 황해의 해로를 이용할 수 있게 되었다. 이후 동진, 요서 지역, 산동 반도, 규슈 등과 활발히 교류하며 해상 강국으로 성장하였다.

1 청룡 자루솥(서울 풍납동 토성 출토)
2 중국 동진제 청동 자루솥

3 칠지도(일본 이소노카미 신궁)
백제 왕실이 제작하여 왜에 보낸 철제 칼로 백제와 왜의 우호 관계를 보여주는 유물이다.

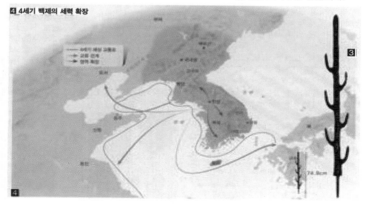

4 4세기 백제의 세력 확장

02

· · ·

문명고, 국정 역사 교과서
지키기 투쟁일기

국정 역사 교과서 연구학교 선정의 당위성

홍택정(문명중·고등학교 이사장)

　사학을 경영하는 이사장들의 가장 큰 목표이자 소원은 학교 발전이다. '학교가 발전하면 무슨 콩고물이라도 떨어지느냐?' 하겠지만 전혀 그건 아니다. '우수 학생들이 배출되어 명문학교가 된다.'고 한들, 우수 학생 개인의 영광이고, 재학생과 동문의 자랑일 뿐이다. 단지 우리 학교가 명성이 자자한 이름난 학교라서 나쁠 건 전혀 없다. 그저 자기만족이다.

　국정 역사교과서 연구학교를 신청한 것은, 검정과 국정을 비교하면서 정말 회자되는 문제점이 사실인지를 상세하게 비교 연구하고 검토하기 위해서다. 그래서 친일행위자들을 어떻게 미화한 것인지, 현대사의 인물 특히 군사혁명을 일으킨 박정희에 대한 두둔을 어떻게 했는지, 독립운동가들에 대해서도 균형 잡힌 올바른 평가가 이루어졌는지 반드시 밝혀내야 한다. 민노총, 전교조의 주장대로 친일이 어느 부분에서 어떻게 미화되었고, 군사독재는 어떻게 두둔하고 있는지 반드시 가려내야 하지 않겠는가? 국정 교과서의 역사 왜곡을 주장하는 측에서는 이참에 문제점을 지적할 절호의 기회가 아닌가?

이런 중대한 연구를 할 수 있는 기회임에도 이를 마다하고, 오로지 정치 논리만으로 책 표지도 보지 않은 채, 무조건 반대만 외쳐대는 것은 옳지 않다. 본질은 역사 교과서다. 그렇다면 교장과 이사장은 학교를 말아먹기 위해 연구학교를 선택했을까? 세상에 그런 교장과 이사장이 있겠는가? 교장 선생도 나름대로 오랜 교육 경험을 통해 자기대로의 판단이 있을 것이다. 이사장 역시 합법적으로 수렴되고 의결된 연구학교 추진을 외부세력의 불법적인 반대로부터 보호할 책무가 있다. 반대하는 교사들은 학생과 학교를 위해서이고, 교장과 이사장은 학생과 학교를 망치기 위해서 연구학교 선택을 추진한다는 말인가? 이런 경우 옳은 교사라면, 이 기회에 말썽많고 왜곡되었다는 국정 교과서의 잘못된 부분을 반드시 파헤치겠다고 생각해야 하지 않을까.

순수한 반대가 아닌, 좌파사학자, 민노총과 전교조 등 외부세력이 조직적으로 개입된 정치적이고 물리력을 동원한 불법적 반대이다. 교장실에 무단으로 난입하고, 교내에서 시위하는 민노총은 치외법권적 존재라도 된단 말인가? 신청도 하기 전인 9일에 전교조 운운하면서 교장실에 협박 전화를 하고, 앉으라는 말도 없이 "예의가 없다."는 등 다수의 위세로 공포 분위기를 조성했다.

더구나 교내 시위 현장에서 철수할 것을 요구하는 아버지뻘 이사장에게 "××놈아! 니가 뭐고?"라는 등 차마 입에 담지도 못할 쌍욕을 하는 이들이 민노총과 전교조의 정체다. 이들이 왜 학교의 학사에 개입하는가? 교장실과 이사장실 앞에서 시위를 하고, 학내시위도 모자라, 입학식장에 난입하여 물리력으로 입학식을 무산시켰다.

전교조 소속 교사는 허락없이 수시로 일부 언론과 인터뷰하여 왜곡된 내용들을 마치 사실인 양 발표하였다. 또한, 운영위원회의 회의 과정과 결과를 사실과 다르게 작성하여 그 내용을 외부세력에 유출시키는 행위를 서슴지 않았다. 학교에 대한 진정성을 악용하여 일부 교사에게 추가 반대 서명을 받아냈고, 마치 모든 교사가 반대하는데 교장과 이사장의 독단으로 현재의 상황이 진행되고 있는 것처럼 언론에 엉터리 보도자료를 제공하는 등의 해교행위를 일삼았다.

더구나 국검정을 혼용 비교, 연구하는 연구학교 운영계획을 알고 있는 역사 담당 교사는 수업을 거부하여 교사로서의 책무를 져버리고, 교장의 명령에 불복하였으며, 지시를 불이행하여 부득이 특별교사를 채용토록 하여 법인에서 별도 인건비를 지출하게 하였다. 이에 대해 특별교사에게 지급된 모든 비용을 해당 교사는 변상

해야 할 것이다. 이렇게 근거 없는 정치적 논리와 연구학교 진행을 불법적인 방법으로 반대한 모든 외부세력은 형사고발을, 교사들에게는 중징계가 있어야 할 것이다.

한국은 자유민주주의 법치국가다. 누구나 개인적인 의견을 제시하거나 선택할 수 있고, 존중되어야 한다. 처음부터 법적인 절차로 해결될 수 있었음에도, 폭력을 동원한 그간의 불법적인 행위에는 반드시 책임을 물어야 하고 마땅히 책임져야 한다.

국정 역사 교과서 투쟁 일기

날짜	내용
2017. 2. 9	김○○ 민노총 경산지부장, 국정 역사교과서 연구학교 신청 소식에 김태동 교장에게 전화해 항의
2017. 2. 14	국정 역사교과서 연구학교 지정을 위한 운영위원회를 개최하여 합법적인 절차로 연구학교 신청안이 가결됨.
2017. 2. 15	문명고, 국정 역사교과서 연구학교 신청
2017. 2. 16	민노총 등 지역단체 10여 명, 문명고 교장실에 무단 침입해 항의. 김태동 교장은 112에 무단 침입 신고
2017. 2. 17	민노총·전교조 등 외부단체, 교문 밖에서 피켓 시위. 문명고 일부 학부모·학생 등이 학교 운동장에서 "연구학교 철회하라" 시위
2017. 2. 20	교육부, 문명고 연구학교 지정 발표
2017. 2. 21 ~2017. 2. 24	외부 단체, 학생·학부모, 학교 안팎에서 묵언·피켓 시위
2017. 2. 26	민주노총·전교조·정의당·참교육 학부모회 등 41개 대구·경북 정당·시민단체, '문명고 국정한국사 교과서 저지 대책위' 결성

날짜	내용
2017. 3. 2	외부 단체 정문 밖 시위
2017. 3. 2	일부 학부모·학생 시위로 문명중·고등학교 입학식 무산
2017. 3. 2	일부 학부모 민변 지원으로 연구학교 지정 철회 소송
2017. 3. 17	연구학교 지정의 효력 및 후속절차의 집행 정지(대구지방법원-1심)
2017. 5. 8	'연구학교 지정처분의 효력 정지 신청'에 대한 항고 기각(대구지방법원-2심)
2017. 5. 10	'연구학교 지정처분의 효력 정지 신청' 재항고 제기 및 본안소송 소취하 여부 결정을 위한 의견서 제출
2017. 5. 16	국정 역사 교과서 연구학교 지정 철회

최후의 국정 역사 교과서 지키기
77일의 순간들

김태동(前 문명중·고등학교 교장)

2017년 2월 6일 교무회의 시간에 국정 역사 교과서
연구학교 지정 신청서 작성에 일부 교사들이 반대 서명을 함.

2017년 2월 6일 09시경 교무회의 시 교장이 "교무회의 후 교감 자리에 신청서를 둘 테니, 연구학교 지정 신청서에 서명해 주실 것을 부탁합니다."라고 말하였다. 교무부장 정○○이 교무회의를 마친다는 말과 동시에 전교조 소속인 최○○ 선생이 교감 자리 옆 탁자로 오면서 "연구학교 신청 반대 서명을 해 주세요."라고 하며 교감 자리 옆 원탁에 반대 서명서 용지를 놓자 11명의 교사가 모여와서 반대 서명지에 서명했다. 교장인 나는 "최○○ 선생의 서명은 무효입니다. 교감의 신청서에 서명을 부탁합니다."라고 하였고, 교감이 각각의 선생님 의사를 확인한 후 신청서 서명을 받았다(전체35명 중 27명이 서명함. 찬성과 반대 서명을 동시에 한 사람 2명). 그리고 최○○ 선생은 반대 서명지(11명 서명)를 교장에게 제출하였다.

2017년 2월 13일, 김○○ 민노총 경산지부장,
국정 역사교과서 연구학교 신청 소식에
김태동 교장에게 전화해 항의

2월 13일 오전 10시경 교장실로 전화가 왔는데 누구냐고 물으니, "나는 문명중학교 학생의 학부모인데 문명고등학교가 국정 역사교과서를 선정하려고 한다면서요?"라며 항의하였다. "지금 신청하려고 생각 중이며 15일에 신청합니다."라고 대답하니, "그런 나쁜 책을 왜 하려고 해요? 학부모들이 가만히 있지 않을 거요. 포기하세요. 가만히 있지 않을 겁니다."라고 하면서 일방적으로 전화를 끊었다. 생면부지 사람에게 일방적으로 당하고 나니 상당히 불쾌했다. '고등학교도 아닌 중학교 학부모가 왜 방해를 하는가?' 라는 의문이 들었고 곧 그 이유를 알게 되었다. 그는 오○○(문명중 2학년의 학부모, 민노총 회원)이라는 사람이었다.

오후 3시경 또 한 통의 전화가 교장실로 걸려왔다. 받아보니 역시 흥분한 목소리로 "거기 문명고등학교 교장실 맞나요? 교장 맞아요? 나는 민노총 경산지부 김○○라는 사람인데 역사교과서를 국정 교과서로 선택한다고 하던데 맞아요?"라고 일방적으로 쏟아붙여서 단호하게 "그렇다."라고 대답했다. "가만두지 않을거요. 우리 경산 교육도시에서 그런 짓을 하다니 말이 된다고 생각해요? 포기하세요. 절대로 가만두지 않을 거요."라고 하며 전화를 일방적으로 끊었다. 협박조의 말투로 상당히 불쾌했고 자기들이 학사 업무 결정에 왜 간섭을 하는지 이상한 사람들이라고 생각했다.

2017년 2월 14일, 국정 역사교과서 연구학교 지정을 위한
운영위원회를 개최하여 합법적인 절차로 연구학교
신청안이 가결됨.

2월 14일 17시 운영위원회실에서 국정 역사교과서 연구학교 지정을 위한 운영위원회 자문을 위한 회의를 개최하였다. 교과서 선정 건은 사립학교의 경우 운영위원회의 자문만 받으면 되지만, 경북교육연구원의 담당자에게 문의한 결과 시기적으로 중요한 안건이니 운영위원회의 동의를 받으라고 하였다. 참석자는 운영위원장 포함 학부모위원 5명, 교장 포함 교사위원 4명 총 9명이 참석하였다. 비밀투표로 진행되었으며 찬성 5표, 반대 4표로 최종 연구학교 신청안이 가결되었고, 위원장은 의사봉을 3회 두드리며 가결을 선언하였다.

2017년 2월 16일, 민노총 등 지역단체 10여 명,
문명고 교장실에 무단 침입해 항의.
김태동 교장은 112에 무단 침입 신고.

국정 역사교과서 연구학교를 신청한 다음날 오전 10시경, 13명 정도의 낯선 사람들이 교장실을 무단으로 침입하였다. 그중에 자신을 민노총 경산지부 소속이라고 밝힌 사람(김○○)이 삿대질을 하면서 "교장 선생이 예의가 없다. 연구학교 신청하면 가만히 있지 않겠다. 이웃 경산여고도 하지 않는데 문명고가 왜 하느냐?"라면서 강력하게 항의를 하였다.

또한 오○○ 씨도 "왜 신청하느냐? 우리가 막겠다."고 말하면서 험악한 분위기를 연출했다.

따라 들어온 다른 사람들도 허락 없이 자리에 앉고 그 중 한두 명은 삿대질과 함께 위협하는 언행을 반복했다. 그 중 김○○는 "나도 교육자 출신인데, 교장이면 다야? 시원찮구먼."라고 하면서 모욕적인 말까지 연신 내뱉었다.

잠시후 경산경찰서 김○○ 정보관과 박○○ 정보계장의 만류로 교장실을 떠났으나 그들의 불법적이고 폭압적인 만행은 시작에 불과했다.

2017년 2월 17일, 본교 역사 담당교사가
교내 메신저를 통해 수업 거부의사를 표명

　나의 지속적인 만류에도 불구하고 국정 역사교과서 연구학교 담당 부장교사인 서○○ 선생이 교내 메신저를 통하여 선생님들에게 자신은 국정 교과서로 수업을 하지 않겠다는 메시지를 다음과 같이 보냈다.

연구학교(역사교육) 신청에 따른 의사표명

저의 의사표명으로 혼란이 더 커질까 두렵습니다만 연구학교 담당자로서 현 시점에서 제가 분명하게 의사를 표명하는 것이 조금이라도 혼란을 줄일 수 있다고 생각하여 고민 끝에 표명합니다.
연구학교 지정이 되더라도 지금과 같은 상황에서 연구학교 본래의 목적을 이룰 수 없음이 분명합니다. 따라서 저는 역사교사로서 역사 국정교과서 연구수업을 하지 않겠습니다. 그리고 저의 의사를 교장 선생님께 분명하게 말씀드렸습니다.
제한된 정보 속에서 교사, 학생, 학부모, 지역민 사이에 갈등이 커지고 있는 듯 합니다. 서로에 대한 신뢰로 구성원의 지혜를 모아 이 위기가 잘 봉합되어 문명고등학교가 더 발전할 수 있기를 바랍니다.

2017년 2월 17일 11시 30분 교사 서○○ 드림

그는 국정 역사 교과서 연구학교 운영계획을 수립한 당사자로서 연구학교는 국정 교과서와 검정 교과서를 비교 연구한다는 것을 누구보다 정확하게 알면서도 마치 국정 역사 교과서로만 수업하는 것처럼 호도하는 내용의 메시지를 전 교직원에게 보냈다. 이런 무책임한 행위로 인해서 교내의 교사들은 물론이고 학생과 학부모까지 혼란이 가중되는 상황이 발생하였다.

2017년 2월 20일, 교육부, 문명고 연구학교 지정 발표

2월 20일(월) 10시 교육부 장관이 전국에서 유일하게 문명고등학교를 국정 역사교과서 연구학교로 지정하고 발표하였다. 11시경 3층 도서관에 전 교직원을 모아서 '지금부터 문명고가 전국 유일의 국정 역사 교과서 연구학교로 지정되어 시행하겠다는 학교의 방향이 정해졌으니, 본인과 생각이 다르다고 하더라도 지금부터는 국정 교과서 연구학교에 반대되는 어떠한 행위도 해교행위로 간주되어 용납할 수 없다'고 안내하였다.

2017년 2월 22일~23일, 일부 교사 교내 불법 집회 모의

2월 22일 오후, 교무부장 정○○ 선생이 연구학교 반대 서명지(2월 20일자로 서명 받은 것임, 서명교사 19명)를 교장에게 전달하였다. 서명받은 경위는 최○○ 선생이 문장을 작성하고, 백○○ 선생이 모든 교사에게 방문하여 받은 것이다.

2월 23일, 서○○ 교사는 국정 교과서 수업과 연구학교 업무를 담당하라는 학교장 명령을 위반했기 때문에 인사상의 불이익도 감수하겠다는 내용의 확인서를 교장에게 제출하였다. 이날 오전부터 반대하는 일부 학부모들이 주도하여 학교 현관문과 소강당에 국정 역사교과서 연구학교 신청 철회를 요구하는 대자보를 붙이고, 전교조 소속의 일부 교사들이 좌파 언론과 결탁하여 성명서를 발표하는 등의 해교 행위를 통해 학교 학사 운영에 심각한 손해를 끼쳤다. 이러한 그들의 불법 행위는 교사로서 사립학교법이 준용하고 있는 국가공무원법의 복무규정 가운데 '복종의 의무', '품위유지의 의무', '정치운동의 금지'를 위반하는 행위로 볼 수 있다고 거듭 경고하였다.

오후에는 국회에 상정된 국정 역사교과서 사용에 관한 판결을 보고 결정한다는 말 때문에 취재진 약 40명이 몰려왔고, 10시경 학생과 학부모의 교내 시위가 심각하게 진행되었으며, 이에 12시 40

분 전교생을 운은관 강당에 모이게 하여 학생들에게 이제 시위는 그만하고 학업에 전념하며 전국 유일한 것을 긍정적으로 보도록 훈화하였고 이후 학생 시위는 없었다.

2017년 2월 28일 교육부의 연구학교 현장지원협의회에 역사교사도 함께 참석

역사교과 담당교사 서○○은 지난 2월 17일 수업 반대의사를 표명하고도 2월 28일의 교육부 담당자, 경북교육연구원 담당자, 연구학교 담당자 삼자가 함께 모여서 앞으로 연구학교의 진행에 대하여 협의하는 회의에 참석하였다. 그런데도 이후 3월 8일 다시 수업 거부의사를 제출한 것은 나를 당혹케했다.

2017년 3월 2일, 불법 폭력 시위로 입학식이 무산

2017년 3월 2일, 10시 30분에 입학식이 예정되어 있었다. 오전 10시부터 운동장에서 학부모 20명 이상이 시위를 하고 있었고, 입학식장에는 언론 취재진을 못 들어오게 하기 위해 10시 30분에 강당 출입문을 닫았는데, 밖에서 시위하던 학부모와 입학식장에 못

들어간 기자들이 어울려서 매우 소란스러웠다. 입학식을 방해하는 무리들 사이로 겨우 들어갔고, 밖에서 시위하던 일부 학부모들이 기자들과 함께 강당으로 난입하여 고성을 지르고 시위하여 결국 입학식은 무산되고 말았다. 결국 2017학년도 문명중·고등학교 입학식은 시작한지 5분도 채 되지 않아 무산되는 사상 초유의 사태를 맞이하게 되었고, 이번 사건과 관련하여 어떤 좌파 언론이나 단체에서도 사과와 반성의 태도를 보이지 않고 적반하장식의 보도를 쏟아냈다. 결국 입학식은 다음날 3일 오전에 중학생은 운은관에서, 고등학생은 각 반 교실에서 영상방송으로 하였다.

2017년 3월 2일, 학부모대책위에서 대구지방법원에
국정 역사 교과서 연구학교 사용중지 가처분 신청을 함.

3월 2일 학부모대책위에서 대구지방법원에 국정 역사 교과서 연구학교 효력정지 신청을 소송인 박○○(신입생 학모)외 1명(삼육고등학교로 전출간 신입생 학부모) 명의로 하였다. 3월 10일 헌법재판소에서 이정미 헌재소장의 "대통령 박근혜를 탄핵한다."라는 주문으로 대통령의 탄핵이 결정되었다. 탄핵의 영향인지 3월 17일 대구지방법원이 가처분 신청을 인용함으로써 국정 교과서 사용은 중지되었다. 법원의 가처분 판결의 요지는 시위 학부모와 언론이 문제삼은 연구학교 신청의 절차적인 문제는 본안으로 미루고 학생들의 회복할 수 없는 심리적인 피해 등을 문제삼았다. 경북교육청에서 가처분에 대한 항고신청을 하였지만, 5월 2일 기각되었고, 5월 10일 당선된 문재인 대통령은 5월 12일 적폐 1호로 국정 역사교과서를 폐지하라고 지시하였다.

2017년 3월 3일,
국정 교과서 반대대책위원회 경산 오거리에서 불법 시위

3월 3일부터는 반대대책위원회 학부모 20명과 전교조, 민노총이 경산 오거리에서 월·수·토요일 19시부터 반대 시위를 하였다. 항상 날마다 같은 학부모였다. 3월초 다소 추운 날씨에도 그들은 무엇을 위하여, 누구를 위하여, 그렇게 열성적이었던가를 묻고 싶다. 국정 교과서를 사용할 신입생 학부모는 몇 안되고 2, 3학년의 학부모가 열성적으로 반대한 것은 무슨 이유인가? 문명고등학교가 망할까봐? 학교와 학생의 명예를 위하여, 교직원도 학생도 아닌 부모들이 그렇게 열성적으로 연구학교 지정을 반대하였을까? 아직도 의문이 해소되지 않는 점이다. 입학식이 국정 교과서를 반대하는 20명 학부모의 시위 주도로 무산되고 언론에 크게 보도되자 한껏 고무된 반대대책위원회 학부모 대표가 교장실에 찾아와서 "이제 연구학교 지정을 취소하세요. 국정 교과서를 학생들에게 배부하면 광화문 광장에서 책을 불태워버리겠다."라는 강한 압박성의 말을 하였고, 언론에서도 학부모 반대대책위원회 대표가 국정 교과서를 배부하면 불태운다는 말을 듣고 국정 교과서 배부하는 날을 기다리고 있었다.

나는 그들에게 대답했다. "문명고등학교는 국정 교과서를 주교재로 하고 기존의 검정 교과서를 부교재로 하여 국정 교과서가 새로운 교육과정에서 학교현장에 적용하기 위한 문제점이나 개선책을 검정 교과서와 비교 연구하는 학교다. 그래서 3월 초에는 고대사 부분을 검정 교과서로 먼저 수업하고 있다. 다음으로 국정 교과서도 배부하여 고대사 부분을 수업하고 비교할 것이다."

2017년 3월 8일, 역사 담당교사
국정 역사 교과서 수업 거부의 이유를 교장에게 제출함.

서○○ 선생은 국정 역사 교과서로 하는 수업에 거부를 표명한 이유의 글을 교장에게 제출하였다. 교장이 지정한 수업과 교과서를 주교재로 하는 수업을 거부하는 일종의 수업거부에 해당하는 중요한 징계 사항임을 강조했다. 3월 20일부터 국정 교과서로 지도하실 기간제교사가 출근하기로 되었고, 신임 기간제교사는 국정 역사교과서 사용금지 가처분이 인용된 상태이므로 3월 20일부터 검정 교과서로 1학년 수업을 주당 12시간을 담당했다. 수업을 거부한 서○○ 선생은 3학년 6시간, 미술 3시간 총 9시간을 수업했다.

2017년 3월 17일, 대구지방법원
'국정 역사교과서 연구학교 지정신청 효력정지 신청' 인용

3월 17일 대구지방법원은 반대대책위원회에서 3월 2일 법원에 제출한 '연구학교 지정 신청 효력정지 신청'을 받아들이는 결정을 하였다. 결정문의 세 가지 이유 중 '학생들이 회복하기 어려운 손해를 입은 것을 예방하기 위함'이라고 하지만, 전국에서 유일한 연구학교라고 여론이나 반대세력이 몰아세우는 것이 문제이다. 그래서 반대하는 학부모들은 하필 그런 여론의 비판을 우리 학교만 받기 싫다는 것이다. 연구학교의 목적이나 장점도 많지만 들어볼 틈도 주지 않는다.

교과서를 함께 수업하면 시간이 부족하다고 하지만 수많은 특목고인 과학고와 외국어고나 특성화고는 일반고와 달리 1/3정도의 다양한 교육과정을 운영한다. 우리 학교에서 필요하다면 역사수업을 주당 한 시간 늘이고 다른 과목을 한 시간 줄여도 된다.

또한 '공공의 복리에 중대한 영향을 미칠 우려가 있는지 여부'라고 하여 대학입시에 불리하다고 하지만, 수학능력시험이 기존의 검정 교과서를 기준으로 출제되어도 연구학교에서 검정과 국정을 비교한 학생이 검정만 가지고 수업한 학생들보다 더욱 깊이 있게 이해하고 정확하게 정돈된 지식을 가질 것은 명확한 사실이다.

청소년에게 바른 역사관의 정립을 위하여 역사교과서만이라도 국정화가 필요하다는 이들도 많지만, 지금의 탄핵정국이라는 한국

사회 상황에서 국정 교과서 반대자들의 목소리만 높아가고 일부 학부모가 반대자들의 목소리에 편승하여 우리 학생들에게 불안감을 조성하는 것이 현실이다. 이러한 현실이 법원의 문턱을 쉽게 넘어가서 법관의 마음조차도 흔들어 놓은 것이 아닌지 걱정이다.

2017년 5월 2일, 대구지방법원 경북교육청의 '국정 역사 교과서 연구학교 집행정지에 대한 항고' 기각

5월 2일 경북교육청의 연구학교 집행정지에 대한 항고가 기각되었으며, 5월 10일 대통령선거에 당선된 문재인 대통령은 국정 역사 교과서를 적폐(쌓인 폐단) 1호로 선정하여 폐지할 것을 행정명령으로 지시하였다. 이렇게 국정 역사교과서를 폐지하는 것이 수없이 산적한 국가의 중대사보다 급한 사안이었는지 묻고싶다. 개발되고 있는 새로운 검정 교과서는 공정하고 진실된 사실만을 담은 역사책이 되어야 한다. 꼭 그렇게 되기를 기도한다.

2017년 5월 16일, 국정 역사교과서 연구학교 지정 철회

  결국, 문명고 역사교과서 투쟁은 77일만에 좌절되고 말았다. 새 정부 출범에 따른 국가정책의 변화에 따라 단 한 페이지도 넘겨보지 못하고 국정 역사 교과서는 용도 폐기되고 말았다. 이번 문명고 국정 교과서 사태는 오직 정치 논리로 본교에 불법적 폭력행위를 자행한 전형적 정치 선동의 사례로 기록될 것이며, 그들은 후세로부터의 조롱을 결코 피할 수 없을 것이다. 나의 당시 심경을 담아 경상북도 교육청에 전달한 '국정 역사교과서 폐지에 대한 의견서'를 소개함으로써 당시의 심경을 대신한다.

국정 역사교과서 폐지에 대한 의견서

평소 역사 교재는 국정 역사교과서가 필요하다는 생각에서 국정 역사 교과서 연구학교를 공정한 절차와 법을 지켜서 신청했습니다. 추진하는 과정에서 반대 세력과 일부 학부모 등이 여론을 주도하고 절차를 문제삼는 등 억지를 쓰며 행정소송까지 제기하였는데, 본안 판결의 결과를 기다려서 억지 비난에 대한 그동안 쌓인 억울함을 풀고 싶습니다.

그러나 국민의 한사람으로서 법률과 재판관의 판결, 대통령령 및 교육부 장관령은 따라야 함이 마땅하다고 생각합니다. 그것이 처음부터 준법과 절차를 강조해온 제가 지켜야 할 일이라고 생각합니다.

많이 아쉽지만, 새정부가 다시 검정 교과서를 집필하고 다양성을 강조하는데, 어린 학생들이 혼미한 역사관이 아닌 긍정적이고 튼튼한 역사관과 민족의식을 가질 수 있기를 기원합니다.

2017. 5. 15
작성자 문명고등학교장 김태동

연구학교 신청은 범죄인가

홍택정(문명중·고등학교 이사장)

민주적이고 합법적인 절차에 의한 국정 역사교과서 연구학교 신청은 범죄인가? 서투른 협박이 통하지 않으니 그들은 일부 소수 학부모와 학생을 선동하여 교내에서 소란을 피우고 있다. 거기다 쓰레기 인터넷 언론들까지 합세하여 살판이 났다. 출근길에 경향신문 기자라는 자가 달라붙어 시비를 걸자 떼거리로 몰려서 집중공격을 한다.

이건 숫제 테러 수준이다. 옆에 있는 경찰에게 제재를 청해도 공권력마저도 이들을 두려워하는 것 같다. 무단 초상권 침해에서부터 체재를 거부함에도 막무가내다. 이게 나라인가? 무슨 일이 있어도 합법적인 선택과 결정은 변동될 수 없다. 이 나라가 무법천지가 되려나 보다. "짐은 곧 국가다."라고 한 루이 왕처럼, 이 나라는 민노총과 전교조와 촛불이 공권력 행세를 하고 있다.

어린 아이들을 데리고 사무실 밖에서 "연구학교 철회하라."라고 구호를 외치는 작태를 보면, 저런 부모가 자식에게 무슨 가정교육을 시키는지 궁금하다. 1인 시위에 피켓을 들려 학생을 길가에 세워놓고, 전교조 교사들이 지켜보고 있다. 감시자인지 정말 이런 작자들이 좌익 전교조의 이념으로 무장한 전사에 불과한데, 이름하여 선생이라니…. 우리 교장 선생의 선택은 범죄 행위가 아니다. 합법적인 선택은 존중받아야 한다. 그림자도 밟지 않는다는 스승과 제자의 관계까지 파괴하는 이들은 언젠가 자신의 행동으로 자승자박이 될 것이다.

역사 교사들에게 묻는다

홍택정(문명중고등학교 이사장)

당신들은 "학교는 설립주체에 상관없이 사회의 공공재"라고 했다.

그러나 본교는 1908년 경상북도 인가 1호로 설립된 본법인은 사립학교로서 홍익인간의 실현을 위해 知.德.勇의 법인훈을 기치로 내건, 유서깊은 설립주체가 엄연히 존재한다는 것을 알아야 한다. 공공재는 국민의 혈세로 설립한 공립학교나 공공재다. 법인의 100% 투자로 세워진 사립학교가 왜 공공재인가?

"민주시민의 자질을 기르는 배움터의 역할에 충실해야 한다."

말 한번 잘했다.

학교는 설립 주체와 상관없이 민주시민을 기르는 배움터라면, 민주적인 절차에 위배되지 않는 방법으로 반대했어야 했다.

교사는 연구학교 동의신청서에 서명하지 않으면 곧 반대 의사를 표명하는 것이다. 반대의사 표명의 자유가 충분히 보장되어 있다. 가처분신청이란 민주적 반대 절차를 무시하고, 민노총, 전교조, 농민회까지 나서서 무단으로 교장실에 난입하여 협박하고, 온갖 불법 폭력 시위를 행사하는 것도 모자라 입학식을 무산시킨 것이 민주시민을 양성한다는 학교에서 있을 수 있는 일인지 답하라.

교내에서의 무단 시위 자체가 불법이다. 이런 위법행위가 진정한 민주주의인지 당신들에게 묻는다.

문명교육재단은 자신들이 내세우는 '실천하는 민주시민'을 기른다는 교육목표의 의미를 다시 한번 생각해야 한다. 또한 이번 사태를 계기로 일부 사립학교의 독단적인 학교 운영의 문제점이 다시 한번 드러났다. 학교는 설립 주체에 상관없이 사회의 공공재로서 민주시민의 자질을 기르는 배움터의 역할에 충실해야 한다. 이에 우리 역사교사들은 다음과 같이 요구한다.

하나. 문명교육재단은 교사에 대한 부당한 징계 의결을 당장 철회하고 사과하라.
하나. 경상북도 교육청은 문명교육재단의 징계 의결 절차에 대한 행정 지도를 실시하라.
하나. 교육부는 사립학교 재단의 부당한 권한 행사를 제어할 수 있는 제도적 장치를 마련하라.

<문명고 국정 역사교과서 연구학교 신청에 대한
전국 역사교사 모임의 성명서 내용>

민주주의가 실종된 현장

김태동(前 문명중·고등학교 교장)

대한민국은 지금 2,500년 전 아테네시대로 돌아간 듯 하다. 농업과 상업을 주로 하며 광장에 시민 전체가 모여서 직접 정치를 하던 그 시대로 말이다. 광장에서 입법과 사법 기능이 작동하던 2,500년 전으로. 오늘날 비대해진 국가의 정치구조는 대의민주제, 즉 아테네의 시민들과 같은 국민이 뽑은 국회의원이 법을 제정하고 위법 여부는 사법부에서 판결하는 구조이며 정부도 법을 집행하는 기관이다.

지금의 대한민국은 '광장정치'를 한다는 말이 있듯이 촛불집회와 태극기 집회가 국회 위에서 법을 만들거나 판결까지 하려는 것은 아닌지, 정말 그렇지는 않겠지만 판사의 판결마저 그들의 영향에 휘둘리지 않을지 걱정이다.

국회의원은 그렇다 치더라도, 사법부는 그렇지 않으리라 믿는다. 그래서 사법부의 독립이란 말을 자주한다. 광장에 모인 촛불집회 참가자와 태극기 집회 참가자가 간절히 주장하는 것을 듣고 국회의원들은 신속히 법안을 가결하거나 폐지하거나 하는 것이 본연의 의무이다. 그것이 국민 세금으로 주는 급여에 부응하는 일이다.

100만에서 5,000만이 모일 때까지 기다리거나, 집회가 10회, 20회가 되는 것을 기다리며 정당과 자신의 이익을 계산하면서 방관자로 즐기는 것은 아닌지? 입법권이 촛불과 태극기에 있는 것이 아니라 국회에 있다는 것은 아시겠는가.

국회의 실종은 대의민주주의의 실종이다. 국정 역사교과서도 규모는 작지만 같은 맥락이다. 학부모와 재야단체가 촛불과 태극기에서 배운대로 시위하면 교장이 이미 결정한 정책도 폐지되리라는 생각이 어디에 근거하였는지가 의문이기도 하다. 왜 대한민국이 여기까지 와 있는지, 언제부터 이렇게 되었는지?

집회와 시위는 시민들의 여론을 형성하는 장이며 표현하는 것이 기능이다. 여론은 국회가 입법 활동에 있어서 참고하는 역할은 하지만, 여론이 곧 법은 아니다. 촛불 민심은 대통령을 헌재에 세우는 것까지이다. 탄핵 여부는 헌법재판소의 재판에 따라서 결정되는 것이 민주주의 법치국가이다.

국정 교과서 사태도 학부모, 학생, 재야단체의 시위에 의한 직접민주주의보다는 대의민주주의인 국회가 법률을 처리하거나, 현행법의 범위에서 행정소송을 하고 재판 결과에 따르는 방법이 법치

사회이다. 물론 학교는 상위기관인 대통령령이나 교육부 장관령으로 지켜야 한다.

기분 나쁜 사람이라고 여러 사람이 몰려와 손가락질하면 감옥으로 보내버리고, 불쌍하다고 여러 사람이 몰려와 항의하면 석방을 시켜준다면 이런 것을 무법천지라고 한다.

불안하다. 우리 중에 누가 군중의 몰매를 맞아 억울한 일을 당할지도 모르는 사회 말이다. 문명고등학교의 국정 역사교과서 연구학교 지정 취소를 위해 시위하는 일부 학부모와 재야단체의 수고로움도 걱정이지만, 더 걱정스러운 것은 계속되는 시위 장면이 언론의 관심거리가 되어 학생들이 즐겁지 않을까봐 가슴 아프다.

학생과 학부모, 재야단체 모두가 진정으로 민주주의가 법치 사회임을 깨닫고 계속 시위만 하는 것은 억지를 쓰는 것이며, 민주주의의 편리하고 좋은 방법인 법적인 소송이나 국회의 입법이 있다는 것을 이번 기회에 꼭 알리고 싶다.

그리고 전국에 유일하다고 오명으로 남을 것이란 일부 부정적인 학부모와 언론들의 악의에 찬 보도로 위축될 수 있는 학생들과 교직원들이 오히려 자부심을 가질 수 있는 날이 빨리 오기를 간절히 기원하며 그렇게 되도록 다양한 노력을 기울일 작정이다.

2017년 어느 봄날 교장실에서

문명고 학생들의 장래가 촉망 받는 이유

□ 블로그 '드럼알프' 님의 글을 발췌하여 수록한다. / 편집자 주

"국정 교과서가 기존 검정 교과서와 무엇이 좋고 무엇이 나쁜지는
꼭 연구해볼 가치가 있다. 다들 국정 교과서가 잘못됐다고만 하지
제대로 내용을 비교해보지는 않는다. 다른 학교들과 교사들도
검정 교과서와 국정 교과서를 비교할 필요가 있다."

소신있는 교육관을 가지고 계신 문명고 교장선생님을 응원한다. 인터뷰 내용에도 나오듯이, 국정 역사교과서를 반대하는 시위를 벌인 학생과 학부모들 중에 국정 교과서를 제대로 살펴본 사람이 몇명이나 있을지 궁금하다. 여기가 북한이 아닌데, 꼭 인민재판 현장을 보는 것 같아 소름끼친다. 겉모습은 자유민주주의 국가이지만, 적어도 역사교과서 문제만 놓고 볼 때는 북한과 크게 다르지 않은 것 같다. 문명고 학생들은 선택받았음을 감사해야 한다. 대한민국

은 그리 만만한 나라가 아니다. 교육이 바로 서는 일에 일조하신 문명고 교장선생님께 다시 한번 감사의 말씀을 드린다.

김태동 교장 선생님, 전교조와 뜻을 함께 하는 소수의 학부모들에게 휘둘리지 마시고 소신껏 교육하시기 바랍니다. 감사드리고 존경합니다.

우리의 역사를 배울 권리마저 빼앗겼던 문명고 사태

조윤희(부산 금성고등학교 교사)

국정 교과서 채택은 세상의 조롱을 받을 일인가?

채택하고 싶은 책을 교과서로 선정하려던 시도가 실패했을 때의 좌절은 아버지를 아버지라 부를 수 없는 아픔 만큼이나 꽤 큰 아픔이었으리라 생각된다.

배움과 가르침이 일어나는 공간에서조차 자유를 빼앗긴 사건은 잊혀져서는 안 될 일일 것이며, 누군가는 반드시 기록하고 역사에 남겨야 할 일이라 생각한다. 문명고에서 그 어려운 일을 묵묵히 해내신다는 이야기를 들으며, 우선은 감사의 생각이 먼저 들었다.

단지 제대로 배워야할 역사를 기록한 책을 선택하려 한다는 이유만으로 얼마나 많이 선동의 중심에 몰아세워졌고, 참담한 뭇매를 맞아야 했는지 생각하면 억장이 무너질 일이다. 어째서 '국정 교과서'를 채택하는 것이 세상을 발칵 뒤집어 놓을 일이 되어야 하며, 세상의 조롱을 받을 일인지 알 수 없지만 언젠가는 역사가 진실을 말해주리라 생각한다.

'국정 교과서 연구학교 지정'은 사학에서 얼마든지 자율적으로 결정할 수 있는 일이라 생각한다. 사학이니만큼 설립자의 교육철학에 따라 교육과정의 범위 내에서 가르치고 싶은 것을 가르칠 선택의 자유가 있을 것이다. 그럼에도 학부모나 학생들이 반대하며 시위를 하고 언론의 주목을 받아야 했으며 대단한 모험이라도 하는 듯한 구설에 시달려야 했다. 국정 교과서 연구에 반대하는 학생과 학부모들이 항의 집회를 하고, 학교는 그것에 저항해야 했다. 소신을 지키고자 했건만 그조차 허락되지 않았다.

학교의 자율적 교재 선택권, 경영권, 학생들의 학습권 마저 사라진 나라

전국의 5,556개 학교 가운데 단 1곳만 국정 교과서를 사용하는 연구학교로 지정하고자 했으나 그조차 허락되지 않은 것이다. 어떤 교재를 선택할 것인가 하는 자유는 지켜져야 옳다. 그것을 반대하는 교사는 학교의 내규에 따르지 않았으니, 내규에 의해 내려진 결과를 수용하는 것 역시 타당할지 모른다. 그러나 학교의 자율적 교재 선택권과 경영권은 고사하고 학생을 위한 학습권마저도 사라져 버린 나라가 지금 우리 앞에 펼쳐져 있다.

'그' 교과서는 '조선'을 벗어나 '대한'으로 살 것을 결단한 이승만 대통령의 건국이념을 배우자는 것이고, 그것을 가르치자는 것이었다. 그러나 엄혹한 세상이 그것을 막았다, 어쩌다 이 나라는 지금 '건국 대통령 이승만'이 금기어가 되어버렸다. 금기어가 많은 나라는 좋은 나라가 아니며 자유국가가 아닐 것이다. 건국은 어정쩡한 '정부 수립'으로 가르치라 하고, 건국 대통령 이야기는 입에 담는 것조차 조심스럽게 만들어버렸다. '금기'란 숨기고 싶은 것이 있을 때 봉쇄를 목적으로 하는 것이 아닐까. 이것은 단지 다른 하나의 다양성도 허용하지 않겠다는 독선이며 전체주의의 발호다. 그런 전체주의 앞에서 모두가 'Yes'라 할 때 'No'를 외치기 위해서는 얼마나 큰 용기가 필요한 지는 해보지 않은 사람은 상상하기 어려운 일이라 생각된다.

현장에서 학생들을 가르치는 교사는 올바른 대한민국의 건국이념과 과정을 반드시 전달하고 진실을 말하는 본분을 다해야 할 것이다. 지금 비록 그 입을 틀어막아 소리 내어 말할 수 없게 한다 해도 역사의 거대한 물줄기는 도도히 흐르고 있으니 언젠가 진실은 밝혀질 것이다. 우리 모두가 기록하고 기억해야 할 우리의 역사와 그것을 배울 권리마저 빼앗겼던 사건이 안타깝고 화가 날수록 소신을 지키려했던 문명고의 선택과 그것을 이렇게 역사적 기록으로 남기는 노력에 거듭 감사를 드린다.

文盲校가 아닌 '얼(주체성)'과 '글'을 가르치는 文明校가 되기를

김○○(문명초등학교 출신 동문)

□ 지난 2017년 2월 문명고의 국정 역사교과서 사태를 지켜본
문명초등학교 출신 동문이 보내어온 격려편지를 양해를 얻어
원본 그대로 게재한다. / 편집자 주

홍력장이사님께 !

찾아 뵙고 격려인사 드려야 마땅하오나 시간 없기로 서면으
인사 드리게 되어 미안하게 생각 합니다.
저는 문명초등학교 제13회 졸업한 그당시 신천동에 살았언
가   입니다.
현재 대전에서 거주 하고 있습니다
라충이 아니오나 신천에 조선일보 2017. 2. 18 토요일 1면 보도
          조선일보 2017. 2. 21 화요일 A14면
                                      A31면

                 문화일보 2017. 2. 24 금요일 2편 미

"문명고고가 새명수 교과서는 시범사롬난 연구학교로 지저
했다는 기사를 접하였습니다.
        ... 그 기후에 문외하게 문명고근가 지정철

홍택정 이사장님께!

찾아뵙고 격려 인사드려야 마땅하오나 시간관계로 서면으로 인사드리게 되어 미안하게 생각합니다.

저는 문명초등학교 제13회 졸업한 그 당시 신원동에 살았던 김○○입니다. 현재 대전에서 거주하고 있습니다.

다름이 아니오라 일전에 조선일보 2017. 2. 18.(토) 1면, 2. 21.(화) 14면, 2. 21.(화) 31면, 그리고 문화일보 2. 24.(금) 2면에 '문명고교가 새역사교과서를 시범 사용할 연구학교로 지정됐다'는 기사를 접하였습니다.

전국 중·고교 5,556곳 가운데 '유일하게 문명고교'가 지정됐다는 사실은, 어려운 여건에도 불구하고 국가시책에 따르고 그 뜻을 받든다는 것은 '현명한 선택'이 아닐 수 없습니다.

사실 야당, 좌파, 교육감, 전교조, 민노총이 하나된 거대 조직과 개별학교가 맞선다는 것은 어려운 일입니다.

그런데도 불구하고 맞서면서 '국가시책을 받든다'는 것은 불가능한 일이라 해도 과언이 아닐 것입니다. 그래서 문명초교의 13회 졸업생으로 긍지와 자부심을 갖게 된 것입니다.

문명고교와 문명초교와의 관계는 어떻게 이루어졌는가?

문명초등학교는 운문산 아래 작은 마을 운문면 신원동 염창리에 있는 학교이지만, 임야를 엄청나게 가진 튼튼한 재단이었습니다.

그때 방음에 계시는 홍영기 재단 이사장님이 취임하여 문명초교에서 진일보시켜 문명중·고등학교를 금천면 동곡동에 설립하였으며, 그후 1990년대에 문명중·고등학교를 경산으로 이전시키셨습니다. 홍영기 이사장님께서는 군 장교로 계셨기 때문에 이와 같은 일을 강력한 군인정신으로 추진하셨습니다. 청도군 운문면 신원동에서 출발하여 금천면 동곡동으로 중·고교를 설립하셨고, 거기서 대구권인 경산시로 옮길 수 있었던 것입니다.

'문명고교의 뿌리'는 '문명초교의 재단'에서 그와 같이 뻗어 날 수 있는 것을 생각할 때 홍영기 이사장님의 결단력에 의해서 文明학교라는 이미지를 산골 벽촌에서 대구권까지 끌어 올려 놓으셨던 것입니다.

그런데 현재 2016년부터 2017년 초까지 대한민국은 야당과 좌파들의 횡포로 국가를 전반적으로 자기 세력으로 끌고 가려는 의지와 의도대로 흔들리고 있습니다.

그러나 '대한민국의 국운'은 만만치 않습니다. 우리 한민족은 '단군 국조님의 개국' 이래 근 5천년 동안 '한민족의 정신'인 '백절불굴의 정신'이 있습니다.

오천년 동안 중국, 일본, 프랑스 등 963회의 외침에도 꺾이지 않고 이 나라를 지켜온 것은 국토가 넓어서도 아니고 국력이 있어서도 아닙니다. 그것은 오직 '한민족의 정신'이 있었기 때문입니다.

강대국인 중국과 일본 사이에 힘이 약한 대한민국이었지만 꺾어도 꺾이지 않는 '민족의 혼'이 똑바로 서 있었기 때문에 이 나라를 지켜온 것입니다. 그것이 '한민족의 정신'입니다.

대한민국에 중·고교 5,556개 학교 중에 유일하게 문명(文明)중·고교가 국가의 체면을 세운 것은 바로 '한민족의 얼', '한민족의 혼', '한민족의 슬기', '한민족의 넋'이 살아 있었기 때문입니다.

동방에 작은(극동) 나라 대한민국이 등불이 된다는 타고르의 시에서 밝혔듯이 문명중·고등학교가 지키지 않았다면 '좌파 전교조의 힘'이 승리했을 것입니다.

그러나 결국 좌파 전교조는 대한민국을 지키는 것이 아니라 대한민국을 흔들고 어지럽히는 세력이기 때문에 승리할 수가 없는 것입니다.

대한민국에 5,556:1이 文明이라는 것은 '文明의 자랑', '文明의 긍지', '文明의 얼'이 살아 있다는 증명입니다.

지금 대한민국을 흔드는 촛불도 대한민국을 지키는 태극기 아래 꺼져가고 있는 모습을 온 국민이 지켜보고 있습니다.

대한민국에서 文明중·고는 이름없는 벽촌의 학교였지만, 이번에 '새 교과서 시범 연구학교'로 5,556개교 중 유일하게 지정됨으로써 대한민국의 文明중·고교로 발돋움하게 되었습니다.

거기에는 위로 홍영기 이사장님의 강인한 판단력과 추진력이 바탕이 된 홍택정 이사장님의 결단력과 그 뜻을 지키시겠다는 김태동 교장 선생님의 강인한 결심이 뒷받침되었다고 생각합니다.

2017년 2월 27일 TV에서 입학거부를 한다는 보도를 듣고 저는 결코 흔들리지 마시고 '대한민국의 교육을 관장하는 교육부의 뜻'을 지키는 모교가 되기를 진심으로 원하는 마음에서 이 글을 드리게 된 것입니다.

대한민국의 전교조는 비정상적인 것입니다. 대한민국은 비정상(非正常)이 정상(正常)을 흔들며 끌고 나가려는 책동을 하고 있습니다.

그 결과는 뻔한 일입니다. 머리가 '몸'을 움직이는 것이 정상인데 대한민국은 마치 손발이 머리를 끌고 가려는 비정상으로 흔들리고 있습니다. 그것은 일시적일 뿐 정상으로 돌아가고 있는 중입니다.

끝으로 대한민국은 '국가의 혼'과 '국가의 얼(정신)'이 있습니다. 그 정신은 한국을 오천년 지켜온 '한국의 얼'입니다.

그런데 '권력의 얼'에 빠져 '한국의 얼'이 눈에 보이지 않고 '개인의 얼'에 빠져 '나라의 얼'이 눈에 보이지 않아 허둥대고 있습니다. 이제 '나라의 얼'이 정신을 차리고 있습니다. 여러 측면에서 깨어나고 있습니다.

얼빠진 정치인, 얼빠진 좌파, 얼빠진 교육감, 전교조에 의하여 나라가 어지럽게 됨으로써 '대한민국 국민'들이 '얼'을 차리고 그 뜻을 '태극기'로 나타내고 '호소문'으로 나타내고 여러 측면에서 '얼빠진 사람'들에게 '얼을 깨우쳐 주는 방법'으로 대응하다 보니 이제 '얼빠진 사람'들이 제 정신을 차리려고 '약간의 미동'을 보이고 있습니다.

문명중·고등학교의 재단 이사장님과 교장 선생님이 '올바른 얼'을 바로 세우시고 밝히시니 대한민국 5,556개 재단 이사장과 교장 선생님도 이제 '자신의 얼'이 어떤 상태에 있느냐 하는 것을 생각해 보는 계기를 던져 주셨습니다.

　과연 문명중·고등학교의 지도자가 '얼 밝은 분', '얼이 서 있는 분' 즉 '주체(얼)가 서 있는 분'이라는 것을 멀리서나마 지켜보고 있는 것입니다.

　3·1운동 98주년이었던 어제 서울에서 애국시민이 동대문에서 광화문까지 도로 전면 허가를 내어서 500만 명이 나라를 지키겠다는 '의지 표명'을 함으로써 좌파, 전교조, 야당, 30만 명을 500만 명이 대응할 것입니다.

　이것이 '대한민국을 지키는 혼(얼)'입니다.

　처음에는 야당, 좌파, 전교조가 흔들었지만 결국은 '애국시민의 저력'이 승리한 것입니다.

　그와 같이 5,556개 중·고교를 대표해서 대한민국의 주체(얼)성 있는 '유일한 스타 학교'로 올라선 것입니다.

　여기서 저의 모교의 이름 文明이 승리이고, 5,556개교는 文盲이 되어 패배라고 할 수 있습니다. '文明校'이냐? '文盲校'이냐? 역사는 평가할 것입니다.

　그 책임은 학생에게 있는 것이 아니라 재단이사장님과 교장 선생님에게 있는 것입니다.

　영광도 책임도 학생에게 있는 것이 아닙니다.

'책임자의 얼(주체)'이 살아 있으면 '文明'이 되고 '책임자의 얼'이 살아 있지 않으면 '文盲'이 됩니다. 학교에서 글만 가르치는 것은 文盲校가 될 것입니다.

학교에서 얼(주체성)을 가르치고 글을 가르치는 것은 文明校가 되는 것입니다. 이번에 5,556개교는 文盲校를 만들었습니다. 왜냐하면 존재가 전멸되었기 때문입니다.

우리 모교의 이름을 '文盲에서 文明'이 되게 '지으신 분의 뜻'을 지키신 분이 홍택정 이사장님과 김태동 교장 선생님이십니다. 이름 그대로 지키신 것은 아는 '글의 실력'이 아니라 그 '정신(얼)'이 지키신 것입니다.

이 점에서 격려를 보냅니다. 아! 대한민국에 文明이 우뚝 서게 되었으며 그 위에 '두 분의 강인한 얼', '맑은 얼'이 그 명성을 빛나게 하셨습니다.

3·1운동에서 '핵심(얼)'을 지키신 분이 유관순 열사이듯 이번에 두 분께서 유관순 열사와 같은 큰 얼을 지키셨습니다. 유관순 열사 얼이 대한민국을 지켰습니다. 그와 같이 대한민국 중·고교 속에 '문명중·고등학교의 살아 있는 얼'을 지켰습니다.

장문을 올렸습니다. 건강과 문명중·고등학교가 '대한민국 얼'을 가르치는 '최상의 학교'가 되기를 기원합니다!

감사합니다! 文明이여! 세계에 빛나라! 앞으로…

2017년 3월 2일, 대전에서

·
·
·

광란의 시위현장을

바라보는

주요 언론의 동향

·
·
·

▲ 대자보로 도배된 중앙현관 ⓒ 연합뉴스

▲ 외부 세력에 의해 무산된 입학식 © 뉴스1

▲ 학교 정문 앞에서 국정교과서 채택에 반대하는 피켓을 들고 등교하는
학생들을 선동하고 있다. ⓒ 연합뉴스

▲ 교장실 복도에서 학부모들이 시위를 하고 있다. ⓒ 연합뉴스

5,556校 중 단 한 곳도 그냥두지 않았다

전국 유일하게 교육부 역사교과서 채택한 문명高 입학식 무산

전교조 등 "철회하라" 행패, 민변은 소송 지원, 학부모·학생 가세

교육계 "다양성 내세우며 국정화 반대하더니… 다양성 짓누르나"

전국에서 유일하게 교육부가 만든 역사교과서(국정 역사교과서)

무산된 입학식 현장 ⓒ 조선일보 2017 당시 기사 인용

연구학교로 지정된 경북 경산 문명고의 신입생 입학식이 연구학교 지정에 반대하는 일부 학생과 학부모의 항의시위로 2일 취소됐다.

문명고는 이날 오전 10시 30분부터 신입생 180여 명에 대한 입학식을 열기로 했으나, 오전 10시부터 연구학교 철회를 요구하는 학생과 학부모 등 150여 명이 입학식 장소인 강당 입구에서 시위를 벌여 입학식을 취소했다고 밝혔다. 입학식 무산에 이어 이날 예정됐던 1학년 일부 학급의 역사 수업도 다른 활동으로 대체되는 등 파행을 빚으면서 연구학교 운영마저 봉쇄되는 것 아니냐는 우려도 나오고 있다.

교육계에서는 "교육의 다양성을 내세우며 국정화를 반대한 이들

무단 불법 시위현장 ⓒ 뉴데일리 2017 당시 기사 인용

이 연구학교 운영조차 막는 것은 다양성을 짓누르는 자기모순"이라고 지적하고 있다. 더구나 3년 전 반대 시위를 벌여 교학사 검정 교과서 채택을 막은 데서 한발 더 나아가 학생·교사·학부모 간 갈등까지 부추기고 있다. 충남의 한 국립대 교수는 "상당수 학생과 학부모의 거부감은 교과서 내용을 잘 모르는 상태에서 민노총·전교조가 나쁜 교과서라고 낙인을 찍자 불안감을 드러내는 것"이라고 말했다. 김태동 문명고 교장도 "학생·학부모들은 외부단체에서 '최순실 교과서'라고 주장하는 것이 언론에 많이 나오니까 영향을 받은 것 같다."며 "내용을 보라고 설득해도 '내용이 문제가 아니라, 왜 우리 학교가 사용하느냐'고 하고 있다."고 말했다.

(조선일보 2017. 3. 3.)

"

"이사장으로서 학교가 민주적 절차에 따라 내린 결정을 보호할 의무가 있다. 학습권을 침해하는 부당한 학내외 압력에 대해 단호히 대처하겠다. 외부 압력을 적극적으로 막을 것."

– 홍택정(문명중·고등학교 이사장)

"

국정 교과서 채택했다고 학교 무단침입에 욕설…
속칭 진보의 추악한 민낯

전교조 "우린 모르는 일"…
이사장 "겁박해도 채택 취소는 없다.", "백년이고 천년이고 해봐."

　전국에서 유일하게 국정 한국사교과서 연구학교 지정신청을 낸 경북 문명고 이사장과 교장이 "교과서 채택은 학교 구성원의 민주적 의사결정을 통해 결정된 사안으로, 외부 세력이 압박을 한다고 해서 이를 철회할 의사가 없다"고 밝혔다.

　속칭 진보를 자처한 이들이 학교를 무단침입하고, 재단 이사장과 교장 등을 겁박한 사실이 조선일보 보도를 통해 드러난 가운데, 이 학교 홍택정 이사장은 본지 기자와의 통화에서 "교사의 73%가 동의했고, 지난달 열린 학교운영위에서 연구학교 신청 안건을 가결시켰다. 합법적 절차에 따라 선택한 것"이라며 "학교가 민주적으로 합법적 절차를 거쳐 선택했는데 철회해야 할 이유가 있느냐"고 반문했다.

　문명고에 대한 속칭 진보진영의 무자비한 협박 사실은 3일 조선일보 보도를 통해 알려졌다.

(뉴데일리 2017. 3. 3.)

장외전 번지는 문명고 사태 … 보수단체 오늘 맞불시위

문명고의 국정 역사교과서 연구학교 지정을 둘러싼 찬반 양측의 대립이 극한으로 치닫고 있다. 취소된 입학식(2일) 이전까지는 교내에서 찬반 대립이 벌어졌다면, 이제 학교 바깥으로 갈등이 번지는 모양새다. 양측의 법정 공방도 벌어질 조짐이다. 마치 박근혜 대통령 탄핵 사안을 놓고 '촛불 진영'과 '태극기 진영'이 맞서 극한 갈등을 빚는 것과 유사한 진영 대결 양상이 학교를 둘러싸고 벌어지고 있는 셈이다.

국정교과서 채택 커지는 갈등
민변이 지원한 '철회' 소송에 맞서
보수변호사모임 "문명고 도울 것"

문명고 일부 학부모와 시민단체 회원 등 40여 명은 입학식 당일인 지난 2일 오후 7시쯤 경산시 중방동 경산오거리에 모여 촛불집회를 열었다. 학교 바깥에선 처음으로 열린 집회였다. 이날 집회 참

가자들은 '바른 역사를 배울 권리' '역사 왜곡 국정교과서 철회' 등
내용이 적힌 피켓을 들었다. 이후 이들은 같은 장소에서 피켓 시위
와 서명운동을 이어가고 있다.

반면 6일에는 보수단체인 '대한민국 애국시민연합'이 처음으로
국정 역사교과서 지지 집회를 열기로 했다. 경산오거리와 약 2㎞ 떨
어진 백천동 백천교차로에서 맞불 집회를 여는 셈이다. 지금까지
국정 역사교과서를 지지하는 측은 학교 인근에서 20여 명이 몇 차
례 즉흥적으로 미신고 집회를 하다 제지당했다. 이들은 6일 오전
11시부터 회원 100여 명이 구호를 외치고 국정교과서의 필요성을
알리는 홍보물을 나눠줄 예정이다.

앞서 국정 역사교과서 연구학교 지정 심사 절차가 이뤄진 지난
달 15일부터 반대 측 학생·학부모들은 주로 학교 운동장에서 집회
를 벌였다. 하지만 학교 측이 연구학교 지정 신청을 끝내 철회하지
않자 학교 복도와 교장실 앞, 교내 강당 등에서도 집회를 진행했다.
입학식이 열린 2일에는 학생·학부모 150여 명이 입학식장 안팎에
서 국정 역사교과서 반대를 외치면서 행사가 도중에 중단되기도 했
다.

장외 대결 외에 소송전이 펼쳐질 가능성도 커졌다. 문명고 측은
수업을 방해하거나 외부인이 교내에 무단 침입할 경우 고발하겠다

고 선언한 상태다. 이와 함께 한반도 인권과 통일을 위한 변호사모임(한변)이 문명고 측을 법적으로 지원하겠다고 나선 것도 법정 공방 가능성을 높이고 있다. 한변은 3일 성명서를 내고 "문명고의 자유로운 선택이 좌절되지 않고 꿋꿋이 유지·발전돼 나가도록 보호하고 지원하는 것은 2세의 올바른 역사교육과 나라의 장래를 걱정하는 모든 애국시민의 의무"라면서 "문명고를 위한 소송대리 등 모든 법적 지원에 앞장설 것"이라고 말했다.

이에 앞서 2일 문명고 학생·학부모·교사로 구성된 '문명고 한국사 국정교과서 저지 대책위원회'는 경북교육청을 상대로 국정 역사교과서 연구학교 지정을 철회할 것을 촉구하는 행정소송을 냈다. 소송이 마무리될 때까지 국정 역사교과서를 주 교재로 사용하지 못하도록 하는 가처분 신청도 함께 제기했다. 이 소송은 민주사회를 위한 변호사모임(민변)이 지원하고 있다.

(중앙일보 2017. 3. 6.)

[논평] 국정 교과서 연구학교 지정은 즉시 이뤄져야 한다

지난 10일 사회부총리 겸 교육부 장관은 대국민 담화를 통하여, 각 시도 교육청이 국정 교과서를 사용할 연구학교 지정을 위한, 절차 이행을 신속히 할 것을 촉구하였다.

이는 교육부가 각 교육청에 국정 교과서 연구학교 지정을 위한 공문을 보내고, 이를 각 학교에 내려 보내서, 신청하도록 해야 하는데, 다수의 각 교육청이 이를 거부한 것이다. 즉, 원천적으로 일선 학교들이 국정 교과서를 선택하지 못하도록 막고 있는 것이다. 이것이 교육인가?

그렇다면, 검정 교과서만 가지고 교육을 하겠다는 것인데, 검정 교과서는 문제가 없는가? 그 문제점은 수백 건에 달하여, 결국은 수정한 바 있다. '국정 교과서'문제가 불거져 나온 것도 따지고 보면, 검정 교과서의 편향성 문제 때문이 아닌가?

우리 현대사에서 논란이 되는 것은 크게 두 가지이다. 역대 대통령 가운데 이승만 대통령과 박정희 대통령에 대한 평가이다. 이 분들의 불가피한 정치적 선택을 어떻게 보느냐의 차이인 것이다. 즉,

이승만 대통령의 한국 정부의 단독 수립과 반공을 통한 국가 수립, 그리고 박정희 대통령의 5·16군사 쿠데타, 개발을 위한 독재적 정책을 통한 근대화 문제를 어떻게 평가하며, 어떤 시각으로 바라보느냐이다.

또 한 가지는 북한체제의 독재와 남한에 대한 침략행위를 어떻게 바라보고 서술하느냐이다. 이러한 쟁점들에 대하여 검정 교과서는 '좌편향'이라는 평가를 받아서, 결국은 불가피하게 '국정 교과서'의 탄생을 돕게 된 셈이다.

그래서 교육부에서는 '국정 교과서'를 만들어 일선 학교에 배포하려 했으나, 박근혜 정권이 소위 '탄핵 정국'을 맞으면서, 적극적인 정책으로 추진하지 못하고 있다가 차선책으로, 일선학교들이 자발적으로 '연구학교'로 신청하면, 국정 교과서와 검정 교과서를 혼용하도록 한 것이다.

그런데 진보 성향을 띤 교육감이 포진하고 있는, 8개 교육청을 중심으로, 국정 교과서에 대한 반대 및 폐기 요청은 물론, 아예 일선 학교들이 국정 교과서를 사용하는 '연구학교'로 지정되는 과정까지도 가로막고 나선 것이다.

이에 대하여 지난 10일 교육부장관은 '소위 전교조를 비롯한 일부 시민단체는 단위 학교의 교과서 선택의 자율성을 침해하는 행동을 중단하기 바란다'고 하였다. 이에 대하여 전교조 측은 '학교의 정상적인 교육과정 운영을 방해하거나 단위학교의 교과서 선택의 자율성을 침해하는 행동은 없다'고 반박하였다.

그렇다면 전교조가 무슨 자격으로 국정 교과서 사용을 못하도록 하려는 것인가? 전교조는 지난 2014년 6월 서울행정법원으로부터 '법외 노조'로 판결을 받았고, 2016년 1월에는 서울고등법원에서도 '법외 노조'로 판결되어 있다.

그런 단체가 일선학교의 교과서 선택 문제에 대하여 개입하는 것은 올바르지 못하다고 생각한다. 또한 교육부의 방침을, 일선 진보 교육감이 있는 교육청에서 거부하는 것은 정치적/이념적인 '편 가르기'이며, 이는 바른 교육의 모습이 아니다.

아무리 교육감이 진보성향이라고 하여도, 교육청이 이를 반대한다는 것은, 결국 교육의 다양성과 가능성을 폐쇄하려는 것으로, 이에 대한 비난을 면키 어렵다. 현재 국정 교과서 사용 반대의 입장에선, 서울교육청의 "서울시 교육방향"을 보면, '소통하며, 지원하는 어울림 교육행정' '모두의 가능성을 여는, 책임교육' '안전하고 신뢰받는 안심교육' 등을 슬로건으로 내세우고 있다.

그런데 일방된 역사 교과서만을 가르치도록 하고, 다른 교과서 사용은 저지하여, 일선학교의 '수업편성권'을 침해하는 교육이 과연, 안심하고 책임질 수 있는 교육이 되겠는가?

지금이라도 각 교육청에서는 '국정 교과서 연구학교'를 신청하기를 원하는 일선학교에 대한 사실상의 압력을 풀어야 한다. 그래서 신청 자체를 원천봉쇄하려는 비민주적이고, 비교육적인 처사를 그쳐야 한다.

사실에 근거한 바른 역사를 제대로 배우지 못하도록 한다면, 그것은 국가 미래에 대한 반역이며, 올바른 교육을 받을 권리가 있는 우리 아이들에게 주어진 교육 기회와, 그로 인한 인생을 망치는 것이 될 수도 있다.

각 교육청과 교육감들은 그럴 자격이 없다. 이런 행태는 공산주의 국가에서나 있는 독재적인 발상이다. 만약 이런 교육감들이 있다면, 그들은 그들을 선출해 준, 지역 주민들의 소환과 퇴진운동에 부딪치게 될 것이다. 교육은 획일적이고, 이념화되고, 계량화 된 것이 되어서는 안 된다. 또 거짓과 편향된 것이 되어서도 안 된다.

이런 일부 교육청의 횡포에 대하여, 각 지역에서는 학부모들을 중심으로 반대운동이 일어나고 있는 것으로 알려지고 있다. 이런 운동은 더욱 강력하게 일어나야 하며, 교육의 수장들이 교육과 어린 아이들을 볼모로, 편향된 이념교육만을 강요하는 행위는 죄악으로 여겨져, 속히 근절되어야 한다.

(국민일보 2017. 2. 14.)

문명 金교장 같은 분, 백 명 천 명 나와야 교육이 선다

　새 역사 교과서를 시범 사용할 연구학교는 결국 전국에서 경북 경산시 문명고등학교 한 곳만 이름을 올리게 됐다. 전국 중·고교가 5,556곳이나 된다는 걸 생각하면 믿어지지 않는 숫자다. 사실 야당·좌파 교육감·전교조·민노총이 하나가 된 거대 조직과 개별 학교들이 맞선다는 것은 애초에 어려운 일이었다. 힘없는 학교 입장에서 "(연구학교를 신청하면) 촛불중앙회에 알려 학교를 흔들겠다"는 협박은 공포 그 자체였을 것이다. 게다가 최순실 사태의 와중에 좌파들이 새 역사 교과서를 '최순실 교과서' '박근혜 교과서'라고 선동한 것이 사회에 쉽게 먹혀들기도 했다.

　문명고 김태동 교장은 "다들 국정 교과서가 잘못됐다고만 하지 제대로 내용을 검토해 보지는 않았지 않나"라며 "그렇다면 검정에서 문제 있던 부분을 국정은 어떻게 다뤘는지 연구할 필요가 있다."고 했다. 당초 경북 지역에서만 10여 학교에서 연구학교를 신청할 움직임이었지만 외부의 겁박(劫迫)에 다 포기했다. 좌파단체들은 문명고를 향해 "국정 교과서는 불온서적"이라며 "연구학교를 신청하면 학교에 불이익이 가도록 하겠다."며 협박했다고 한다. 김 교장은

"그렇다고 압력에 굴해 물러나지는 않겠다."고 했다.

　문명고는 지금까지 천재교육출판사에서 낸 검정 역사교과서를 사용해 왔다. 이 책은 현대사 연표에서 대한민국에 대해서는 '1948년 8월 15일 정부 수립'이라고 쓰고 북한에 대해서는 '조선민주주의인민공화국 수립'이라며 출범 의미를 부각한 대표적 좌편향 교과서다. 그런 교과서와 새 교과서를 비교해보자는데도 문명고 일부 학생·학부모는 반발한다고 한다. 교과서를 읽어보지도 않은 사람들이 좌파와 인터넷 선동만 따라가고 있다. 김 교장처럼 소신과 용기를 가진 교육자가 수백, 수천 명이 나와야 역사 교육이 바로 설 수 있다.

(조선일보 사설 2017. 2. 23.)

교과서 획일화 반대한 세력, 이젠 다양성 말살 나서는 모순

국정 역사교과서 논란 2라운드… 연구학교 철회 압박 타당한가
《전국 5,556개 중·고교 중 유일하게 국정 역사교과서 연구학교인 경북 경산시 문명고에는 외부인이 학교로 들어와 연구학교 지정 철회를 요구했다.

학교 측은 이를 '협박'이라고 표현했다. 국정 교과서를 참고자료로라도 쓰기 위해 신청한 학교는 외부의 공격 대상이 될 것을 우려해 학교 이름조차 드러나는 것을 두려워하고 있다. 하지만 일부 시도교육청은 신청 현황 파악에 나섰고, 광주에선 국정 교과서를 신청했던 한 사립고가 "문제가 이렇게 커질 줄 몰랐다."며 신청을 취소하겠다고 밝혔다.》

① 다양성 외치다 지금은 다양성 말살

당초 국정 역사교과서에 대한 반발은 다양한 교과서를 국가가 만든 하나의 교과서로 대체하려 한다는 논리에서 시작됐다. 하지만 정부가 올해 모든 학교에서 국정 교과서를 사용하게 하려던 계획을 포기하면서 국정 교과서는 여러 교과서 중 하나가 됐다. 그럼에도 국정 역사교과서 반대파는 국정 역사교과서 자체를 없애려는 분위

기이다.

이에 전문가들은 국정 교과서의 문제는 획일성인데, 현재의 국정 교과서 반대 주장은 오히려 획일성을 강요하고 있다며 우려를 표했다.

김병준 국민대 교수는 "교과서 국정화는 획일성 때문에 문제가 있는 것인데, 국정 교과서가 됐건 보수적 시각의 교과서가 됐건 이를 거부하라고 강요하는 것은 또 다른 반역사적 논리"라고 지적했다. 김 교수는 어떤 학교도 국정 교과서를 사용해서는 안 된다는 주장은 전체주의적 사고라고 비판했다.

송기창 숙명여대 교수는 현 국정 교과서 반대 주장에 논리적 모순이 있다고 지적했다. 다양성을 이유로 국정 교과서를 반대하던 이들이 현재는 다양성을 저해하고 있다는 것이다. 송 교수는 "교과서 검인정 체제의 장점이 다양성인데, 여러 교과서 중 하나가 돼 버린 국정 교과서의 선택을 막는 것은 논리적인 모순이 있다."고 말했다.

② 침해되는 학교와 학습 자율권

3년 전, 부산 부성고는 교학사의 한국사 교과서를 채택했다가 몸살을 겪었다. 당시 금성교과서 등 좌편향 논란이 있던 교과서에 맞서 뉴라이트 학자들이 교학사 교과서를 만들자 전교조 등 진보단체들이 학교에서 연일 시위를 하며 철회를 요구했다.

최근 문명고에서 이 같은 일이 되풀이 되고 있다. 문명고가 연구학교로 지정된 이후 민노총, 전교조 관계자들이 교장실까지 난입해 막말을 퍼붓고 위협적인 행동을 벌인 것. 전문가들은 학교의 자율성을 침해하는 행위라고 지적했다.

김희규 신라대 교수는 "학교가 법정 기구인 학교운영위원회를 거쳐 내린 결정을 특정 단체나 개인이 자신의 성향에 따라 무시하고 좌지우지하려는 것은 비교육적이고 타당하지도 않다."고 비판했다.

윤평중 한신대 교수는 문명고 비판이 선을 넘었다고 지적했다. 윤 교수는 "해당 학교에서 시위는 할 수 있다고 보지만 교장실 난입과 거친 항의가 난무하는 상황은 민주사회, 다원화된 사회에서 선을 넘은 행위"라고 우려했다.

교육 관련 단체들도 우려하고 있다. 한국교원단체총연합회는 "반대 세력이 찬반에 매몰돼 학교의 자율성을 심각하게 침해하고 있다."며 "교과서 찬반을 넘어 학교 자율성을 침해하는 행동을 삼가 달라."고 요청했다. 대한사립중고등학교장회는 "단위 학교의 교육과 운영에 관한 사안에 외부 세력이 개입해 유무형의 폭력을 자행하는 일은 결코 용납될 수 없다."고 비판했다.

③ 시장 논리로 선택·도태돼야

전문가들은 이미 제작돼 세상에 나온 국정 교과서의 존재를 인정하고, 이 교과서의 운명은 학생, 교사 등의 선택에 맡기는 것을 해법으로 제시했다. 내용조차 보지 않은 채 반대하거나 위협을 통해 선택을 막는 것은 올바른 해결 방안이 아니라는 것.

윤평중 교수는 "국정 교과서에 문제가 있다면 교과서 시장에서 살아남지 못할 것이기 때문에 발본색원하겠다는 식의 무리한 행동은 맞지 않다."며 "교과서 내용을 판단한 다음 채택되거나 퇴출되도록 해야 한다."고 말했다.

김병준 교수도 "연구학교가 한 곳이고, 수십 개 학교에서 참고자료 등으로 활용한다고 하니 국정 교과서가 잘못됐다면 학생 학부모 교사가 문제를 제기할 것."이라고 말했다.

교육 현장에서 국정 교과서를 둘러싸고 갈등이 증폭되고 있는 동안 정부가 내놓은 대책이 거의 없었다는 점에서 무책임하다는 비판이 일고 있다. 정부의 정책을 따른 학교가 공격의 대상이 되고 있는데도 뚜렷한 보호 방안도 없는 실정이다. 이에 대해 교육부 관계자는 "학교의 요청이 있으면 필요한 부분에 대해 지원하겠다."고 말했다.

(동아일보 유덕영·노지원 기자 2017. 3. 8.기사 인용150)

역사교과서 논란에 입학식도 못한 경산 문명고

경북 경산 문명고등학교의 역사교과서 연구학교 지정 논란으로 2일 예정된 입학식이 취소됐다. 신입생과 학부모들은 국정 교과서 반대 시위를 벌였고 '문명고 한국사 국정 교과서 연구학교 철회 학부모대책위원회'(대책위)는 이날 경북도교육청을 상대로 연구학교 지정 철회를 요구하는 행정소송을 제기했다. 이 때문에 역사교과서는 아직 신입생들에게 나눠주지 못해 수업이 제대로 이뤄지기 어렵게 됐다. 교과서 논란이 당장 학생 피해로 이어질 판이다.

이번 논란의 시작은 학교 측이 학교 운영위원회 회의를 통해 국정 교과서 연구학교를 신청하면서다. 문제는 학교운영위원회에서 처음에는 2대 7로 반대 분위기였으나 다시 표결한 결과 5대 4로 통과된 점이다. 이렇게 표결 결과가 뒤집힌 것은 학교장의 면담과 설득 작업 때문이라는 소문이다. 대책위 측에서 위원회의 결과에 의문을 제기하는 까닭이다. 학부모들은 운영위원회의 회의 결과가 공정한 토론과 심도 있는 의견 수렴을 통해 이뤄지지 않았으며 회의 규칙에 어긋난다고 반발하고 있다.

이번 논란은 미숙한 회의 운영에 따른 결과라고 볼 수밖에 없다.

또 학부모와 학생들의 계속된 반대를 외면하고 강행한 것도 석연치 않다. 일련의 과정을 살펴보면 혹여 학교 당국이 특정인의 이념과 사상이나 입김에 의해 정작 교육을 받아야 할 학생 입장을 무시하지는 않았는지 의심을 사고도 남는다. 대책위가 대구지법에 연구학교 지정처분 취소소송과 함께 확정 판결 때까지 교과서 사용 중지 등을 요구하는 효력정지 및 집행정지 신청으로 강하게 반발하는 까닭도 이런 배경이 작용한 듯하다.

전국에서 유일하게 국정 교과서 연구학교로 지정된 문명고의 할 일은 이제 분명하다. 소송 결과 전에 학생 피해를 막는 일부터 해야 한다. 그것은 예정된 수업의 정상적인 진행이다. 이를 위한 절차가 무엇이든 학생 피해 예방에 마땅한 조치를 마련해야 한다. 이에 관한 학부모 학생 교사 등 학교 운영 주체의 의견 수렴 역시 필요하다. 이는 서두를수록 좋다. 학교 당국의 무리하거나 오해를 살 만한 결정은 분란만 키울 뿐 누구에게도 도움이 되지 않는다.

(매일신문 사설 2017. 3. 3.)

03

．
．
．

문재인에 의한, 문재인을 위한 교과서 그리고 역사 교육의 탈선

2020 한국사 교과서의 주요쟁점

양일국(자유민주연구원 연구위원)

Ⅰ. 들어가며

2012년에 채택된 국제연합(UN)의 〈인권교육훈련 선언문〉은 현대 교육이 지향해야 할 가치로서 ① 인격과 존엄성의 발전 ② '자유사회에 효과적으로 참여할 수 있는' 인재를 육성하는 것이라 지적했다.[1]

다소 추상적인 '인격'의 의미에 대해 동서양의 철학자들은 우선

---

[1] UN Office of the United Nations High Commissioner for Human Rights, https://www.ohchr.org/EN/Issues/Education/Training/Compilation/Pages/UnitedNationsDeclarationonHumanRightsEducationandTraining(2011).aspx(검색일: 2020. 1. 10)

거짓말을 하지 않는 것을 공통의 가치로 들었다. 우선 잘 알려진 바와 같이 공자는 학생들에게 '아는 것을 안다고 하고 모르는 것을 모른다고 하는' 정직함을 덕목으로 강조했다.[2]

교육학자 루소 역시 그의 저서 『참회록』에서 한 여성을 거짓말로 모함했다가 한평생 죄책감에 시달렸다고 술회한 바 있다.[3]

이는 과목을 불문하고 교과서와 그것을 가르치는 교사가 거짓말을 해서는 안 된다는 점을 시사한다. 다음으로 '자유사회에 효과적으로 참여할 수 있는 인재'를 육성해 사회로 내보냈는데, 그 사회가 자유롭지 않거나, 자유의 가치를 부정적으로 보는 분위기가 팽배하다면 그러한 교육은 무의미한 것이 되고 만다. 이는 논의를 교과서로 국한하지 않더라도 우리가 추구해야 할 사회의 핵심가치가 자유라는 점을 시사한다. 그렇다면 자유의 의미와 가치, 그리고 그것을 실현하기 위한 선대(先代)의 노력과 희생을 제대로 가르치지 않는 교과서는 적어도 오늘날의 세계적인 조류에서 벗어난 것이라 할 수 있다.

1, 2차 세계대전의 비극을 겪은 이래 전 세계의 자유화는 부정

---

2) 『論語集註』, 爲政 17장
3) 한국경제, '거짓말과 꼼수', 2012. 4. 12.

할 수도, 거스를 수도 없는 대세가 되었다. 우선 전체주의의 종주국인 소련이 1990년 역사의 무대에서 퇴장했다. 1973년에 창설된 세계적인 인권단체 '프리덤 하우스'의 2014년 결산 보고서에 의하면, 1975년에 전체 국가의 27%만이 자유국가로 분류됐으나 2014년에는 45%로 두 배 이상 약진했다. 반대로 75년 기준 비자유국가는 41%였으나 2014년에는 25%로 급감했다.[4]

보는 각도에 따라 이러한 추세가 인류에 유익한 것인지에 대해서는 다른 견해가 있을 수 있겠으나 높은 수준의 자유를 누리고 있는 국가와 그렇지 못한 국가들은 우선 기대수명에서부터 큰 격차를 보이고 있다. 세계은행이 1960년과 2014년 사이 변화된 기대수명을 조사한 결과 아프가니스탄 32.3→60.4, 미얀마는 42→65, 수단이 48.2→69.4, 북한 51.1→70.1 정도로 향상되었다. 반면 덴마크, 스웨덴 등 유럽 선진국들만을 따로 통계를 낼 경우 그들은 1960년에 이미 72.3세를 기록했고, 2014년에는 81.6세를 기록한 바 있다.[5]

이 외에도 자유로운 나라가 전 세계인들의 부러움과 동경의 대상이 되고 있음은 여러 통계에서 입증된다. 2018년 영국 이코노미

---

4) Freedom House, https://freedomhouse.org/report-types/freedom-world(검색일: 2016. 3. 29.)

5) 양일국, 『북한인권문제의 정치경제적 구조』(박사학위 논문, 2017. 2), pp.80~81.

스트는 전 세계 140개 도시의 정치·사회 안정성, 범죄율, 교육·의료 서비스 실태를 기준으로 살고 싶은 도시를 평가했는데 상위 10위는 예외없이 자유국가의 도시였고, 하위 10위권에는 세네갈, 짐바브웨 등 대표적인 독재국가들이 포진한 것으로 조사됐다.[6]

이 외에도 2019년에 포브스가 조사한 전 세계에서 가장 가치있는 브랜드 순위에서도 상위권을 자유진영의 기업들이 사실상 독식하고 있는 것으로 조사됐다.[7]

이러한 일련의 추세는 결국 개인의 자유와 자연스러운 욕망의 성취를 덕목으로 가르치는 자유사회의 이념이며 일반적으로 우익이 지향하는 가치라 할 수 있다. 이 외에도 이들은 시장경제, 세계화를 지지하는 경향을 보인다.

---

6) 상위 10위는 1. 오스트리아 비엔나 2. 호주 멜버른 3. 일본 오사카 4. 캐나다 캘거리 5. 오스트레일리아 시드니 6. 캐나다 밴쿠버 7. 일본 도쿄 8. 캐나다 토론토 9. 덴마크 코펜하겐 10. 호주 애들레이드이며 하위 10위는 1. 시리아 다마스쿠스 2. 방글라데시 다카 3. 나이지리아 라고스 4. 파키스탄 카라치 5. 파푸아 뉴기니 포트 모레스비 6. 짐바브웨 하라레 7. 리비아 트리폴리 8. 카메룬 두알라 9. 알제리 알제 10. 세네갈 다카르로 집계됐다. BBC. "가장 살기 좋은 도시 1위…." https://www.bbc.com/korean/news-45179291(검색일: 2020. 1. 10.)
7) 1위부터 애플, 구글, 마이크로소프트, 아마존, 페이스북, 코카콜라, 삼성, 디즈니, 도요타, 맥도날드 순으로 집계됐다. Forbes, "The World's Most Valuable Brands", https://www.forbes.com/powerful-brands/list/#tab:rank(검색일: 2020. 1. 10).

반면 좌익은 시장경제, 세계화의 부정적 측면에 주목하며 산업화 이전의 소농촌 공동체를 미화한다. 이러한 사상의 원류로는 칼 마르크스의 사상을 들 수 있는데 그는 인류역사가 ① 원시 공동사회(원시 공산사회) ② 고대 노예사회 ③ 중세봉건사회 ④ 자본주의사회 순으로 발전하다가 내부의 모순으로 붕괴하고 마지막 ⑤ 사회주의·공산주의 단계가 도래한다고 보았다.[8]

이들은 탁월한 개인이 역사의 변곡점을 가져온다는 관점을 부정하며 '집단화된 민중'이 역사를 만들어간다고 주장한다. 따라서 개인의 창의성, 개성보다는 집단적 이념을 우선하며 시장과 민간 영역의 자율적 기능보다 국가 통제 내지 '큰 정부'를 선호하는 경향을 보인다.[9]

이들은 언론과 교육에 있어서도 사실 관계보다는 '선전'의 측면을 주목한다.[10]

---

8) 통일부 통일교육원, "주제가 있는 통일문제 강좌 07: 남북한의 역사인식 비교"(2005), p.13.

9) 한국경제, "좌파와 우파의 경제학", 2012. 3. 8, https://www.hankyun-g.com/thepen/article/2062(검색일: 2020. 1. 10.)

10) 정대철, "北韓社會와 言論: <로동신문>의 기사분석을 통한 북한사회의 변동: 1960~1990", 國史館論叢 第27輯(1991), pp.183~186.

본 연구는 최근 한국사 교과서를 두고 촉발된 논쟁의 본질을 위에 소개한 두 이념간의 갈등 양상으로 보고, 주요 쟁점의 내용과 그것이 시사하는 의미를 살펴보고자 한다.

II. 한국사 교과서의 주요쟁점

1. 정부수립일- 건국일 논쟁

일각의 지적대로 '정부 수립'은 건국의 필요조건이지 동의어는 될 수 없다. 막스 베버에 의하면, 국가는 "일정한 영역 내에서 합법적인 폭력 행사를 실질적으로 [정부가] 독점하는 인간공동체"를 의미한다.[11]

이는 영토 내에서 정부가 폭력(공권력)을 행사해 질서를 유지할 수 있는 명분(정당성)과 각종 수단을 가져야만 비로소 국가로 볼 수 있다는 것으로 해석된다. 그런데 현실적으로는 이러한 요건들을 갖

---

11) 대괄호는 연구자가 임의로 삽입한 것. Max Weber, "'Politics as a Vocation." H. H. Gerth and C. Wright Mills, eds. From Max Weber: Essays in Sociology(New York: Oxford University Press, 1958), p. 78.

춘 '공동체'가 있다해도 해당 시기 강대국이 그 존재와 권한을 인정하지 않을 경우 정상적인 국가로 존재하기 어렵다. 그래서 국가는 ① 국민 ② 영토 ③ 정부 외에도 ④ 국제관계 창설능력을 인정받았을 때 성립되는 것으로 볼 수 있다.[12]

특히 강대국을 주요 행위자로 보는 국제정치학적 관점으로 본다면 ④가 가장 결정적인 요소라 할 수 있다.[13]

이상의 논의는 정부 수립에 맞춰 미국이 '사실상의' 국가지위를 승인한 1948년 8월 15일에 비로소 건국의 기본 요건들이 갖춰진 것으로 볼 수 있다. 따라서 이러한 기본 요건을 갖추지 못한 임시정부 수립을 무리하게 건국이라 주장하거나, 건국의 제반 요건이 갖춰진 1948년 8월 15일을 '정부 수립일'로 국한한다면 이는 국가의 요건에 대한 무지(無智)이며 결과적으로 대한민국의 큰 역사적 성취를 폄훼하는 것이 될 수 있다. 현행 8종 교과서 가운데 '미래엔' 등 6개 교과서가 대한민국은 '정부수립'으로, 북한은 '건국'으로 표기하고

---

12) 제성호, '건국절 제정의 타당성과 추진방안', 『법학논문집』 제39집 제1호 (2015), p. 196.

13) 현실주의 국제정치학에서는 국제사회 전반을 소수 강대국들이 좌우하며 약소국 또는 국가의 지위를 얻지 못한 '공동체'는 국제사회에 아무런 영향력을 행사할 수 없다고 단언한다. 이러한 주장을 대표하는 저술로는 John J. Mearsheimer, The Tragedy of Great Power Politics(New York: W.W. Norton & Company, 2001).

있다.[14]

이처럼 편향된 서술 정향과 관련해 여러 가지 배경이 있겠지만 크게 보아 민중사관과 자유사관의 대립구도로 이해할 수 있을 것이다. 대한민국은 1948년 7월 17일에 제정된 헌법에서 국민 개개인의 자유권을 명시했다.[15]

"대한민국은 정치, 경제, 사회, 문화의 모든 영역에서 각인의 자유, 평등과, 창의를 존중하고 보장하며…"(5조)

"모든 국민은 신체의 자유를 가진다. 법률에 의하지 않고서는 체포, 구금을 받지 아니한다."(9조)

"모든 국민은 법률에 의하지 아니하고는 거주와 이전의 자유를 제한받지 아니하며…"(10조)

반면 북한 헌법은 "하나는 전체를 위하여, 전체는 하나를 위하여"(제63조) 존재함을 명시함으로써 개인의 자유권을 실질적으로

---

14) 조선일보, '文정부 노력으로 한반도 큰 전환점' '교과서에 文비어천가', 2019. 12. 16.
15) 국가법령정보센터, http://www.law.go.kr/lsInfoP.do?lsiSeq=53081#0000(검색일: 2020. 1. 10.)

보장하기 어려운 인민민주주의임을 선언하고 있다.[16]

국제(國制)에 대한 필진들의 주관적 평가가 개입된 것이라면 정부 수립이나 건국같은 용어를 통해 그러한 입장을 간접적으로 드러내기보다 과감하게 공론장에서 입장을 밝히고 토론하면서 절충점을 찾아가는 것이 자유 사회의 해법이 될 것이다.

한편 일각의 1919년 상해 임시정부 수립을 건국으로 보자는 주장은 당시 임정과 무장 독립 투쟁의 의의를 존중하자는 선의(善意)를 담고 있다.[17]

그러나 나름의 정의(定義)를 가진 용어를 적절치 않게 사용하는 것이 순국선열에 대한 헌정이나 보답이 될 수는 없다. 나라를 되찾기 위한 그들의 숭고한 헌신은 객관적 사실에 입각해 고증할 때 더 많은 후손들에게 귀감이 될 것이다. 주지하지만 건국은 선언이나

---

16) 북한 헌법에 일부 자유권을 함의하는 조항이 있으나 이는 현실 일치여부를 고려할 때 '장식'에 불과하다는 분석이 있다. 김형성·조재현, "북한헌법 변화의 특징과 전망", 成均館法學 第24卷 第2號(2012), pp. 3 4.

17) 일각에서는 1948년 건국 주장이 "일부 극우 세력들이 항일 독립투쟁의 의미를 폄훼하기 위함"이라 주장한다. 한겨레, "건국절 논란 '1948년 정부 수립' 못박아… 국정화 왜곡 바로잡기", 2018. 5. 2.

집단적 열망만으로 성립되는 것이 아니며 그런 식으로 건국을 정의하는 것이야말로 대한민국을 위해 음양으로 헌신한 선대(先代)에 대한 예의가 아닐 것이다.

2. '한반도 유일의 합법정부' 논쟁

1948년 12월 12일, 프랑스 파리에서 열린 제3차 UN총회에서 대한민국을 합법정부로 승인한다는 결의가 찬성 48, 반대 6, 기권 1로 통과됐다. 그런데 결의문을 해석하기에 따라 "한반도 유일의" 합법정부라는 주장과 "한반도 이남의" 또는 "선거가 가능했던 지역에서의" 합법정부라는 주장이 맞서고 있다. 문제가 된 부분은 결의문의 2장이며 원문은 다음과 같다.[18]

Declares that there has been established a lawful government(the Government of the Republic of Korea) having effective control and jurisdic -tion over that part of Korea where the Temporary Commission was able to observe and

---

18) 밑줄은 연구자가 임의로 삽입한 것임. United Nations General Assembly Resolution 195, 1948. 12. 12.

consult and in which the great majority of the people of all Korea reside; that this Government is based on elevations which were a called expression of the free will of the electorate of that part of Korea and which were observed by the Temporary Commission; and that this is the only such Government <u>in Korea</u>;"

앞서 막스 베버가 국가의 핵심 요건으로 지목한 '영토내 정당한 공권력에 의한 법치와 질서'를 상기할 때 본 결의문은 대한민국(남한)에서 선거를 통해 선출된 합법적인 정부가 수립됐음을 확인한 역사적 사료라 할 수 있다. 또한 결의문 마지막 문장에서 "한반도에서 그러한(=합법적인) 정부는 한국이 유일하다."고 단언하고 있다. 만약 일각의 주장대로 '선거가 가능했던' 혹은 '한반도 이남에서만' 유일한 합법 정부라는 의미였다면 문맥상 마지막 문장의 'in Korea' 대신 'in part of Korea'가 돼야 한다. 특히 첫 문장에서 한반도의 일부(part)라는 표현이 있는 것으로 보아 본 결의문은 한반도 '전역'과 '일부'를 명징(明徵)하게 구분하고 있음을 알 수 있다.[19]

---

19) 뉴데일리, "고교 교과서 UN 결의문 오역… '대한민국=한반도 유일 합법정부' 부정했다.", 2019. 12. 19.

한편 결의문이 채택되기 5개월 전에 "대한민국의 영토는 한반도와 그 부속도서로 한다.(제4조)"는 내용의 헌법이 제정됐음을 상기할 필요가 있다. UN이 대한민국을 합법정부로 승인한 것은 대한민국 헌법이 지향하는바 역시 국제사회의 보편적 상식에 위배되지 않았음을 함의한다. 또한 동년 9월 9일에 북한 정부가 수립됐으나 12월의 결의문에 북한 또는 한반도에 또 다른 정부가 있음을 암시하는 표현은 없으며, 9장에서 "대한민국과 수교하려는 UN 회원국과 다른 국가들은 2장에 제시된 사실 [대한민국이 유일한 합법정부]들을 명심하라."고 한번 더 당부하는 점을 고려할 때, 이는 대한민국이 한반도의 유일한 합법 정부라는 의미는 물론 북한 정부를 인정할 수 없음을 행간에 담고 있는 것으로 해석하는 것이 타당하다.[20]

만약 대한민국이 특정 지역에서만 합법적인 정부라면 이는 연쇄적으로 다음의 질문으로 이어질 수 있다. ① 한반도에 대한민국 외에 또 다른 합법적 정부가 있다는 의미인가? ② 공정한 선거 등 UN이 제시한 기준과 다른 방식으로도 합법정부가 성립될 수 있는가? ③ UN감시단이 북한 영토를 감시하지 못했으므로 남한 정부의 '합

---

20) 9장 원문은 다음과 같다. "Recommends that Member States and other nations, in establishing their relations with the Government of the Republic of Korea, take into consideration the facts set out in paragraph 2 of the present resolution,"

법성'은 임시적이며 불완전한 것인가? ④ 한반도 전체와 그 부속 도서를 영토로 규정한 대한민국 헌법 4조는 한반도에 다른 합법 정부가 있다면 주권 침해인가? 등이다. '한반도 유일의 합법정부'를 부정하는 자들은 "학계의 요구"같은 애매한 해명으로 일관하기보다 과감하게 위 질문에 대한 소신을 밝힘으로써 보다 활발한 공론의 장을 만들어 갈 필요가 있다. 한편 현재 8종 교과서 모두 'UN의 유일 합법정부 승인'을 누락하고 있다.[21]

3. 민주주의 - 자유민주주의 논쟁

2018년 6월 교육부가 내 놓은 새 교과서 집필기준에 의하면, 대한민국의 정치체제를 표기하는데 있어 자유민주주의에서 민주주의로 수정해 논란이 됐다.[22]

이후 7월에 '민주주의'와 '자유민주주의적 기본질서'를 병용하는 것으로 일단락됐지만 둘 중 어떤 용어가 타당한지에 대해서는 논란

---

21) 조선일보, 2019. 12. 16.
22) 문화일보, '北도발 침묵하고 文정부 긍정평가… 새 역사교과서 논란', 2019. 12. 17.

이 진행 중이다. 우선 '민주주의'를 요구하는 이들의 근거는 다음과 같다.[23]

① 민주주의라는 용어를 자유민주주의로 바꿔야 하는 이유가 제시되지 않았고 ② 용어를 바꾸는 과정에서 지켜야 할 최소한의 민주적 절차를 무시했고 ③ 자유민주주의라는 용어에 대한 개념 정의조차 하지 않았으며 ④ 사회·도덕(윤리)·정치·경제 등 과목에서는 민주주의라고 쓰는 반면 역사 과목만 자유민주주의를 쓰는 것은 과목간 형평성에도 맞지 않는다는 것이다. 우선 행정절차상의 문제인 ②를 제외한 나머지 항목들은 자유민주주의와 민주주의의 정확한 개념과 차이, 적절한 용례를 제시하는 것으로 해결될 수 있다. ④ 역시 한국의 정치체제를 자유민주주의라 표기하는 것이 옳은 것으로 판별된다면 나머지 과목들도 따라서 정정하면 될 문제다.

민주주의와 자유민주주의는 기본적으로 국민에게 주권이 있으며, 국가권력을 국민의 뜻에 따라 선출한다는 의미를 공유하고 있다. 로버트 달(Robert Dahl)은 민주주의를 경쟁과 참여로 설명했는데 전자는 공무원들을 공정한 선거(경쟁)로 뽑는 것, 그리고 국가 중대사에 국민들이 차별받지 않고 의견을 개진하는 것을 의미한다.[24]

---

23) 한겨레21, '되풀이되는 자유민주주의 이념 논쟁', 2018. 7. 30.
24) Robert Dahl, Polyachy: Participation and Opposition(New Haven: Yale University Press, 1971).

이 외에도 래리 다이아몬드, 조셉 슘페터 등 잘 알려진 이 방면의 학자들이 선거로 지도자를 선출하는 것을 민주주의의 최소한의 필수요건으로 지목했다.[25]

선거로 지도자를 선출하는 국가는 일단 세습이나 쿠데타 등에 의해 지도부가 교체되는 나라에 비해 진일보한 국가라 할 수 있다.

그런데 민주주의가 세계 곳곳에서 다양한 형태로 분화되면서 한 정치학 개론서는 그 종류가 총 45개에 달한다고 쓰고 있다.[26]

이처럼 많은 종류의 민주주의가 예외 없이 국민들의 자유와 인권을 보장한다면 굳이 '자유민주주의'와 '민주주의'를 구분할 필요가 없을 것이다. 그러나 다수의 지지로 선출된 지도자가 종종 민주주의와 인권을 억압하는 경우가 보고되는데, 파리드 자카리아 (Fareed Zakaria)는 이를 '비자유주의적 민주주의'라 정의했다[27]

---

25) The Democracy Sourcebook (2003), p. 31; Joseph Shumpeter, Capitalism, Socialism and Democracy, 2d ed. (New York: Harper, 1947), p.249.
26) 이극찬, 政治學, 제 5판(서울: 법문사, 1997), pp. 504~505.
27) Fareed Zakaria, "The Rise of Illiberal Democracy", Foreign Affairs (November/December 1997), https://www.foreignaffairs.com/articles/1997-11-01/rise-illiberal-democracy(검색일: 2020. 1. 10.)

그는 같은 제목의 논문에서 국민 다수의 지지를 얻었던 러시아 푸틴 정권, 베네주엘라 차베스 정권이 헌정을 유린한 사례를 구체적으로 적시했다.

따라서 많은 선진국들은 다수결이나 형식적 선거만으로는 부족하다는 문제의식을 공유하게 됐고 그 결과 아무리 많은 군중의 요구가 있다해도 개인의 생명과 재산권, 표현의 자유 등을 실질적으로 보장하는 일종의 안전장치를 두기 시작했다. 이를 로버트 매키버는 "진짜" 민주주의라 불렀고 래리 다이아몬드는 "자유민주주의"라 불렀다.[28]

또한 특정 국가들이 헌법 조문이나 국명에 공식적으로 명시하지 않더라도 공정한 선거, 언론의 자유 등 자유민주주의의 조건을 갖추고 있다면 자유민주주의로 분류할 수 있다. 예를 들어 유럽의 이른바 '사회민주주의' 국가들도 이러한 요건에 부합하는 이상 자유민주주의로 분류할 수 있는 것이다.[29]

이상의 논의를 바탕으로 교과서에서 자유민주주의와 민주주의

---

28) Robert Morrison MacIver, The Ramparts We Guard(New York: The Macmillan Co., 1956), p. 97; Democracy Sourcebook, pp. 35~36.
29) 김용직 교수는 사민주의를 일컬어 자유민주주의의 틀 안에서 민주주의를 사회 영역에 확대 적용하려는 것이라 정의했다. 중앙일보, '자유민주주의는 사회민주주의 포괄하는 개념', 2011. 10. 28.

를 표기하는 적절한 규칙을 다음과 같이 정리할 수 있다. ① 공정한 선거로 지도자를 선출하는 광의의 정치 체제를 지칭할 때는 '민주주의'로 표기해도 무방 ② 개인의 기본권이 실질적으로 보장되지 않는 이름뿐인 민주주의 국가와 영-미 선진국의 민주주의를 비교·대조할 경우는 자유민주주의와 민주주의로 구분해서 표기 ③ 북한처럼 형식적으로 민주주의를 표방하는 국가를 지칭할 때는 실질적으로는 독재국가임을 반드시 병기 ④ 자유민주주의가 민주주의에서 한 단계 진일보한 것임을 개괄적으로 설명할 것 등이다.

Ⅲ. 결론

겔은 역사가 발전하는 것은 곧 자유사상이 발전하는 것을 의미한다고 정의했다. 과거 소수 특권층만이 누리던 자유를 보다 많은 이들이 향유하는 방향으로 인류역사가 전개될 것을 내다본 것이다.[30]

---

30) G. W. F. Hegel, Grundlinien der Philosophie des Rechts, Bd. 7 der von E. Moldenhauer und K. M. Michel besorgten Theorie-Werkausgabe, Frankfurt, 1969ff., § 215, Zus; G. W. F. Hegel, Vorlesungen uber die Philosophie der Geschichte, TWA, Bd. 12, p. 32; 박배형, "헤겔의 자유주의 비판",『헤겔 연구 31호』(한국헤겔학회, 2012), p.204에서 재인용.

<표> 매키버의 민주주의와 다이아몬드의 자유민주주의 요건

R. 매키버의 민주주의 요건	L. 다이아몬드의 자유민주주의 요건
- 정부 반대의견 제시해도 신변 보장	- 개인은 실질적으로 발언·결사의 자유를 가짐
- 정부에 반하는 조직 결성 가능	- 시민들은 부정한 구금, 고문 등으로부터 법적으로 사생활 보호받음
- 집권당에 반대할 수 있음	- 소수그룹이 표현자유에 불이익을 받지 않음
- 대다수가 반대할 경우 집권당 교체	- 정부와 그 주요 결정은 선출 된 공직자에 의해 통제
- [공정한] 선거실시를 위한 절차 존재	- 개표 전까지 선거의 결과를 알 수 없으며 대안정당 존재 가능

이러한 시각에서 본다면 대한민국은 크게 발전한 국가이며, 북한은 명백히 실패한 국가다. 앞서 검토한 한국사 교과서의 주요 논쟁들은 공통적으로 자유진영과 전체주의 또는 독재국가를 무리하게 동격시하려는 데서 비롯된 것으로 짐작된다. 한반도의 유일한 합법국가를 굳이 오역을 해가면서 특정 지역에서만 합법이라고 서술하거나, 북한식 인민민주주의와 대한민국의 자유민주주의를 구분하지 않겠다는 것은, 결국 북한을 미화하거나 남북한을 양비양시

론으로 묘사한다는 점에서 자유의 시대를 살아갈 학생들의 눈을 가리는 것이다.[31]

또한 대한민국이 실질적인 국가의 요건을 완비하고 자유 진영의 일원임을 승인받은 1948년 8월 15일을 굳이 "정부수립일"로 격하하려는 것은 자학적 사관이라는 지적을 면키 어렵다. 물론 다가올 통일의 시대를 대비해 북한을 이해하고 심적 거리를 좁히려는 원론적인 취지에는 타당한 측면이 있다. 그러나 최악의 빈곤과 폭정이 만연한 북한과 세계적인 수준의 풍요와 자유를 누리는 대한민국을 동격시하는 방식이어서는 곤란하다.

오늘의 청소년들은 이미 정신적으로 자유와 인권, 세계화를 상식으로 받아들이는 세대들이다. 그들은 스마트폰과 유튜브로 세계 각지의 소식을 실시간으로 접하며, 자신들이 좋아하는 가수들이 빌보드 차트 정상에 오르는 것에 환호하고 있다. 2017년 3월의 한 여론조사에 의하면, 13~24세를 지칭하는 이른바 'Z세대'의 86%가 유튜브를 이용하고 있는 것으로 조사됐다.[32]

---

31) 이 외에도 8권 모두가 6·25의 책임을 명확히 하지 않았으며, 미-소 강대국들과 남북한의 관계를 편향적으로 기술해 남한을 종속적으로 묘사하고 있다. 조선일보, 2019. 12. 16.

32) 연합뉴스, '10 20대는 유튜브 세대…하루 4.4회 52분 본다', 2017. 3. 29.

이처럼 자유롭고 개방적인 환경에서 자란 학생들은 누가 가르치지 않아도 이미 세계화 시대에 걸맞은 공정한 룰과 시대적 정의감을 체득한 것으로 보인다. 일례로 20대와 30대 청년세대가 문재인 정부의 출범에 큰 역할을 했음에도 2018년 평창 동계 올림픽의 단일팀 구성에는 모두 82% 이상이 반대한 것을 들 수 있다.[33]

이러한 청년들이 과연 얼마나 현행 8종 한국사 교과서가 담지(擔持)한 80년대식 이념에 동의할지 의문이다. 한국사 과목이 학생들의 조롱을 받고 외면당하기 전에 자유와 인권, 그리고 기업가 정신을 가르치는 교과서로 전면 개편돼야 한다.

---

33) 〈매일경제〉, "남북 단일팀에 냉담한 2030", 2018. 1. 17.

2020 검인정 고등학교 교과서의 문제점

이주천(애국정책전략연구원 원장, 원광대학교 사학과 명예교수)

2020년도 고등학교 한국사 교과서 전시본이 나왔다. 8개 출판사(금성, 동아, 미래엔, 비상교육, 씨마스, 지학사, 천재교육, 해냄에듀) 등에서 검인정 교과서라는 명목으로 만들었지만, 역사 인식에서 천편일률적이기에 검인정이라기보다는 문재인 정권의 홍보를 위한 '좌편향 국정 교과서'라고 불러도 손색이 없을 정도다. 검인정의 장점인 다양성을 내포했다거나 독자적인 특징이 전혀 없다. 대부분의 교과서가 한편으로는 건국의 과정과 산업화의 공로를 독재정권의 악덕으로 희석하면서, 또 한편으로는 촛불 시위를 찬양하고 탄핵을 정당화하며, 문재인 정권의 탄생을 미화하고 있다.

예를 들어, 헌법의 근간을 이루는 자유민주주의 체제에 대한 수호 의지나 설명은 없고, 민주주의에서 '자유'가 삭제, 누락되었으며, 김대중 정부 집권 후반기부터 등장한 참여민주주의-민중민주주의를 지향하고 있고, 김대중-노무현-문재인으로 연결된 3차에 걸친 남북정상회담을 미화, 찬양하면서 이념과 체제를 초월한 민족사관의 입장에서 기술하여 굳건한 안보 체제와 대북 경각심을 허물고 있다. 몇 가지 특징을 요약하면 다음과 같다.

1. 역사 발전에서 반정부 시위 강조, 4·19 혁명, 5·18, 민중민주주의, 일반 국민과 청소년들은 이것이 자유민주주의와 다른 성격임을 알지 못한다.

2. 남북정상회담 강조: 문재인 정부에서 열린 남북정상회담을 크게 부각하고 있다. 이는 정권 홍보용이라는 비판을 받아 마땅하다.

3. 해방 이후 분단의 고통, 그 과정에서 좌우익 대결, 건국의 아버지들이 겪은 고통과 공헌에 대한 기술이 적다. 이승만, 박정희, 전두환에게는 독재자의 타이틀을 붙였고, 1987년 6월 항쟁을 미화하고 정당화하였으며, 김대중 정부 이후 참된 민주 정부가 수립되었음을 강조한다. 역사가 시간에 따라 흘러가는 진행형이라는 특성을 무시하고 민주화 시대, 민주 정권이 역사적 부산물이라기보다는 역사적 완결판이라고 착각하는 역사 인식의 오류를 보인다.

4. 당대사나 최현대사 기술에 조심성이 부족하다. 촛불 혁명을 여러 차례 미화·정당화하였고 법조계에서 계속 사기·불법성을 문제 삼고 있는 박근혜 대통령 탄핵을 정당화하고 있으며, 문재인 정부가 등장하는 홍보물을 실어 '문비어천가'라는 말이 나올 정도다.

5. 2008년 쇠고기-광우병 파동에서 보여진 것과 같이 선전·선동의 문제점을 직시하지 않고 단순시위로 간주하였다.

6. 전 정부 때의 국정 교과서, 일본군 '위안부' 합의 내용 모두가 잘못된 것처럼 단정적으로 기술하고 있다. 고등학교 교과서에 주관적 평가를 기재했다는 점에서 집필진의 경솔함을 지적하고 싶다. 8개 검인정 교과서 안에는 과연 '민주주의의 기본 원리'인 다양성이 존재하는가? 출판사와 집필진이 달라 무늬만 다양성을 띠고 있을 뿐 획일적인 민중사관을 보인다.

7. '한반도의 평화' 의식화: 김대중-노무현-문재인 정부의 남북 정상회담을 일방적으로, 맹목적으로 무분별하게 찬양·정당화·미화하고 있다. 북한의 핵실험 및 중장거리 미사일에 대한 사실 언급과 비판은 전무하다. 오로지 민족 공조와 '우리끼리'정신을 의식화할 뿐이다.

8. 남북한 교류 사업을 무조건 찬양하고 미화하고 있다(2018 평창올림픽 대회).

9. 민주주의·민주화라는 역사적 과정이 근대화·산업화라는 경제 성장이 밑바탕이 된 이후에야 가능하다는 점을 인식하지 못하고, 마치 동시에 이루어진 것처럼 착각하고 있다. "민주화와 경제 성장을 동시에 이루었다."는 표현은 배고픔과 보릿고개, 풀빵을 먹어보지 못한 신세대의 역사인식인가?

10. 한반도 남북한의 통일: "분단된 남과 북은 교류·협력하여 통일을 향해 나가고 있다." 체제와 이념이 다른 남북한이 실제로 교류하고 협력하는 것이 얼마나 어려운지를 기술하지 않

고 장밋빛으로만 기술하였다. 이는 남북한이 처한 험악한 현실을 호도, 은폐, 외면하는 것이다. 자유민주주의, 사회주의, 공산주의 체제는 물과 기름의 관계다. 혼합이 불가능하다. 또한 다양한 통일의 길이 있는데 막연한 통일 용어로 내막을 숨기고 있다(자유통일, 평화통일, 공산통일 등).

11. 판문점 무장 해제: 전방의 무장 해제를 정당화하고 있다. 북한의 대남 도발 억제를 어떻게 믿을 수 있는 것인가?

12. 남북 화해, 협력의 길: 낙관적인 시각에서 청사진만 그리고 있는데, 과연 현실도 그러한가?

결론

1. 전반적으로 촛불 집회 덕에 집권한 문재인 정권을 찬양한다. 또한 남북한 협력 관계 구축에 모든 노력을 쏟아 붓는 문재인 정권을 찬양하여 정권의 홍보물로 전락하고 있다는 평이다.

2. 대한민국 번영의 역사, 역동의 과정에서 활약한 주체가 누구인가? 이승만, 박정희 대통령의 고뇌와 지도력을 독재 권력으로 비판하기만 한다. 한편, 민주화 세력을 일방적으로 찬양, 미화하고, 반정부 데모를 찬양하며, 민중을 역사의 원동력으로 평가한다. 또 역사를 연속성으로 파악하는 것이 아니라 단절과 청산을 강조하고, 민족주의를 역사의 완성품으로 착각하여 민중민주주의를 맹신하는 민중사관에 집착한다.

3. '우리민족끼리'에 동조한다. 북한의 핵실험과 장거리 미사일 위협에도 불구하고 남북한 교류와 협력을 절대선으로 미화, 정당화하고 있다. 북한의 대남전략전술에 대한 심리적 무방비 상태, 정신적 무장 해제를 추구하는 것으로 보인다.

4. 미국, 일본 등 외세를 배격하고, 남북한의 민족 공조를 강조하는 민족주의사관으로 고립을 자초하고 있다. 한미동맹 및 한·미·일 안보협력관계 등 주변국과의 긴밀한 우정, 중추적 동맹, 협력체계를 중시하는 글로벌 안보 전략에 대한 실체가 기술되어 있지 않다. 오히려 이를 의도적으로 생략하거나 누락하여 이미 1990년대에 실패한 실험인, 사회주의의 길로 가려는 문재인 정부의 정치적 의도에 맞춤화된 청소년 의식화를 시도한다.

자유민주주의의 비극적 종말을 본다. 그리고 일부 철없는 교과서 집필진들이 이상한 민주주의를 찬양하고 있는 슬픈 현실을 목도한다. 박근혜 대통령 탄핵을 목도한 어느 변호사가 인식하는 한국 민주주의의 병폐에 대한 한탄을 한번쯤 음미해 본다면, 이번 2020년도 8종 역사교과서 집필진들의 역사 인식이 얼마나 비뚤어지고 잘못되었는지를 알 수 있다.

정권의 홍보물로 전락한 한국사 교과서

김기수(국사교과서연구소 사무총장·변호사)

개인이 국민이 되는 것에 기꺼이 동의하게 하는 데, 가장 중요한 것이 국사교육이다. 만약 국사교육이 불균등하며 왜곡된 역사를 가르치거나 집권세력의 정치 홍보로 오염됐다면, 그런 국사교육을 받은 국민 간에는 반드시 분열과 이합집산이 일어날 것이다.

그리고 그 분열된 국민의 틈을 비집고 분열을 치유한다는 명분으로 독재자가 등장할 것이며, 그 독재자는 마침내 국가를 파탄 내고 말 것이다.

최근 정부가 2020학년도 중등 검정 국사교과서 전시본을 전국 학교에 배포했다. 문재인 대통령은 취임과 동시에 행정명령 제2호로 국정 교과서를 폐기했고, 그 전에도 박근혜 정부가 추진하던 국정 교과서를 친일 미화 교과서, 독재 미화 교과서라고 비판했다. 역사 해석의 다양성을 명분으로 한, 국정 교과서 반대 취지에 따라 교과서 집필기준은 대폭 완화됐고, 그에 따라 집필자의 자율성을 최

대한 보장했으리란 추론이 가능하다.

2015년 국정 교과서 문제가 불거졌을 때 야당 대표이던 문 대통령은 국정 교과서의 집필진 공개를 요구하면서 공개하지 않는 것은 집필진이 부실하거나 편향됐기 때문이라고 주장했다. 그러나 새 검정 교과서 집필진에 대해선 대통령을 비롯해 그 누구도 일언반구가 없다. 전시본 국사 교과서는 종전에 1 대 1이던 전근대사와 현대사의 비율을 1 대 3으로 근현대사 비중을 월등히 높인 다음 촛불시위, 판문점 남북 정상회담을 실었다. 국사 교과서가 국정 홍보물로 전락한 것이다.

현직 대통령의 사진을 국사교과서에 싣는 게 무얼 의미하는지는 삼척동자도 잘 알 것이다. 문 정부는 집권 전에 국정 교과서를 극렬하게 반대하면서 친일·독재 미화 교과서라고 신랄하게 비판했었다. 그런데 집권 후에는 북한 미화, 정권 찬양 교과서를 선보인다. 초·중등교육법은 헌법상 원칙인 교육 법정주의에 따라 각급 학교의 설립과 운영에 대해 상세한 규정을 두고 있지만, 교과용 도서만큼은 광범위한 재량권을 대통령에게 주고 있다. 교과용 도서의 세부적인 사항에 대해선 정치적 의사결정 기구인 국회가 관여하지 않아야 교육의 정치적 중립성과 전문성이 더 잘 보장되기 때문이다.

사실, 따지고 보면 국사교과서 발행에 대해 정치권이나 국회는 절대 관여할 수 없다는 초·중등교육법이 설정해둔 금선(禁線)을 문 대통령과 현 집권 여당은 야당 시절부터 어겨 온 것이다. 이들이 국정 교과서를 친일·독재 미화 교과서로 낙인찍고, 국정 교과서를 반대했다.

지금은 중등 검정 국사교과서 전시본 배포 후 그 내용 중 빙산의 일각이라도 알려진 상태지만, 내년에 정식으로 각급 학교에 배포될 경우 엄청난 파문이 일 것이다. 최근 서울 인헌고 사태에서 보듯이 교사의 학생에 대한 '사상 주입'에 반발하는 학생이 늘고 있음이 확인된다. 그러나 내년에 국사교과서가 배포되면 교사에 의한 '사상 주입'이 아니라, 교과서에 의한 '체계적인 사상 주입'이 시작될 것이다. 이에 대한 학생들이나 학부모의 저항은 낌새조차 없이 사그라질 것이다.

교육이 개인의 미래를 결정짓는다면, 국사 교육은 국가의 미래를 결정짓는다. 모름지기, 국민 통합 기능을 해야 할 국사 교육이 미래 세대의 주역들에게 왜곡된 역사를 가르치고, 사상 주입을 통해 국민을 분열시키고, 이웃 나라와 갈등을 초래하게 한다면 국가의 미래가 있을 수 없다. 국사교과서가 정치에 오염됐다면, 헌법이 국민 모르게 폐지된 것이나 마찬가지다. 이제 우리는 어떻게 저항할 것인가.

우리 아이들의 역사교과서
어떤 문제가 있는가?

정경희(국민의 힘 국회의원)

1. 8종 검정 교과서를 통해 문재인 정권이 노리는 목표

좌파 세력(86세대 운동권 출신, 현재 좌편향 교수, 전교조 등)은 촛불시위 등 대중 집회에 중고생들을 끌어들여 자신들의 민주화 운동의 정당성을 학생들에게 주입시키고, 학생들의 정치화를 통해 자신들의 권력을 유지하려고 한다. 특히 고등학생을 민중의 '기간(基幹) 부대'가 될 자원으로 보고, 이들을 소위 젊은 홍위병으로 활용하여 좌파 정권의 든든한 후계자를 양성하는 것이다. 그 예로 8종 교과서에 이명박, 박근혜 정권 시기 광우병 시위, 탄핵 시위를 사진으로 크게 게재하여 학생들에게 좌파 세력의 민중 투쟁의 정당성을 강조하는 것과 함께 우파 세력에 대한 적대감을 고조시키는 것이다.

2. 문재인 정권 역사 교과서 특징

1) 근현대사 대폭 확대(전체 내용 중 3/4 차지, 전근대사는 1/4 수준)
2) 대한민국 발전 서술 내용이 거의 없음, 반면 민주화운동 등 민중 투쟁 부분 강조함. 이는 역사를 투쟁의 산물로 바라보는 프롤레타리아 사관에 기반한 86운동권 세대의 특징임.

3. 현재 8종 역사교과서 문제점

1) 대한민국 정통성 부정

86운동권 세력은 대한민국을 '나라'로 인정할 수 없으며, '대한민국 정부'라는 용어를 강조하고 있다. 이는 8종 교과서에 모두 '대한민국 정부'로 서술되어 있다. 반면 북한에 대해서는 북한 정권이라고 하면서 '조선민주주의인민공화국'이라는 정식 국가 명칭을 서술하고 있다. 이는 대한민국의 정통성을 부정하는 것과 함께 우리 민족의 정통성이 북한에 있다는 것을 은연 중에 암시하고 있다. 또한, 문 정권 시기 교육과정에서 '자유민주주의' 용어를 삭제하고 '민주주의' 용어를 사용하고 있는데, 이는 대한민국 자유민주주의 정신을 훼손하는 것과 동시에 북한의 인민민주주의를 은연중에 포함시키려는 의도를 알 수 있다.

2) 대한민국 깎아내리기

8종 교과서가 이승만과 박정희 정권의 독재를 지나치게 강조하는 이유 중 하나가 좌파 세력들이 당시 민주화 운동의 주역이니 반독재투쟁을 통한 자신의 집권 정당성과 함께 계속 정권을 이어가겠다는 것이다. 그러면서 북한의 3대 세습에 대해서는 비판이 거의 없어 이승만, 박정희를 북한 3대 부자(父子)보다도 더 비난하고 있는 실정이다.

또한, 8종 교과서는 대한민국의 눈부신 경제 성장에 대한 서술을 최소화하면서 경제성장의 주역인 정부와 국민의 노력보단 당시 세계적인 경제 호황의 힘입어 성장하였다는 서술을 하고 있다.

3) 북한 감싸기

현재 8종 교과서에서 북한 정권을 옹호하는 교과서와 대한민국을 깎아내리는 교과서가 동전의 양면같이 일치하고 있다(8종 중 5개 교과서).

8종 교과서 모두 북한의 핵실험, 대남 도발, 인권 유린에 대해 서술하지 않거나 최소한으로 서술하면서 북한과의 정상회담 및 교류, 화해 등을 대폭 강조하고 있다. 더욱이 전두환, 노태우 전 대통령이 재판을 받는 사진 및 박근혜 전 대통령이 탄핵되는 상황을 상세히 서술하는 등 좌파 세력 입장에서 반하는 대통령을 범죄자로 각인시키려 하고 있다. 더욱 문제가 되는 것이 좌파 세력의 8종 검정 교과서 왜곡이 이미 30년 전부터 계획이 되었으며, 현재 이루어지고 있는 상태라는 것이다. 더 나아가 좌파들은 친북, 종북을 넘어 국제 연대, 특히 친중(親中)을 통해 대한민국의 체제를 전복하려는 움직임도 보이고 있다.

다양성을 빙자한 검정 교과서는
폐기만이 답이다

김병헌(국사교과서연구소 소장)

　　교육부에서는 최근 2020학년도부터 사용할 국사 교과서 편찬을 위한 교육과정과 집필기준 시안을 마련하여 세 차례의 공청회를 마쳤다. 여기서 가장 두드러진 점은 전근대사와 근현대사 비율을 종전의 약 5:5에서 2.5:7.5로 조정하고 집필 기준을 대폭 완화하여 3분의 1 수준으로 축소하였다. 아마도 집필자의 자율권을 보장하기 위한 조처로 보여 진다. 그러나 과거 교학사 교과서 파동 때나 국정 교과서 파동 때도 그랬듯이 이번에도 교과서 수요자인 학생의 입장을 고려한 흔적이 전혀 보이지 않는다. 교과서의 주인은 학생이며 학생들의 입장을 도외시한 교과서는 무용지물(無用之物)이다.

　　교과서 집필에는 집필 기준이 있어 반드시 이를 따라야 한다. 그런데, 이 집필 기준이 양면성을 띠고 있다. 기준이 지나치게 세세하고 구체적이면 교과서별 차별이 없어져 굳이 여러 종으로 발행할 이유가 사라진다. 반면 집필 기준을 대폭 완화하여 집필자의 자율성을 보장하면 교과서마다의 차별성이 확연하여 역사 인식의 다양성을 실현할 수 있는 것처럼 여겨진다. 하지만 이는 교과서가 다르다는 것이지 역사 인식의 다양성을 실현한다는 것을 의미하지는 않는다. 오히려 이런 교과서별 차별이 늘어나면 늘어날수록 문제는 더 심각해질 수밖에 없다. 비교적 구체적이고 세세한 집필 기준에 의해 발행된 현행 7종 교과서를 보면 그것을 알 수 있다.

1. 빈약한 집필진 – 부실 교과서는 필연

2015년 국정 국사 교과서 문제가 불거졌을 때 문재인 대통령은 당시에 "민간이 발행하는 검인정교과서들은 모두 집필진 전원은 물론, 내용을 검토하는 연구위원과 검증위원들의 명단까지 공개한다. 그런데도 정부가 국정교과서 집필진을 공개하지 않겠다는 것은 공개에 자신이 없고 당당하지 못하다는 고백이다. 정부가 집필진의 명단을 숨긴다면 우리는 집필진이 부실하거나 편향됐기 때문이라고 판단하지 않을 수 없다."고 주장한 바가 있다. 당시 교육부에서는 집필진의 숫자뿐만 아니라 대부분 역사 전문가가 참여하고 있다는 점을 누차 강조하였음에도 각계의 반발과 공세는 누그러들지 않고 계속되었다.

그렇다면 국정교과서 집필진에 대해 비난을 퍼부은 측에서는 검정 교과서 집필진에 대해서도 한 번쯤은 언급했어야 공평하다. 하지만 대통령을 비롯하여 그 누구도 검정 교과서 집필진에 대해서는 일언반구도 꺼낸 바가 없다. 검정 교과서 집필진이 훨씬 많은 전문가가 참여하였거나 전문성이 뛰어났다면 할 말이 없겠으나 그렇지가 않다. 아래가 현행 7종 검정 교과서의 집필진이다.

출판사	교수·연구		교사	기타	전체	대표집필자
	전근대	근현대				
금성출판사	2	2	4		8	근현대
동아출판	1	1	5		7	근현대
리베르스쿨	0	0	4	1(영어)	5	교사
미래엔	0	2	6		8	근현대
비상교육	1	1	6		8	근현대
지학사	2	2	4		8	근현대
천재교육	2	2	5		9	근현대
국정(2015)	11	10	6		27	

이를 보면 모든 검정 교과서의 필진 중에는 비전문가인 교사가 교수보다 훨씬 많다. 더구나 7종 교과서의 모든 교수 수를 합해도 국정교과서 교수 수에 미치지 못한다. 특히 검정 7종은 고대와 고려, 그리고 조선을 아우르는 긴 역사를 다루는 부분에 많아야 두 명

의 전문가가 전부다. 리베르스쿨의 경우 교사 1명이 고대와 중세(고려)를 집필하는가 하면 국권상실기를 다룬 5단원은 영어과 출신 회사 대표가 전담하였다. 7종 교과서 전반에 걸쳐 오역(誤譯)과 오류(誤謬), 그리고 왜곡(歪曲) 서술이 만연(蔓延)한 이유가 바로 여기에 있다.

2. 역사 인식의 다양성 - 중구난방 서술의 다른 표현

검정 교과서 발행은 기본적으로 '다름'을 전제로 하고 있다. 다르지 않다면 굳이 여러 종의 교과서를 만들 이유가 없기 때문이다. 검정 제도를 주장하는 측의 논리대로라면 이 '다름'은 곧 '역사 인식의 다양성'이라는 뜻이다. 명분이야 그럴 듯하지만 교육 수요자인 학생 입장에서는 차별 교육이고 공정하지 못한 교육일 뿐이다.

옹관묘(甕棺墓) 서술을 보더라도 옹관(甕棺) 사진을 실어놓고 버젓이 '독무덤'이라 하는가 하면, 어떤 교과서는 신석기 시대, 어떤 교과서는 철기시대의 무덤 양식으로 서술하고 있다. 한국사 능력검정시험에서는 신석기시대 무덤 양식으로 알고 답을 쓰면 오답이라는 국편의 답변을 받은 바도 있다.

1982년 조미 조약의 관세에 대해 비교적 높은 관세율을 적용했다는 교과서가 있는가 하면 낮은 비율의 관세를 부과했다는 교과서도 있다. 또, 관세를 부과한 사실만 서술한 교과서가 있는가 하면 아예 언급조차 하지 않은 교과서도 있다. 1894년 갑오개혁 때의 개국기년(開國紀年) 사용에 대해서도 다양한 서술은 이어진다. 처음으로 개국(開國)이라는 연호를 사용하였다고 한 교과서가 있는가 하면, 개국기년을 사용했다는 교과서, 개국기원을 사용했다는 교과서, 아예 서술이 없는 교과서도 있다. 이 경우는 아예 서술이 없는 경우가 차라리 낫다. 개국(開國)은 연호가 아닐 뿐만 아니라 개국기년은 1894년이 아닌 1876년부터 이미 사용되었기 때문이다. 교과서마다 다른 서술에다 엉터리라는 오명까지 덮어썼다.

건국(建國) 논란도 혼란스럽기는 마찬가지다. 단원 제목만 보더라도 건국 준비, 건국 노력, 독립 준비, 광복 준비 등 비슷한 듯 다른 용어를 쓰고 있다. 더구나 금성출판서는 건국이란 말이 거슬렸는지 '신세계', '신세대', '신여성'과 같이 추상적으로 사용되는 글자인데다 건설은 또 어떤 의미인지 알 수가 없다. 이렇듯 다양성은 곧 중구난방(衆口難防)과 동의어다.

출판사	단원 제목 – 1945년 무렵
금성출판사	신국가 건설을 위한 노력과 국제 사회의 움직임
동아출판	한국의 독립을 준비하다.
지학사	광복을 준비하는 움직임
리베르스쿨	국내외 건국 노력과 국제 사회의 움직임
비상교육	건국 노력과 국제 사회의 움직임
미래엔	무장 독립 전쟁의 전개와 건국 준비 활동
천재교육	민족 운동 세력의 결집과 건국 준비

3. 역사 왜곡 - 채택율에 숨겨진 비밀

교과서의 분량과 채택률도 문제다. 분량의 경우 가장 많은 금성출판사 교과서와 가장 적은 동아출판사 교과서의 차이는 무려 100쪽이나 된다. 학생 입장에서 학습 부담 면에서는 동아출판사가 유리할 수 있으나, 그만큼 배우는 내용이 적다는 점에서는 불리하다. 학생 입장에서는 공평하지 않다는 뜻이다.

출판사	면수(부록제외)	채택률(2014)
미래엔	364	33.2%
비상교육	404	29.4%
천재교육	363	16.0%
금성출판사	431	7.5%
지학사	407	6.1%
리베르스쿨	385	4.1%
동아출판	330	3.6%

문제는 채택률이다. 채택률이 높은 교과서는 내용이 충실하고 오류가 적을 것으로 생각하기 쉽지만, 반드시 그렇지도 않다. 채택률의 차이에는 더 큰 역사 왜곡이 도사리고 있다. 가령 1948년 건국

이 다수설이고 1919년 건국이 소수설이라 하더라도 채택률이 낮은 교과서에 다수설이 실리고 채택률이 높은 상위 3개 교과서에 소수설이 실릴 경우 소수설은 그 순간 다수설로 둔갑한다. 같은 또래 중 80%에 가까운 학생들이 상위 3개 출판사의 교과서로 공부하기 때문이다.

조일수호조규 무역규칙의 항세(港稅)에 관한 서술은 또 다른 왜곡을 보여준다. 채택률 하위 교과서에는 항세 부분이 아예 서술되지 않은 교과서가 있는가 하면 상위 3개 교과서에는 항세를 납부하지 않는다고 서술되었다. 대부분의 학생들은 무역규칙에서 무항세 허용으로 배우는 것이다. 하지만, 무역규칙 7칙에는 상선(商船)에 대해서는 배의 크기에 따라 항세를 차등 부과하였으며, 일본 정부 소속 선박 즉 관선(官船)에 대해서는 항세를 납부하지 않는다는 예외조항을 두었다. 당연히 서술하지 않은 교과서가 차라리 올바른 교과서이지만 80%에 가까운 학생들이 상위 3개 교과서로 공부하니 오류도 역사적 사실로 둔갑하게 된다.

4. 오류 수정 - 애초에 불가능

검정 교과서의 오류가 제기될 때마다 나오는 이야기는 오류가 있는 교과서는 검정 과정에서 거르면 되고, 나중에 문제가 있으면 그때마다 수정하면 된다고들 한다. 말은 쉽지만, 현실을 그렇진 않다. 한때 교육부에서 오류 수정을 권고했을 때 집필자들은 '검정제도의 취지를 훼손하고, 역사교육을 정권의 입맛에 맞게 길들이는 시도'라며 수정 권고를 거부한 적이 있다. 그 성명 발표를 보는 순간 '저 사람들은 자신들이 집필한 교과서조차 제대로 안 읽는 모양이다.'고 혼자 중얼거린 적이 있다. 솔직히 현행 검정 교과서는 오류가 곳곳에 널려 있다. 그런데도 집필자들이 수정 권고를 거부한 것을 보면서 과연 학자적 양심이 있는 건지 의구심이 든다.

필자는 2014년부터 지금까지 교과서 출판사와 국사편찬위원회에 교과서 오류에 대해 수없이 많은 민원을 제기하였으며 상당 부분 수정되기도 하였다. 하지만, 어느 순간 문제 제기를 포기할 수밖에 없었다. 교과서마다 오류가 예상 외로 많은데다가 혼자 8종을 감당하기에는 너무나 벅찼기 때문이다. 무엇보다 개별 교과서의 단순 오류는 그나마 쉽게 수정하지만, 모든 교과서에 있는 학설 오류는 받아들이는 경우가 거의 없다. 그런 경우 출판사는 국편에 책임을 미루고, 국편은 개별 출판세에 대해 관여할 입장이 아니라고 또 미룬다.

신라의 국사(國史)와 백서의 서기(書記)는 역사서가 아닌데도 역사서로 가르치고 있다. 진경산수(眞景山水)는 존재할 수도 없는 용어임에도 실경산수(實景山水) 다음에 등장한 산수화로 가르치고 있다. 동국진체는 최초의 학설 제기자가 초보적인 한문을 오역하면서 제시한 황당한 용어임에도 교과서에 실어 가르치고 있다. 1894년 구부민란 때 전봉준이 집강(執綱)에게 돌렸다는 사발통문은 통문도 아닌 잡기(雜記)라는 지적에도 여전히 교과서에 실려 있다.

모든 교과서에 1873년 흥선대원군이 하야하고 고정이 친정(親政)

시작을 선포했다고 서술하고 있지만, 승정원일기나 고종실록 등 정사(正史)에는 1866년 2월 13일 조대비가 철렴(撤簾)하고 고종의 친정을 선포했음이 명백하게 기록되어 있다. 국편에서는 1873년 흥선대원군이 하야와 친정 선포에 대한 근거를 제시하라는 필자의 요구에 최익현의 상소 중 '종친의 반열에 속하는 사람들은 단지 지위를 높이고 녹봉을 후하게 주어 그 좋아하고 미워하는 것을 함께 하도록 하고 나라의 정사에는 간섭하지 못하도록 하라.'는 부분을 근거로 제시하였다.

5. 평가 문제 - 다양성 강화는 평가 불가의 길

집필자의 자율성이 보장될수록 교과서별 서술의 출입은 점점 더 심해진다. 서술의 출입이란 어떤 책에는 있고 어떤 책에는 없는 것을 이른다. 교과서만 충실히 공부해도 어떤 시험에도 문제가 없으려면 모든 교과서에 공통으로 서술된 내용을 출제해야 한다. 그렇지 않을 경우 불이익을 당한 학생의 반발이 예상되기 때문이다. 실제로 2018년도 수능 한국사 15번 지문에는 현행 7종 중 3개 교과서에만 수록된 '수탈'이라는 단어와 어느 교과서에도 없는 '수탈 정책'이 출제되었다. 이에 대해 수차례 문제를 제기하였으나 그때마다 '현행 교과서와 학계의 통성을 근거로 출제했다.'는 답변만 계속 하고 있다. 현행 7종 교과서는 시험 출제자에게는 지뢰밭이나 다름없다. 곳곳에 오류와 서술 출입의 문제가 도사리고 있기 때문이다.

이처럼 현행 검정 국사 교과서는 다방면에 심각한 문제를 안고 있다. 전문성이 떨어지는 몇 안 되는 집필진으로 인한 오역과 오류는 곳곳에 도사리고 있으며, 다양성을 빙자한 역사 왜곡과 중구난방 방식 서술은 눈과 머리를 어지럽게 한다. 서로 다른 학설을 서로 다른 교과서에 실어놓고 다양성이라 강변(強辯)하고 있는 것이다. 검정제로 발행되는 여타 과목에서 서로 다른 학설을 서로 다른 학생에게 가르치는 경우는 없다. 국어 과목에서 학생들마다 다른 문법을 가르친다는 것을 상상이나 할 수 있겠는가? 하지만 우리 국사학계에서는 이러한 것이 마치 당연한 듯이 받아들여지고 있다.

우리 역사는 하나다. 학생들이 공부하는 교과서도 하나다. 다양한 역사 인식을 추구하려면 하나의 교과서에 담아서 가르쳐야 한다. 서로 다른 교과서에 서로 다른 사실이나 대립된 학설을 실어 가르치는 것은 국론 분열과 갈등의 씨앗을 뿌리는 것이나 다름이 없다. 친한 친구끼리도 학교가 다르면 서로 다른 교과서로 서로 다른 내용을 배우는 현실을 반드시 고쳐져야 한다. 그런 이유에서 현행 검정 7종 교과서는 폐기만이 답이다.

2020 검정교과서를
비판하는
주요 언론의 동향

우리더러 적폐라더니… 이런 교과서 만들려고 그 난리 쳤나

국정교과서 필자 이재범 교수가 본 새 한국사 교과서

"南北 여전히 교착상태인데 판문점 회담 사진을 왜 싣는지…
이런 책으로 학생 가르쳐도 되나
당시 필진 '부역자'로 몰려 문화재위원 사퇴 압박당하고 소속학회서
자격 정지 징계 받아"

"'한반도의 긴장이 2018년 문재인 정부의 노력으로 큰 전환점을
맞이했다'니, 교과서를 이렇게 써도 되는 건가. 정권에 코드 맞추는
것도 정도껏 해야지."지난 9일 만난 이재범(69) 전 경기대 부총장은
최근 나온 고등학교 한국사 교과서를 펼치다 한숨을 쉬었다. "우릴
부역자, 적폐 취급하더니 이런 교과서 만들려고 그랬나."

고려시대를 전공한 이 교수는 지난 2017년 나온 국정 한국사 교
과서 필자 31명 중 하나다. 국정교과서는 '권력에 의한 역사 쓰기'로
비난받으며 박근혜 정부의 대표적 적폐로 꼽혔고 문재인 정부 출범
직후 폐기됐다. 이 교수는 '부역자'로 몰리면서 재임 중인 문화재위
원 사퇴 요구까지 받았다. 2018년 9월 취임한 정재숙 문화재청장은

국정교과서 필자인 문화재위원 3명(이배용, 최성락, 이재범)을 겨냥해 "양심에 따라 행동하라"며 사퇴를 압박했다.

국정교과서엔 왜 참여했나.

"교사 경험도 있어 원래는 반대했다. 6~7년 전 교사 임용고시를 준비하는 제자들과 한국사 교과서를 검토하다 깜짝 놀랐다. 정치적 편향이 너무 심했고, 이런 교과서로 아이들에게 대한민국 국민으로서의 정체성을 갖도록 가르칠 수 있을까 하는 회의가 들었다. 대한민국은 정부 수립이고 북은 공화국 수립이면, 대한민국 사람들은 국민이 아니라 정부민인가. 국정이 유일한 해결책은 아니지만 국민 다수가 동의할 수 있는 통일된 사관(史觀)으로 이뤄진 교과서가 필요하다고 생각했다."

국정교과서 필자로 알려진 후 어떤 일을 겪었나.

"한마디로 적폐 취급 당했다. 정권 교체 직전인 2017년 문화재위원(임기 2년)을 연임했는데 '알박기'라며 모욕 줬다. 한 분은 전임 회장으로 있던 학회에서 징계까지 당했다. '선생님께 끝까지 책임을 묻겠다'며 글을 올린 제자도 있었다. '교과서를 읽어 보기나 했느냐고 물으면 다들 읽은 적 없다고 했다."

이 교수가 언급한 '징계'는 한국고고학회장을 지낸 최성락 목포대 명예교수를 말한다. 최 교수는 회장 임기를 마친 직후인 2017년 한국고고학회에서 2년간 회원 자격 정지를 당했다. 현대사를 집필한 육사 교수는 지난해 10월 진급 예정자 명단에 올랐다가 반대 단체의 '진급 취소' 운동에 시달렸다.

지난달 전시본으로 나온 검인정 한국사 교과서(8종)를 보니 어떤가.

"이런 걸 만들려고 그 난리를 쳤나 싶다. 1948년 12월 유엔 총회 결의안을 '유엔 감시 아래 선거가 실시된 지역에서 유일한 합법정부'로 교묘하게 썼다. 대한민국을 한반도 유일 합법정부로 인정한 유엔 결의안을 '38선 이남의 유일 합법정부'로 왜곡한 것이다."

현 정부를 미화하는 내용도 있다.

"남북 관계는 여전히 교착상태인데, 판문점 회담 사진을 왜 싣나. 현 정부는 물론 역대 정부도 아직 평가를 기다려야 하는 게 많은데, 무슨 근거로 김대중·노무현 정부는 공(功)을 더 많이 싣고, 이명박·박근혜 정부는 잘못한 점을 부각시키나. 어떤 교과서는 국정교과서 추진을 박근혜 정부의 대표적 실정으로 썼는데, 이렇게 가르쳐도 되는 것인가.”

이 교과서가 배포되면 학교에서 어떤 일이 일어날까.

“고등학교에서 역사 교사로 3년간 가르쳤기 때문에 전교조에서 활동하는 후배들을 잘 안다. 당시 학교 분위기가 워낙 권위적이었던 탓에 남아 있었으면 나도 열렬한 전교조 활동가가 됐을지 모른다. 지금 일선 학교는 기울어진 운동장이다. 교사들이 이런 교과서로 현대사를 어떻게 가르칠지 뻔하다.”

성균관대에서 박사학위를 받은 이 교수는 민중사학을 내건 한국역사연구회에서 오래 활동했고 한국군사사학회장을 맡고 있다. 인터뷰 말미 그는 얼마 전 낸 역사기행서 ‘나의 일본여행’을 건넸다. 속표지 저작 목록에 국정 한국사교과서(2017)가 올라 있었다. “내가 별나서인가. 국정교과서 쓴 걸 후회하지 않는다. ‘국정’ 시스템에 대한 찬반 의견은 있겠지만 책 내용만큼은 누구에게도 부끄럽지 않기 때문이다.” 그의 신념은 단단했다.

김기철 학술전문기자(조선일보 06. 26.)

사실상 의식화교육… 붕당정치 때도 이러진 않았다

3월 새 학기부터 중·고등학생들은 한국교육과정평가원의 검정을 통과한 새 역사 교과서를 배운다. 그러나 이들 역사 검정교과서를 둘러싼 좌편향 논란이 끊임없이 불거지면서 교육계의 우려도 커졌다.

이들 교과서에서는 북한 정권에 대한 부정적 표현은 모두 사라졌고, 임기 중인 현 정부에 대해선 모두 긍정적 평가가 담겼다. 국정화 자체가 문제였던 과거 역사교과서 논란과 달리 이번에는 이념편향적 내용들이 문제가 돼 사안이 더 심각하다는 지적이다.

13일 교육과정평가원과 교육계에 따르면, 지난해 11월 27일 평가원 검정을 통과한 고등학교 '한국사' 교과서 8종과 중학교 '역사' 교과서 6종이 올해 새로 도입된다. 고교 교과서는 해냄에듀·씨마스·금성출판사·천재교육·지학사·동아출판·비상교육·미래엔출판사, 중학교 교과서는 금성·동아·미래엔·비상교육·지학사·천재교육이 그 대상이다.

이들 출판사는 2018년 7월부터 9개월간 교과서를 개발했다. 평가원 주도의 검정심사위원회는 지난해 4월부터 8개월간 심사를 진행했다. 각 학교는 이들 출판사의 교과서 가운데 하나를 채택해야 하는데, 최종 결정은 지난해 12월 31일까지 이뤄진 것으로 확인됐다.

교육부 교과서정책과의 한 관계자는 "검정을 통과한 역사교과서 전시본이 지난해 12월 5일까지 학교에 배포됐고 31일까지 신청이 이뤄졌다."며 "결정이 늦어진 몇몇 학교에 한해 조만간 추가 주문이 들어올 예정이고, 아직 교과서를 채택하지 않은 학교 수는 파악되지 않았다."고 설명했다.

새 교과서에서 크게 바뀐 것은 기존 반반 정도였던 전근대사와 현대사 비중을 중학교와 고교 학습의 연속성을 고려해 서로 달리했다는 점이다. 중학교 '역사' 교과서 6종은 전근대사가 80%, 근현대사가 20%로 구성됐다. 반면 고교 '한국사' 교과서 8종은 전근대사 27%, 근현대사 73%로 이뤄졌다. 즉, 중학생은 선사시대부터 조선시대까지 전근대사 위주로, 고교생은 개항기부터 현재까지 근현대사 위주로 배우는 것이다.

중학교 땐 전근대사, 고등학교 땐 근현대사 위주로 교육

교육계는 특히 현대사 부분에서 편향적 서술이 이뤄졌다고 평가했다. 고교 교과서에서 근현대사 비중을 월등히 높인 것도 문제지만, 보수정권은 폭력적 이미지를 부각시키고, 진보정권은 평화적·긍정적 이미지로 담아냈다는 지적이다.

연세대 사학과 A교수는 "올해 도입되는 교과서의 현대사 부분을 보면 이승만·박정희·전두환 등 보수정권은 국민과 민주주의를 탄압한 폭력적 정부로 담겼다."며 "반대로 남북평화 단원을 비중 있게 다루면서 김대중·노무현 등 진보정권은 남북화해를 위해 노력한 정부라고 긍정평가했다."고 지적했다.

A교수는 "특히 이명박·박근혜 정부는 남북관계를 망친 걸림돌로, 현 정부는 한반도 평화를 위해 큰 기여를 한 것처럼 서술한 게 가장 잘못"이라며 "박근혜 정부 당시엔 역사교과서 국정화 자체가 문제였는데 지금은 교과 내용이 전부 이념편향돼 문제가 심각하다."고 비판했다.

교과서들의 주요 내용을 살펴보면 천안함 폭침은 아예 기술하지 않거나 '사건' 혹은 '침몰'로 기술했다. '민주주의'의 표현은 집필진이 '민주주의'와 '자유민주주의' 중 직접 고르도록 했다. 앞서 교육부는 지난해 역사교과서를 검정교과서로 바꾸는 과정에서 '자유민주주의'라는 표현을 '민주주의'로 고치려고 시도했다. 하지만 현장의 반발이 심해지자 결국 민주주의와 자유민주주의를 모두 허용하는 모호한 수정안을 내놓은 바 있다.

6·25전쟁과 관련해서는 북한의 남한 침략(남침)으로 시작됐다는 점을 분명히 했다. 한국은 '대한민국 정부 수립', 북한은 '북한 정권 수립'으로 표현이 통일됐다. 일제 침탈사와 독도 관련 일본의 역사 왜곡 내용은 분량을 확대했다.

임기도 안 끝났는데 '문재인 정권' 비중있게 다뤄

기존 관행을 깨고 임기가 진행 중인 현 정부에 대한 내용을 비중 있게 담은 것도 문제로 거론된다. 과거 역사교과서들은 현재진행형인 정책들이 많고 역사적 평가가 크게 달라질 수 있다는 이유로 현직 대통령과 관련한 기술을 피했다. 그러나 새 검정교과서에는 남북정상회담, 평창동계올림픽 성공 개최 등 문 대통령에 대한 긍정평가를 비중 있게 다뤘다.

씨마스 교과서의 경우 '남북화해와 동아시아 평화를 위한 노력' 단원에서 문 대통령과 김정은이 악수하는 사진을 전면 게재하고 "문재인 정부의 노력으로 큰 전환점을 맞이했다."고 기술했다. 문 대통령의 치적을 강조한 듯한 대목이다.

"MB 박근혜는 남북관계 걸림돌, 文은 큰 기여"

이와 관련해 황교안 자유한국당 대표는 지난달 '문재인 정권 좌편향 교과서 긴급진단 정책간담회'를 열고 "역사왜곡의 정도가 선을 넘었다."며 "역사 교과서를 정권 홍보물로 전락시켰다."고 비판했다.

한국사립초중고등학교법인협의회 관계자는 "교육계 안팎에서 우려의 목소리가 컸던 역사교과서의 '좌편향' 문제가 사실로 확인됐다."며 정부와 교육당국이 균형잡힌 내용의 역사 교과서를 발간할 것을 촉구했다.

좌편향 논란에 대해 교육부는 "검정 역사교과서는 집필진의 자율성을 존중해 다양한 내용으로 서술됐다."며 "교과서 검정 전문기관인 한국교육과정평가원에 위탁해 검정 공통기준 위반 여부와 교과 집필기준에 의해 단계별로 엄정하게 검정 심사를 진행했다."고 해명했다.

"역사교과서를 정권 홍보물로 전락시켰다"

역사교과서를 둘러싼 편향 논란이 이어지자 사회적 협의체를 따로 구성해 다양한 요구를 수렴하고 중립적 정책방향을 제시해야 한다는 목소리도 나왔다. 이종배 공정사회를 위한 국민모임 대표는 "현 정부가 자신과 진보정권은 과대평가하고, 상대 진영에 있는 정권은 비판할 경우 학생들의 역사적 시각이 균형을 잃을 수 있다."며 "역사왜곡이 이미 진행되고 있다."고 지적했다.

이 대표는 "정부가 자기 입맛에 맞는 역사적 기술을 통해 정치적 목적을 달성하려는 건 학부모들도 진보나 보수를 불문하고 모두 비판적으로 보고 있다"며 "지금이라고 좌편향된 교과서를 바로잡아서 중립적 위원회를 구성해야 한다."라고 주장했다.

(뉴데일리, 2020. 2. 6)

이것이 문재인 교과서다

　　전국학부모단체연합과 국사교과서연구소 소속 학부모들이 6일 오후 서울 종로구 세종문화회관 앞에서 열린 '역사왜곡, 문재인 홍보책자로 전락한 한국사교과서' 규탄 기자회견에서 3월 신학기부터 사용될 교과서를 들고 기자회견을 갖고 있다.

이들은 성명을 통해 새 한국사 교과서가 현 정권의 홍보책자로 전락했다며 '한국사교과서 사용중지 가처분 신청'을 예고했다. 또 학교 책임자들에게 한국사교과서 채택을 거부할 것을 촉구했다.

(뉴데일리, 2020. 2. 6. 당시 기사 인용)

[성명서] 역사 왜곡, 문재인 홍보책자로 전락한 한국사교과서!

학부모는 이 책을 거부하며 차라리 역사교육
시키지 않은 것을 선택하겠다.

올 3월부터 사용될 한국사 교과서의 왜곡, 선동, 서술오류가 너무 심각하다. 좌편향 정도가 아니라 현 정권 홍보물로 어찌 이런 책을 만들고 검·인정을 통과했는지, 이런 독극물 교과서를 학생 손에 쥐어주다니 전국 학부모들은 이런 정권 홍보책자를 교과서로 인정할 수 없어 채택을 거부한다.

교과서로 부르기도 민망한 8종은 기존 전근대:근현대 비율이 1:1

에서 1:3으로 근 현대사가 75%까지 늘었는데 이승만, 박정희 두 대통령의 건국, 산업화 성과를 축소하고, 내용 대부분이 4·19, 5·18 또는 6·10 항쟁까지 민중 저항사, 노동자 우선이다. 그리고 기업과 시장, 눈부신 경제성장은 폄훼해 국민적 자긍심을 해치게 기술했다. 여기에 세월호, 촛불이 화룡점정이니 이건 결코 한국사가 될 수 없으며 이런 교육은 절대 안된다.

이 '기획교과서'는 표지부터 남다르다. 대한민국 보물 남대문과 위안부 소녀상이 어깨 나란히 있는가 하면 어떤 것은 '촛불들고 활짝 웃는 소녀'가 등장하고 거짓 평화 두 우두머리가 웃으며 악수하는 사진을 넣은 출판사도 있다.

천안함은 '폭침'에서 '침몰' 또는 '사건'으로 강등되었고, 연평도 사태는 기술조차 안했다. 현 정부, 현 지도자를 교과서에 싣는 것은 상식에 반한다. 역사란 시대적 평가를 필요로 하기에 보통 최근 30년은 담지 않는데 현 문통을 앞세운 것은 선거연령 18세 조정과 맞물려 정치적 의도가 있음이 자명하다.

한 권을 택할 수밖에 없는 제도하의 다양성은 바로 속임수이며, 다양한 역사해석은 학자들 소관이지 학생에게 역사관이 웬말이며, 사실과 유력한 통설을 가르치는 것이 정답아닌가!

이것이 어렵다면 학계의 피터지는 논쟁이 끝날 때까지 역사교육은 멈추는 것이 옳다. 나쁜 교육, 엉터리 역사는 차라리 안 가르치는 것만 못하다. 선택이던 한국사가 필수로 지정되는 과정에서 우린 제대로 된 교과서를 준비하지 못했고 좌편향 역사학계 내부가 만천하에 드러났는데도 정리 없이 교육이 계속된다는 것은 말이 안된다.

차라리 무식한 자식이 낫다. 잘못된 교육을 수정하는데 수십년 세월이 걸리고 덕지덕지 덧발라 회색인간을 만드는 것은 교육이 할일이 아니다. 올바른 역사책이 나올 때까지 교육을 중단하라고 명령한다. 때맞춰 김기수 변호사의 '한국사교과서 사용중지 가처분 신청'을 전적으로 환영하며 감사한다. 행정법원은 이것을 꼭 받아들이길 당부한다.

마지막으로 학교 책임자들! 당신들이 진정 교육자라면 당장 한국사교과서 채택을 거부하고 이 운동에 앞장서길 촉구한다. 학부모가 할 수 있는 건 교육을 거부하고 나쁜 책을 찢고 불태우는 분서갱유가 고작이다. 내 자식과 미래의 대한민국을 지키기 위해 우린 거짓 역사교육을 반대하며 정권 홍보물, 왜곡, 선동으로 가득 찬 이 나쁜 역사 교과서를 즉각 폐기하라!

(전국학부모단체엽합, 국사교과서연구소2020. 2. 6.)

극과 극, 새 검정 역사교과서에 비친 역대 대통령 사진

오는 3월 새 학기부터 중·고교생들이 새로 바뀐 역사교과서로 공부한다. 많은 논란을 낳았던 박근혜정부의 국정 역사교과서 폐지 이후 교육과정과 집필 기준을 다듬어 새로 만든 교과서다. 새 검정 교과서는 2015년 개정교육과정에 따른 것이지만, 다른 교과서들이 2018년 도입된 것과 달리 국정 교과서 파문으로 2년 늦었다. 새 역사 교과서는 중학교 때는 전근대사 중심, 고교 때는 근현대사를 중심으로 배운다.

필자는 고교 역사교과서 8종(금성출판사 동아출판 미래엔 비상교육 씨마스 지학사 천재교육 해냄에듀)에 실린 역대 대통령 사진과 그 설명을 12일 분석했다. 교과서 8종을 보면 김대중 전 대통령 사진은 17장이 쓰였다. 노무현 전 대통령은 10장, 문재인 대통령도 10장. 이들 사진은 대부분 '화해와 치유'의 긍정적인 이미지가 쓰였다.

김대중 전 대통령은 호치민 묘소 참배, 취임식, 노벨평화상, 남북정상회담이 주류다. 베트남전 상처를 극복하는 내용, 최초의 평화적 정권교체 설명도 곁들여졌다. 노무현 전 대통령은 제주 4·3사건 사과, 남북군사분계선을 도보로 넘는 사진이 주로 쓰였다.

문 대통령은 파격적인 대우를 받았다. 과거의 역사교과서들은 현직 대통령 관련 기술을 피해왔다. 현재 진행형인 사안이 많고 역사적 평가가 달라질 수 있어서다. 박근혜정부 국정 교과서도 박근혜 전 대통령 관련 내용은 당선 시점과 국정 지표 정도만 간략히 기술했다.

대통령	사진 내용
이승만 (11장)	정읍 발언 3장, 건국 준비 3장. 이승만 취임식 2장, 이승만 생일 매스케임 학생 동원 1장, 남산 이승만 동상 1장, 선거포스터 1장
박정희 (11장)	5·16 쿠데타 뒤 군복에 선글라스 5장 선거포스터 및 선거 유세 2장, 긴급조치 신문기사 1장, 미국 케네디 대통령 회담 1장, 기업인 산업훈장 수여 1장, 기타 1장
전두환 (14장)	노태우와 법정에서 수의(囚衣) 차림 7장. 신군부 단체 4장(얼굴, 식별 어려움), 4·13 호헌조치 발표 1장, 국가보위 비상대책위 현판식 1장, 5공 청문회 1장
노태우 (19장)	전두환과 법정에서 수의(囚衣) 차림 7장. 신군부 단체 4장(얼굴, 식별 어려움), 고르바초프 회담 2장, 6·29선언 신문 기사 1장, 김영삼 취임식 1장, 대통령 선거포스터 1장
김영삼 (7장)	김대중 취임식 참석 4장, 김영삼 취임식 1장, 대통령 선거포스터 1장, 1993년 대통령 신년사(세계화 강조) 삽화 1장
김대중 (17장)	남북정상회담 7장, 김대중 취임식 4장, 노벨상평화상 수상 2장, 호치민 묘소 참배 2장, 대령 선거포스터 1장, 대통령 유서 장면 1장
노무현 (10장)	남북정상회담 6장, 제주 4·3사건 사과 및 묵념 3장, 노무현 취임식 1장
이명박 (5장)	주요 29개국 정상회담 단체 사진 3장(얼굴 식별 어려움), 이명박 취임식 1장,박근혜 취임식 참석 1장
박근혜 (3장)	박근혜 취임식 1장, 이명박 취임식 참석 1장, 드레스덴 연설 1장
문재인 (10장)	판문점 백두산 등 남북정상회담 7장(전면사진 등), 문재인 취임식 3장

■ 여야간 평화적 정권 교체 실현

제15대 대통령
김대중

제14대 대통령
김영삼

사료 | 김대중 대통령 취임사(1998. 2. 25.)

오늘은 이 땅에서 처음으로 민주적 정권 교체가 실현되는 자랑스러운 날입니다.
또한 민주주의와 경제를 동시에 발전시키려는 정부가 마침내 탄생하는 역사적 순간이기도 합니다. … 민주주의와 시장경제가 조화를 이루면서 함께 발전하게 되면 정경 유착이나 관치 금융, 그리고 부정부패는 일어날 수 없습니다.

─「중앙일보」 1998. 2. 26.─

8 남북 화해와 동아시아 평화를 위한 노력

문 대통령 사진은 교과서 8종 중 7종에 실렸다. 씨마스 교과서는 '남북 화해와 동아시아 평화를 위한 노력' 단원을 시작하며 김정은과 악수하는 전면사진을 게재하고 "문재인정부의 노력으로 큰 전환점을 맞이했다."고 기술했다. 비상교육은 문재인과 김정은이 나란히 판문점을 걷는 사진과 1976년 도끼만행 사건 사진을 거의 전면으로 다뤘다. 사진 설명은 "도끼만행 사건이 벌어질 당시 판문점에는 긴장감이 최고조에 이르렀지만 2018년에는 남북 정상과 많은 사람이 이곳에서 통일을 이야기했다."라고 썼다.

동아출판도 해당 단원 첫 머리에 두 정상이 손을 잡고 높이 올리는 사진을 실었다. 이밖에도 평창동계올림픽 단일팀, 한반도기 공동입장, 남북합동평양공연 사진 등 문재인 대통령을 연상시키는 사진자료들이 비중있게 배치됐다.

이명박 전 대통령 사진은 5장이다. 주요 20개국(G20) 정상회의 단체사진, 취임선서, 박 전 대통령 취임식 참석 등이다. G20 단체사진에서 이 전 대통령 얼굴은 보이지 않을 정도로 작게 취급됐다. 박 전 대통령 사진은 교과서 8종 중 3장에 그쳤다. 취임식 사진 2장에다 역대 정부의 통일 노력을 다루는 단원에서 독일 드레스덴 연설 사진이 포함됐다. 다수 교과서들이 박근혜정부 기술에는 2016년말 촛불집회 사진을 썼다. 헌법재판소의 파면 결정 사진과 전세계의 외신이 찬사를 보낸 내용도 포함됐다.

또한 새로 바뀐 역사교과서에서는 이명박 전 대통령, 박근혜 전 대통령은 남북 관계의 걸림돌로 다뤄졌다. 김대중과 노무현 전 대통령의 역사적인 정상회담 천안함 폭침은 아예 기술하지 않거나 사건이나 침몰로 축소 서술하였다. 금강산 관광 중단 결정을 남북관계 악화의 상징적 사건으로 기술하면서도 박왕자 씨 피살은 다루지 않았다.

김영삼 전 대통령은 하나회 척결, 금융실명제 등 업적에 비해 초라하게 다뤘다. 사진 7장 중 대부분이 DJ 취임식 참석 장면이다. 평화적 정권 교체를 이룬 후임자의 조연이다.

박정희 전두환 노태우 전 대통령 사진들은 폭력적 이미지다. 박 전 대통령 사진(11장)은 한·미 정상회담, 훈장 수여, 선거포스터를 빼면 모두 5·16쿠데타 직후 군복에 선글라스를 쓴 모습이다.

사료 6·15 남북 공동 선언(200. 6. 15.)

1. 남과 북은 나라의 통일 문제를 그 주인인 우리 민족끼리 힘을 합쳐 자주적으로 해결해 나가기로 하였다.
2. 남과 북은 나라의 통일을 위한 남측의 연합제 안과 북측의 낮은 연방제 안이 서로 공통성이 있다고 인정하고 앞으로 이 방향에서 통일을 지향해 나가기로 하였다.
4. 남과 북은 경제 협력을 통하여 민족 경제를 균형적으로 발전시키고 사회·보건·환경 등 제반 분야의 협력과 교류를 활성화하여 서로의 신뢰를 다져 나가기로 하였다.

-「대한민국 관보」 제14546호, 2000. 7. 5.-

❯ 평양 순안 공항에서 손을 맞잡은 김대중 대통령과 김정일 국방 위원장(2000. 6. 13.)

사료 10·4 남북 정상 선언(2007. 10. 4.)

4. 현 정전 체제를 종식하고 항구적인 평화 체제를 나가야 한다는 데 인식을 같이 하고… 종전을 문제를 추진하기 위해 협력해 나가기로 하였다
5. 남과 북은 민족 경제의 균형적 발전과 공동 이해 경제 협력 사업을… 발전시켜 나가기로
6. 역사, 언어, 교육, 과학 기술, 문화 예술, 체육 화 분야의 교류의 협력을 발전시켜 나가기로

-국가 기록원, 대통령 기록

≪ 남북 정상 회담 걸어서 군사 분계 여강 노무현 대통 (2007. 10. 2.)

5·16 군사 정변 세력이 발표한 '혁명 공약'

박정희

공을 국시의 제일 의(義)로 삼고 지금까지 형식적이고 구호에만 그
반공 태세를 재정비·강화한다.
엔 헌장을 준수하고 국제 협약을 충실히 이행할 것이며 미국을 비롯
자유 우방과의 유대를 더욱 견고히 한다.
나라의 모든 부패와 구악을 일소하고 퇴폐한 국민 도의와 민족정기
다시 바로 잡기 위하여 청신한 기풍을 진작한다.
민생고를 시급히 해결하고 국가 자주 경제 재건에 총력을 기울인다.
족적 숙원인 국토 통일을 위하여 공산주의와 대결할 수 있는 실력의
양에 전력을 집중한다.
와 같은 우리의 과업이 성취되면 참신하고 양심적인 정치인들에게 언
든지 정권을 이양하고 우리들 본연의 임무에 복귀할 준비를 갖춘다.

-국가 재건 최고회의 한국 군사 혁명사 편찬위원회 편, 「한국 군사 혁명사 제1집 상」-

군사 정변을 일으킨 군부 세력은 미국의 묵인하에 집권하면서 반
경제 건설 등을 목표로 내세워 정변을 정당화하려 하였다. 한편, 군
력은 민정 이양 계획을 수립하라는 미국의 요구에 따라 민정 이양 계
발표하면서도 민주 공화당을 통해 세력을 규합하고 정권을 유지하려
였다.

5·16 군사 정변 세력들(1961)

을 키우는 역사 읽기 　　　**나란히 구속된 두 전직 대통령**

법정에 선 전두환과 노태우(1996)

995년 10월 국회에서 전직 대통령 노태우가 재임 중 재계 등으
터 거액의 비자금을 받아 은닉하고 있다는 사실이 폭로되었
이후 검찰이 진상 조사에 착수하여 노태우가 4,100여억 원의
금을 조성한 사실이 드러났으며, 이후 노태우는 구속·수감되
.

이를 계기로 12·12 군사 반란 및 5·18 민주화 운동 무력 진압에
진상 규명 요구가 거세졌다. 김영삼 대통령은 이를 역사바로
기 사업으로 천명하였으며, 처음에는 '성공한 쿠데타는 처벌할
없다.'라는 입장을 보였던 검찰도 입장을 바꿔 수사에 착수하였
그 결과 전두환을 비롯한 신군부 핵심 인사 11명은 반란죄, 내
, 수뢰죄 혐의로 구속·기소되었다.

997년 대법원은 전두환에게 무기 징역, 노태우에게 징역 17년
최종 확정하였다. 김영삼 대통령은 임기 말에 국민 대화합을 명
로 두 전직 대통령 등을 특별사면·석방하였다.

전 전 대통령(14장), 노 전 대통령(16장)은 수의 차림으로 나란히 재판받는 사진이 7종에 등장한다. 전 전 대통령은 5공청문회에서 삿대질당하는 장면, 4·13 호헌 조치 발표 사진 등이 쓰였다. 노 전 대통령은 한·러 정상회담 외에 대부분 수의 차림이다.

이승만 전 대통령 사진은 남한 단독정부를 주장한 정읍발언, 취임 선서가 주류다. 이 전 대통령 생일 매스게임에 동원된 학생들 사진에 '수업도 안 하고 정부 행사에 동원된 학생들'이라고 썼고, 서울 남산공원 동상 사진에는 '1950년대 아시아 최고 높이를 자랑하는 동상, 이승만 생일은 임시공휴일, 찬양가 울려 퍼져'로 썼다.

(국민일보 2020. 1. 12. 당시 기사 인용)

04
· · ·

올바른 역사 교육을 위한 제안

국회로 간 한국사 교과서 전문가의 메시지

정경희(국민의 힘 국회의원)

살다 보면 드물게 만난다. 똑똑 한 방울씩, 그러나 끊임없이 떨어지는 낙숫물 같은 사람 말이다. 옆도 안 본다. 그러다 결국 바위를 뚫고야 만다. 그는 '한국사 교과서'의 최고 권위자다. 전국 고등학생이 모두 보는 한국사 교과서 8종을 분석해서, 그것이 얼마나 이념적으로 편향되고 역사를 왜곡하는지 알려왔다.

2012년부터니 햇수로 9년째다. 쓰였으나 빛도 못 보고 사라진 국정 역사 교과서의 집필진이기도 했다. 문재인 대통령이 취임하자마자 폐기를 지시한 그 국정 교과서 말이다.

북한을 '독재'라 말하지 못하는 교과서

　한국사 교과서의 가장 큰 문제는 대한민국의 정통성을 부정하는 것이다. 헌법에서 대한민국을 '한반도의 유일한 합법 정부'로 규정했지만, 이 부분을 교육과정에서 아예 빼버렸다. '1948년에 대한민국은 정부를 수립했다'고 쓰고, '북한에선 조선민주주의인민공화국이 수립됐다'고 쓰여 있다. 8종 중에 7종이 이렇게 기술했다. 즉, 그들은 북한만 '나라'로 인정한 셈이다.

　북한의 3대 독재를 기술하는 부분은 놀라움 그 자체다. 필자는 '금성출판사'에서 지난번 나온 근현대사 교과서를 박물관에 보내서 보존해야 한다고 생각한다. 대한민국의 역사에 대해서는 '독재'라는 표현을 13번 쓰고, 북한에 대해서 '독재'라는 표현은 단 한 번도 쓰지 않을 뿐만 아니라 '유일(唯一) 체제'라고 쓰고 있다. 참고로, 북한이 자신을 유일 체제라 부른다.

　이번에 나온 '동아출판사' 한국사 교과서는 우리나라를 두고 '독재'라는 단어를 27번 쓰고 있다. 현재 국사 교과서는 예전 국사 교과서와 완전히 다른 구성을 취하고 있다. 전체를 4개 챕터(장)로 나누어 고대부터 조선 후기(1863년)까지를 몽땅 첫 번째 장에 몰아 놓았다. 나머지 2, 3, 4장은 모두 근현대사이다. 현대사를 얼마나 강조했는지, 촛불집회가 8종 교과서에 모두 나온다. 물론 태극기 집회는 전혀 나오지 않는다. 어떤 교과서는 촛불집회를 '21세기형 민주혁명'이라고 지칭하는 부분도 발견되었다.

박근혜 탄핵 상세히 실어

컬러로 촛불집회 사진을 두 면에 걸쳐 실어놓은 교과서는 가히 충격 그 자체이다. 박근혜 대통령 탄핵과 촛불 집회를 서술하는 대목, 전두환·노태우 대통령의 수의 입은 사진과 대비하여 판문점에서 김정은과 마주 서서 웃고 있는 사진을 전면에 싣는 이념적으로 편향된 교과서를 학생이 배워야 하는 상황이 우리의 현실이다.

역사적 해석이 안 끝난 불과 2~3년 전 일을 서술하는 변태적 행위에 참담함을 느낀다. '미네르바의 올빼미는 해가 진 후에 날아오른다'는 말이 있다. 어떤 일의 해석이라는 건, 해가 다 지고 시간이 지난 후에야 알 수 있단 뜻이다. 한 세대를 보통 30년으로 본다면 예전의 국사 교과서는 30년 전쯤에서 끝났지, 현대사는 서술하지 않았다. 그런데 지금은 '진짜 한국사'는 4분의 1로 몰아버리고 나머지는 '이승만, 박정희, 이명박, 박근혜 독재'에 항거한 역사라는 식이다.

미국은 교과서에서 대통령을 기술하는 표준 양식을 아예 만들어놓았다. 출생지, 연도별 약력, 심지어 사진 크기도 똑같이 통일해서 싣는다. 좌파 학자가 쓰든 우파 학자가 쓰든 차이가 없다. 그것이 제대로 된 역사교육이라 생각한다. 자기 나라 대통령을 소개하면서, 우파 대통령은 수갑 차고 재판받는 사진을 실어놓고, 현 대통령은 김정은과 마주 서 있는 걸 전면으로 싣는 교과서가 출판되는 나라가 바로 대한민국이다.

북한의 역사 교과서와 유사

현재 출판된 8종 한국사 교과서 모두 조선 전기까지 역사를 한 챕터에 몰아 놓았다. 공교롭게도 북한 역사 교과서랑 구성이 같다. 조선사까지 짧은 부분으로 몰아서 써놓고, 나머지는 '위대한 수령 김일성의 역사' '친애하는 김정일의 역사'이다. 역사책인 것 같지만 세뇌하는 이념 교재인 것이다. 고등학교 역사 교과서를 마치 86학번들이 대학 다닐 때 보던 운동권 교재처럼 만들어놓았다.

한국의 경제 발전에 대한 서술에서도 왜곡 축소된 정황이 상당수 포착된다. 전두환 정부 시절 두 자릿수 경제 성장의 이유를 '삼저호황(三低好況)때문'이라 써놓았다. 교육 목표 자체를, '경제 성장을 일국(一國)주의적 관점이 아니라 세계 경제 속에서 찾아라'로 설정해서 한강의 기적은 없던 일로 해놓은 것이다. 그 말이 맞다면 당시 다른 나라도 똑같이 성장했어야 하는데, 북한이나 중국은 그렇다쳐도 같은 자유민주주의 국가던 필리핀은 왜 우리보다 더 못살게 됐는지 그들에게 반문하고 싶다.

좌편향 교과서는 도대체 누가 서술하나

'구로역사연구소'라는 곳이 1988년에 생겼고, 지금은 '역사학연구소'라는 이름을 쓰고 있다.

이 연구소의 연구원이 설립 후 발표한 논문들을 보면 '고등학생들은 민중의 기간 부대가 될 자원'이라고 서술하고 있다. 그러면서 '국정 역사 교과서를 폐지하자'고 끊임없이 주장한다.

이후에 이곳 소속 연구원들이 '금성출판사' 교과서의 집필진으로 활약한다. 이걸 알게 되자 '아, 이 사람들은 이전부터 계획이 있었구나'라는 것을 알게 되었다.

고등학생들을 '기간 부대'라는 군사용어로 표현했다는 사실에 주목해보자. 이들은 현재 고등학생을 훌륭한 국민으로 키우겠다는 게 아니라 정치적 목적을 위한 기간 부대원으로 만들겠다는 것이다. 그들이 왜 그렇게 18세 참정권에 연연했는지 분명해지는 대목이다. 그런데 이런 사람들이 본인 자식은 미국으로 유학 보냈다. '내 자식은 미국 유학, 남의 자식은 촛불집회'. 남의 자식들은 촛불집회 나오고, 하수인처럼 때 되면 표나 찍으라는 것이 이들의 의도이다.

국정 교과서 폐지를 주장한 역사문제연구소, 민족문제연구소, 역사학연구소(구로연구소) 등의 기관에 관여한 분들중엔 정치인이 많다. 역사문제연구소는 원경 승려와 박원순 서울시장이 1986년에 세운 곳이다. 원경 승려는 북한에서 부수상을 지내고 6·25 남침에 주도적 역할을 한 남로당 총책 박헌영의 혼외자라 스스로 주장하는 사람이다. 여기서 펴낸 책이 『박헌영 전집』과 『국가보안법』(전 3권)이 있다. 특히 『국가보안법』은 고 박원순 시장이 쓴 책인데, 국보법 폐지를 주장하고 있다.

검정 교과서는 왜 모두 좌편향 적인가

교과서를 만드는 데는 돈이 많이 든다. 웬만한 출판사는 시작도 못한다. 그런데 일단 검인정을 통과하면 엄청나게 돈이 되는 게 교과서 사업이다. 교과서로 배우면 참고서를 사지 않겠는가? 말로만 좌파이지, 이념을 빌미로한 돈을 버는 직업인 것이다.

세계사 부분 역시 문제가 많다. 독일 베를린 장벽을 넘어온 사람들이 왜 넘어왔는지도 기술하지 않고 있다. 일단 '공산권 붕괴'라는 표현 자체가 그들에게는 금기어이다. 마치 과거에는 공산주의가 지구상에 없었던 것처럼 기술하고 있다.

21대 국회에서 대응 방향

인헌고 사태에서 보았듯이 정치적 중립을 훼손한 교원에 대한 징계가 안 되고 있다. 학부모들이 믿고 아이들을 맡길 수 있겠는가. 일단 정치적 중립을 훼손하는 교원에 대한 징계를 강화하고, 심각할 경우 교단에서 퇴출하도록 법안을 만들자는 게 미래한국당 당론이다. 교과서 문제도 같이 풀어나가야 한다고 본다. 이런 교과서로는 우리 아이들을 세계 속의 대한민국 국민으로 올바르게 기를 수 없다.

왜 국사학계는 대한민국이란 가치에
적대적일까?
- 교학사 역사교과서 대표집필자로 내가 겪었던 악몽의 2개월

권희영(한국학중앙연구원 한국학대학원 교수)

2011년 5월, 결성된 한국현대사학회는 한국사학계에서는 증오의 대상이었던 모양이다. 그리고 그 학회의 초대 회장인 내가 대표 집필한 교학사 교과서는 그들에게는 죽이고만 싶은 대상이었던 것 같다.

왜곡된 한국사 교육을 바로 잡고 대한민국의 가치를 바르게 보자는 목표로 대표집필을 맡은 고등학교『한국사 교과서』가 국사편찬위원회의 제1차 검정을 통과한 것은 2013년 5월 10일이었다. 그 소식은 별다른 신문의 주목을 받지 못하였다.

8종 교과서 중 하나인 교학사 교과서가 통과된 8종 교과서 중의 하나로 속해 있었다는 사실이 뉴스거리가 될 일은 아니었기 때문

246

이다. 정작 한국현대사학회가 뉴스거리가 된 것은 5월 31일 학회가 아산정책연구원과 '교과서 문제를 생각한다'라는 주제로 공동개최한 학술대회 때문이었다. 이 대회에서 나는 '2012년 검정통과 중학교 역사교과서 현대사 서술의 문제'라는 제목의 논문을 발표하였다. 논문의 요지는 자유민주주의를 쓰기로 교육과정에 명시된 이래 출판된 교과서들이 과연 교육과정의 정신을 제대로 살리고 있느냐 하는 것을 점검하는 데에 있었다.

60년 전 남로당의 낡은 안경을 걸친 지금의 역사교과서

그런데 분석 결과는 뜻밖이었다. 중학교 역사 교과서들이 이전과 거의 아무런 차이 없는 내용들로 채워져 있었기 때문이다. 나는 중학교 역사교과서들의 내용을 분석한 후 이들 교과서의 좌편향성을 한마디로 압축하여 조선공산당-남로당이 사용하던 프레임을 그대로 사용하고 있다고 주장하였다. 이 주장이 사람들에게 충격을 준 것으로 보인다. 발표 하루 전날인 30일에 조선일보는 '아이들이 처음 배우는 歷史교과서가… 民衆사관으로 도배'라는 기사를 썼고, 같은 날 문화일보도 '여전히 左편향 심각한 歷史교과서, 개선 시급하다'라는 사설을 썼다. 세계일보 역시 '아직도 우물 안에 앉아 하늘 보는 역사교과서'라는 제목으로 사설을 썼다.

하지만 학술대회 당일 날인 31일 한국현대사학회를 증오하는 언론들이 총동원되어 폭격을 하였다. 그런데 묘한 것은 나의 논문을 폭격한 것이 아니라, 내가 대표집필을 한 교학사 한국사 교과서에 융단폭격을 한 것이다. 경향신문은 1면에 '뉴라이트가 만든 역사교 과서 검정 통과'라는 제목의 기사를 그리고 3면에 "우익 교과서 부각 목적… MB때 시작된 '역사 우향우' 본격화" 라는 기사를 썼다.

「한겨레」도 같은 날 <'이승만·박정희 독재 미화' 뉴라이트, 역사 흔들기 본격화'>라는 제목의 기사를 썼다. 같은 날 EBS 뉴스는 "권 회장이 집필한 교과서 역시 너무 우편향이라는 비판을 받아 왔습니 다"라고 보도하였다. 이로써 교학사 교과서를 규정하는 키워드가 만들어졌다. 뉴라이트, 독재 미화, 역사 흔들기, 우편향 등이 그것이 다. 이 키워드에다 트위터, 인터넷을 통하여 각종 유언비어가 부가 되었다.

"안중근 의사는 테러리스트, 유관순 열사는 여자 깡패", "일본군 위안부는 자발적인 성매매", 김구는 '빈라덴 같은 인물' 등등의 내 용이 '교학사' 교과서에 실려 있다고 유포되었다. 그리고 이를 응징 하기 위하여 '교학사'에서 출간되는 모든 책에 대하여 불매운동을 하자고 일부 인사들이 주장하였다. 실제로 '교학사'에는 협박전화 가 수도 없이 걸려 왔다고 한다. 광풍이 분 것이다.

정치권 역시 이 같은 광풍에 적극 동참하였다. 학술대회가 열리 던 당일인 5월 31일 오전에 진보정의당의 이지안 부대변인은 논평 을 통하여 교학사 교과서의 "본 심사 통과 과정도 의아스러운데… 다른 출판사들의 역사교과서에 좌편향 문제가 있다면서 논란을 부추기고 있으니 참으로 우려된다.”고 한국현대사학회를 공격하였다. 같은 날 오후에는 통합진보당 홍성규 대변인이 “우리 역사교육에 대한 터무니없는 음해와 심지어 좌파 운운하는 색깔론까지 등장해 국민들의 우려가 커지고 있다”고 좌편향 교과서들을 두둔하면서 한국현대사학회를 비판하였다.

국사학계의 반발에 이어 벌집을 쑤신 듯한
야당 정치권의 공격

그리고 이틀 뒤인 6월 2일 민주당의 배재정 대변인은 교학사 교과서의 내용에 대하여 “전부 공개된 것은 아니지만 일부 알려진 내용들은 경악할 만한 수준”이라고 하면서 김구와 안중근은 “테러활동을 한 사람”이라고 서술되어 있고, 5·16은 ‘혁명’으로 미화하고 4·19는 ‘학생운동’으로 폄하했다고 발표하였다. 그리고 교과부와 국사편찬위원회에 대하여 “심사과정을 전면 공개하고⋯ 최종심의에서⋯ 올바른 결정을 내릴 것을 촉구한다”고 하였다. 대한민국의 제1야당이 유언비어를 근거로 하여 교학사 교과서를 최종심의에서 탈락시키라고 요구한 것이다.

문제는 여기에서 그치지 않았다. 6월 4일 민주당의 김태년 의원은 내가 근무하는 한국학중앙연구원에 지난 5년간의 강의, 연구, 출장 등에 대한 세세한 자료를 요구하였다. 그리고 나 혼자 신상털기를 하기는 부족했던지 한국현대사학회의 임원인 동료 정영순 교수의 자료까지 같이 내라고 하였다. 또한 민주당의 정청래 의원은 6월 10일, 국회 대정부질문에서 정홍원 총리에게 김구가 "항일 테러 활동"을 했냐고 묻더니 "아니다"라고 하자, "뉴라이트 교과서에는 이렇게 나와 있고 이것이 통과했다."고 당당하게 말하는 진풍경을 연출했다.

한국현대사학회를 매도하고, '교학사' 교과서가 나오기도 전에 사산(死産)을 시키려는 광풍은 도대체 어디에서 불어온 것인가? 나는 그것이 언론, 정치권, 학계 등 어느 한 곳에 있다고 생각하지 않는다. 그 광풍은 대한민국의 밝은 과거와 미래를 모두 부정하고 거부하려는 잘못된 역사인식에서 나온다고 생각한다. 대한민국의 가치를 지키려는 시도를 잘못된 것으로 보려는 가치 전도의 역사의식이 원흉인 셈이다. 그 잘못된 역사인식은 우리 모두를 지옥으로 이끈다.

그래서 광풍이 한창 몰아치던 6월 4일 나는 '데일리안'에 기고한 글에서 "한 권의 교과서가 그들이 지배하던 암흑에 한 줄기 빛이 되지 않는다면 언론과 사이버 공간이 그렇게 요동치지 않을 것이다. 가만히 놓아두어도 자멸할 것이기 때문이다.

한마디로 교학사 교과서 하나가 등장함으로써 그들이 애써 감추려고 했던 치부가 드러날 것이기 때문에 암흑의 세력은 기승을 부린다."고 말할 수 있었던 것이다.

그래도 대한민국의 건강성을 발견한 것이 다행

하지만 이번 사건을 통하여 대한민국의 건강성 또한 발견하게 되었음은 무척 다행스러운 일이다. '교학사'는 각종 유언비어와 협박으로 불매운동까지 벌어지는 상황에서도 많은 분들의 격려와 지지에 힘입어 교과서 발간 의지를 포기하지 않았다. 한국현대사학회 역시 부당한 위협에 굴복하지 않았다. 특히 민주당이 김태년 의원을 통하여 정치적인 압박을 함으로써 학회의 활동을 위축시키려는 시도가 일어났을 때, 이를 걱정하면서 학계·법조계·시민단체 등으로 구성된 '역사 왜곡과 학문 탄압을 걱정하는 지식인 모임' 소속 420여 명이 성명서를 발표한 일은 근간에 볼 수 없었던 쾌거였다. 이런 민주당의 만행을 '현대판 분서갱유(焚書坑儒)'라며 거세게 반발하였다. 이처럼 대한민국의 가치를 지키려는 인사들이 분명하게 자기의 목소리를 내는 일을 시작한 것이기 때문이다.

자유라는 것은 그저 공짜로 얻어지는 것이 아니다. 지킬 수 있는 의지와 힘이 있을 때만 확보되는 것이 자유이다. 우리 대한민국 역사 자체가 자유 수호를 위한 투쟁의 역사였다. 해방공간에서 공산주의 세력이 소련을 등에 업고 '진정한 민주주의'로 위장하며 대중을 오도하고 있을 때 우리는 이승만, 김구, 한민당의 투쟁으로 조선공산당과 남로당의 교란과 폭동을 제어하면서 적화야욕을 좌절시켰다. 자유민주주의 체제를 가진 대한민국을 건국하면서 대한민국 국민의 자유를 지켰다. 6·25전쟁이 일어나서 생존의 갈림길에 처해 있었을 때 미군을 중심으로 하는 UN군의 도움으로 대한민국의 자유를 지켰다.

남북 분단 이후 북한이 대한민국에 도전하지 않은 때가 없었지만, 그럼에도 불구하고 대한민국은 북한을 압도하고 G20의 일원으로 우뚝 서게 되었다. 대한민국을 만들어낸 힘, 그것은 자유민주주의 체제가 보장하는 그 자유를 위하여 피와 땀을 흘리고, 생명을 내던지면서까지 헌신한 분들이 있었기에 가능한 일이다. 우리는 그 자유의 가치를 깊이 인식하고 그 역사를 기억하고 있어야 한다. 그래야 우리에게 미래에도 자유가 있을 것이기 때문이다.

내가 한국사 교과서를 쓴 이유 역시 자유를 지키기 위해서였다. 고통을 받아도 당당했던 것은 그 자유가 가치 있는 것이었기 때문이다. 뜻있는 언론과 시민사회가 나를 지켜준 이유 역시 대한민국의 가치와 자유를 지키기 위함이었다. 그러기에 지난 2개월여의 시간은 내게는 귀중한 시간이었다. 그 시기는 한편으로는 힘들었지만, 자유를 위한 연대를 체험하게 해준 소중한 시간이었기 때문이다. 이 기회를 빌려 함께 연대해주신 모든 분들께 깊이 감사를 드린다.

(『가야만 사는 길, 역사는 안보다』 글마당, 2013에서 발췌)

국사 교육 표준안을 만들어야 한다

김병헌(국사교과서연구소 소장)

언젠가 고등학교를 막 졸업한 사회 초년생으로부터 공무원 시험을 준비 중인데 국사는 어떤 책으로 공부하면 좋을지 추천해달라는 부탁을 받은 적이 있다. 고등학교에는 8종 검정 교과서가 있고 시중에는 수험서가 넘쳐나지만 선택하기가 쉽지 않다는 하소연이었다. 그런데 막상 추천하려고 하니 교과서든 수험서든 떠오르는 책이 없다.

우선 '한국사'라는 이름의 고등학교 검정 교과서는 분량으로 보나 서술 출입(出入)으로 보나 너무나 다양하다. 분량 면에서는 가장 많은 것과 적은 것의 차이가 무려 1백 쪽이나 된다. 내용으로 들어가면 어느 교과서에는 있고 어느 교과서에는 없는 서술, 모든 교과서에 실려 있으나 역사를 왜곡한 서술, 일부 교과서에 있으면서도 없는 것만 못한 엉터리 서술, 교과서마다 서로 다른 서술 등 한마디로 중구난방(衆口難防)이다. 이런 교과서를 두고 하나로 공부하자니 불안하고 8종을 다 보자니 엄두가 나지 않는다. 시중에 나와 있는 수험서는 더 말할 것도 없다. 8종 교과서와 앞서 출제된 내용들을 모두 담다 보니 대부분의 수험서가 1천 5백 쪽을 오르내린다. 의지할 곳 없는 수험생들은 결국 학원을 찾게 되고, 덩달아 국사 사교육 시장은 날로 커져만 가고 있다.

이 모든 문제는 고등학교 수준의 학생들이나 일반인들이 믿고 볼 수 있는 통일된 국사(國史)가 없기 때문이다. 국사 교과서 편찬을 위한 집필 기준이 있기는 하나 이는 집필의 방향을 정한 것이지 내용을 서술한 것은 아니다. 더구나 집필 기준 마련에 참여하는 인사는 누가 어떤 기준에 의해 선정하는지도 알 수 없다. 전문성은 갖추었는지, 좌우 균형은 이루었는지, 시대별 전문가가 골고루 참여하였는지 등 모두가 오리무중이다. 한국교육과정평가원 담당자가 몇몇 지인에게 전화로 참여를 요청하는 것인지, 아니면 공지를 통해 공개적으로 모집하는 것인지 알려진 게 아무것도 없다.

평가원에서 지난 12월에 시행한 3차 집필기준 시안 공청회 순서를 보면 평가원 소속 담당자와 현직 교사가 발제자 명단에 올라 있다. 교사는 지식 전달자이지 전문가가 아니다. 집필 기준은 비전문가인 교사가 마련하는데 교과서의 대표 집필자는 정작 대부분이 교수다. 교수가 집필한 교과서를 교사가 마련한 집필 기준을 근거로 평가하여 합격과 불합격을 판정한다. 주객전도(主客顚倒)의 어처구니없는 일이 벌어지고 있는 것이다.

집필 기준 마련 이후에 진행되는 교과서 편찬 과정은 또 다른 문제다. 집필 기준에 따라 교과서를 편찬할 때 어떤 자료를 근거로 편찬하는지 알 수 없다. 대체로 국사편찬위원회에서 운영하는 '우리 역사넷'에 수록된 자료를 기본으로 편찬할 것이라는 추측만 할 뿐이다. 하지만 '우리역사넷'의 자료는 그 분량이 방대한데다 애초에 잘못된 서술, 새로운 연구 성과가 반영되지 않은 서술, 논문으로 써서 수정하기 곤란한 사소한 오류 등이 적지 않다. 무엇보다 '우리역사넷'의 내용은 수정할 수 없다.

예를 들어 모든 고등학교 교과서에 1873년 최익현의 흥선 대원군 탄핵 상소를 계기로 대원군이 하야하고 고종이 친정을 선포했다고 서술되어 있으나 이는 전혀 사실과 다르다. 최익현의 상소에는 흥선 대원군의 탄핵을 요구한 내용도, 고종의 친정을 요구한 내용도 없다. 흥선 대원군은 하야(下野)라는 말이 어울리는 자리에 있지도 않았으며, 승정원일기나 고종 행장(行狀)을 보더라도 고종의 친정은 1866년 2월 13일에 이미 시작되었다. 또, 대부분의 교과서에서 고부 민란이 일어나기 전인 1893년 말에 배포했다고 소개한 사발통문(沙鉢通文)도 실상은 통문이라고도 할 수 없는 잡기(雜記)에 지나지 않는다. 이처럼 모두가 역사적 사실로 믿고 있는 오류들이 수정되지 않은 채 교과서에 수록되어 학생들에게 제공되고 있는 것이다. 이런 오류가 한 둘이 아니라는 점과 현행 교과서 편찬 체제에서는 수정이 불가능하다는 점에서 문제는 심각하다.

그렇다면 어떻게 해야 할 것인가. 방법은 '국사 교육 표준안'을 마련하는 것이다. 국립국어원에서 우리 국민이면 어느 누구도 의심하지 않는 표준국어대사전을 편찬하듯이 현재 국사편찬위원회 '우리역사넷'에 등재된 자료를 비롯한 연구 성과를 토대로 고등학교 학생들 수준에서 알아야 할 내용을 선별하여 '국사 교육 표준안'을 마련하는 것이다.

　이러한 작업을 위해서는 전담 부서를 설치하고 각 시대별 전문 가들을 모아 안정적이고도 지속적인 연구와 편찬이 가능하도록 해야 한다. 표준안을 마련하기 위해 구성된 담당 연구자들은 학계의 통설과 정설을 위주로 현행 고등학교 교과서 분량의 2~3배에 이르는 대략 1천 쪽 내외의 표준안을 마련하도록 한다. 연구자들은 기존 자료를 수합하여 별 논란이 없는 부분은 바로 정리하고, 이설(異說)이나 소수설이 필요한 경우 부기(附記)하여 참고할 수 있도록 하며, 새로운 연구 성과를 반영하여 수정하거나 추가하되, 학설의 대립이 첨예한 부분은 해당 분야 학회나 연구자 등에게 연구를 의뢰하여 결과를 도출하도록 하면 된다.

　이렇게 정리된 표준안을 별도의 홈페이지에 공개하여 누구나 열람하며 문제를 제기할 수 있도록 하여 지속적으로 수정하고 보완한다면 모두가 공감할 수 있는 표준안이 될 것이다. 현행 검정 교과서의 오류는 출판사마다 일일이 문제 제기하는 것도 어렵지만 출판사 입장에서 재량권을 넘어서는 부분도 적기 않기 때문에 잘못된 서술임에도 수정이 불가능한 경우가 대부분이다. 하지만 표준안이 마련될 경우 문제 제기와 수정이 모두 표준안으로 일원화되기 때문에 효율적인 수정과 관리가 가능해진다.

　국사 교육 표준안이 마련된다면 초·중·고 국사 교과서 편찬의 토대가 되고, 각종 시험 출제의 근거로 삼을 수 있을 것이다. 검정 교과서를 발행하는 출판사에서는 굳이 대학 교수가 아니더라도 교과서를 제대로 아는 능력 있는 교사와 출판사 전문 인력만 투입해도 좋은 교과서를 만들 수 있을 것이며, 잘만 운용하면 수험생들의 고충을 덜어줄 뿐만 아니라 사교육비 절감의 효과도 있을 것으로 기대한다.

무엇보다 모든 내용이 역사 전문가에 의해 관리되기 때문에 비전문가인 특정 세력의 영향력으로부터 자유로울 것이다. 특히 국사 교과서 개정 때마다 반복되는 국론 분열과 갈등도 당연히 해소할 수 있을 것으로 기대된다. 더 욕심을 부린다면 이를 축약 또는 재편집하거나 영어 또는 일본어를 비롯한 외국어로 번역하여 우리의 자랑스러운 역사를 외국에 알릴 수 있는 기본적인 자료가 될 수도 있다. 이와 같은 여러 가지 이유에서 '국사 교육 표준안'은 반드시 마련되어야 한다.

다시 써야 할 자폐증 현대사

박진용(언론인 / 역사저술가)

역사의 인과관계에는 기적이나 속임수라는 것이 없다. 전제정치와 식민지배의 경험밖에 없는 신생국이 군사정변이나 권위주의 독재 같은 중간역을 거치지 않고 민주정치로 직진한다는 것은 기적을 바라는 것이나 마찬가지다. 구 공산권 국가나 중후진국에서는 아직도 민주화를 이루지 못한 나라들이 훨씬 많다. 그 점에서 대한민국은 자유민주 체제의 이식(이승만)과 산업화의 달성(박정희)으로 민주화의 기반을 닦음으로써 세계 중후진국의 모델국가가 됐다. 좌경사관은 이 같은 현대사의 성취를 부정하고 무시하는 것으로 자신들의 자폐적 정체성을 고수하고 있다.

건국 논쟁은 그 대표적 문제의 하나다. 좌우합작의 성격을 띤 상해 임시정부를 대한민국의 건국으로 간주해 자유민주주의 대한민국의 정통성에 흠집을 내려는 시도에 다름 아니다. 1919년 임시정부 수립은 우리가 잊지 말아야할 역사기억의 하나이고, 1948년은 대한민국이 영토, 국민, 주권을 회복해 새로 건국한 해임이 분명하다. 건국이라는 표현을 쉽게 와 닿는 정부 수립으로 썼을 뿐이다. 이를 대한민국 수립 또는 정부 수립이라고 하는 것은 당당하지 못한 태도다. 우리 역사 교과서들은 고조선을 비롯한 고구려, 백제, 신라, 발해, 고려, 조선을 모두 건국한 것으로 서술한다. 유독 대한민국만 정부 수립 또는 수립으로 적고 있다. 고대나 중세, 근세의 국가들이 표현 여부와 관계없이 건국된 것처럼 대한민국 역시 건국으로 봐야 마땅하다. 이하에서는 이승만·박정희 대통령 공격을 통한 대한민국 부정의 3가지 주제 즉 ① 권위주의 독재, ② 군사정변, ③ 친일 청산의 부적절성과 부당성을 짚어보고자 한다.

조작, 왜곡으로 점철된 이승만 평가

건국 대통령 이승만의 업적은 독립투사로서의 활동, 자유민주주의 건국이념 채택, 농지개혁, 한반도 유일 합법정부의 지위 확보, 6·25 전란 극복, 반공포로 석방과 안보체제 구축, 평화선 선포, 교육혁명(문맹률 감소), 국제협력 노선을 통한 국가 발전의 토대 마련(원조 경제 21억 달러), 4·19 무혈혁명의 마무리 등을 꼽을 수 있다. 작고 가난한 나라였음에도 자주노선으로 국가의 자존심과 위신을 지켜냈다.

이런 수다한 업적들에 대해 7차 교육과정(2002~현재) 이후의 좌경 역사 교과서들은 충분한 주의와 합당한 서술을 끌어내지 못하고 있다. 좌경사관은 평생 반일노선을 걸은 이 대통령을 친일이라 낙인찍고, 평생 민족주의를 추구한 그를 친미라고 매도했다. 또 이승만 대통령의 업적을 폄훼하거나 모른 척 하고 독재정치와 부정부패에 초점을 맞추는 편협성과 이중성을 드러내고 있다.

공산 침략으로 국가 존망의 위기에 처한 신생 독립국 대한민국의 독재는 시대적 필연이었다. 1945년 이후 유엔이 탄생시킨 세계 70개 신생 독립국 가운데 독재가 아닌 나라를 찾는 것은 거의 불가능하다. 그런 세계사적 맥락을 무시하고 민주-독재의 2분법이나 윤리적 잣대만으로 역사를 바라보는 자폐성을 바로잡지 않으면 자기모순을 피할 수 없다. 이승만 권위주의 독재에 혐오감을 드러내면서 중국의 시진핑 (習近平), 러시아의 푸틴, 북한의 김정은 독재를 모른 척 하는 것은 역사를 속이는 일이다.

이승만 시대의 민주주의는 1인당 국민소득 50달러의 극빈상태, 문맹률 86%, 민주주의 경험 전무라는 당시 국가수준을 기준으로 평가돼야 한다. 북한이 적화통일을 노리는 국가 위기상황에서 민주와 독재로 두부모 자르듯 갈라치기하는 것은 역사학의 시야를 좁히는 흑백논리나 다름없다. 이승만의 반공독재에 대한 비판을 정당화하기 위해서는 공산독재에 대해 몇 배나 가혹한 비판의식을 보여줄 수 있어야 한다. 동시대 스탈린, 모택동, 김일성 등의 거악을 외면한 채 이승만의 양반독재만 문제 삼는 것은 연쇄살인마 대신 보행 위반자를 때려잡는 꼴이다. 권위주의 독재와 북한의 공산독재를 같은 부류로 얼버무리는 것도 진실을 조작하는 행위다. 인권과 국민 기본권, 법치주의, 다당제 등 자유민주주의의 테두리를 지키는 가운데 정치적 제한이 일부 가해지는 권위주의 체제와 자유민주주의의 모든 것을 부정하는 공산독재를 동렬에 놓을 수는 없다.

이승만 정부의 권위주의 독재에서 비롯된 부정부패는 노쇠한 이승만에게 직접적인 책임이 없었다하더라도 자신이 안고 가야할 멍에다. 그러나 이승만은 일부 동남아시아 권력자들처럼 개인적 비리 같은 추문을 남기지 않았다. 수많은 애첩과 상상을 초월하는 재산을 긁어모으고 족벌비리로 나라를 구렁텅이에 빠트린 질 나쁜 여러 독재자들과는 구분돼야 한다. 하야 때까지 단돈 몇 달러까지 아끼며 청정한 생활과 도덕성을 잃지 않은 이승만 같은 지도자는 역사에서 유례를 찾아보기 힘들다. 무엇보다 지금까지의 역대 대통령들이 이승만 대통령에 비견되는 도덕성과 통치술을 보여 준 예가 드물었다는 점에서 이승만 비판의 정당성에 의문을 제기하게 된다.

냉전시대, 군사정부 비판의 자폐성

7차 교육과정 좌경 교과서에서 박정희 대통령이 비판받는 부분은 5·16 군사정변, 한일 국교정상화, 베트남 파병, 3선 개헌과 유신독재 등이다. 이 가운데 다수가 공과에 대한 다툼의 여지가 있거나 다면성을 가지는 내용들이다. 개개의 역사 사건은 각본, 무대, 조명, 음악, 출연진, 연출진이 창조해내는 종합예술과 같은 것이다. 조명이 나쁘다고 전체 작품이 잘못됐다고 말 할 수 없는 것처럼 장님 코끼리 만지기 식으로 평가를 내려서는 안 된다. 특히 선과 악이라는 미시적-2분법적 접근은 역사를 왜곡시키기 십상이다.

5·16 군사정변은 헌법 규범만으로 해석할 수 없는 환경의 산물이자 현실의 상호 작용이었다. 당시 북한의 동향이나 국내의 혼란상황은 정변을 일으킬만한 유인을 제공했고, 정변에 상당한 정당성이 부여됐던 것도 사실이다. 세계적 시각으로 접근해보면 자유-공산 진영의 냉전이 격화되면서 신생 후진국 모두가 군사정변이라는 시대병을 앓고 있었다. 동아시아의 경우 인도네시아(2), 미얀마(2), 캄보디아(2), 태국(19), 라오스(9), 필리핀(4)이 2회에서 19회의 군사정변을 경험했다. 1965년의 베트남 파병과 1972년의 유신체제는 베트남 공산화(위기)가 촉발시킨 사건이었다.

대한민국이 세계의 중심국가로 도약할 수 있었던 것은 5·16 혁명이라는 기폭제가 있었기에 가능했다. 세계 10위의 경제 대국, 군사 대국, 정보기술 대국의 출발점이 5·16이었다. 그 점에서 5·16은 군사정변이면서 동시에 국가 개조의 혁명이었다고 할 수 있다. 18년을 집권하는 동안 박정희 대통령은 국가 발전에 매진했을 뿐 사리사욕에 얽매인 흔적을 남기지 않았다.

박 대통령의 정치적 유산은 이후의 역사에도 커다란 영향을 미쳤다. 5·16 군사정변이 일어난 1960년대 초에서 박 대통령 사후 10년이 지난 1980년대 말까지 30년 동안 대한민국은 농업사회에서 산업사회로 탈바꿈했다. 국민총생산은 30년 동안 줄곧 연10% 내외의 성장률을 보였다. 한국은 1960년대 초 1인당 국민소득이 필리핀(240달러)의 3분의 1에 머물렀으나 30년 만에 필리핀의 8배로 도약했다. 고도성장은 국민소득 1만 달러를 돌파한 1997년까지 이어졌다.

대한민국이 세계에 자랑스럽게 내놓을 수 있는 근대화 성공의 역사는 새로운 도약의 디딤돌이 돼야 한다. 군사정부, 반공정부가 이룬 일이라는 이유로 이를 깎아내리는 것은 역사를 왜곡하는 질 나쁜 행위다. 박정희 대통령의 개발독재는 당시 신생국의 세계적 추세였던 독재 사실보다 국리민복에 얼마나 유용한 결과를 가져왔 느냐에 초점을 맞추는 것이 개방적인 태도로 보인다.

좌경 역사 교과서들은 이런 박정희 시대의 업적을 부각시키지 않기 위해 한강의 기적이라는 용어 사용을 회피하거나 비틀어 적는 다. 어느 교과서는 한강의 기적의 주체를 우수한 관료들과 근면 성 실로 무장된 대한민국 국민이라고 규정했다. 박정희의 지도력이 빠 진 한강의 기적이 성립될 수 없다는 것을 잘 알면서도 곡필하고 있 는 것이다.

뿐만 아니라 박 대통령 폄훼를 위해 애매한 제목이나 교과 편제 로 업적을 얼버무리고 불가피한 부작용과 근거 없는 주장들을 진 실인양 적시하고 있다. 유신체제가 없었다면 1990년대 이후 한국 의 고도산업사회 진입이 불가능했다는 사실을 명시하지도 않는다. 이 모두가 좌경이념 종속과 자폐증의 결과들이다. 러시아가 스탈린 독재를, 중국이 모택동 독재를 영웅시하는 현실과 한국이 박정희의 근대화 혁명을 백안시하는 현실은 모두 비정상이다. 이런 가치의 전도를 어떻게 바로잡아나갈 것이냐가 역사가 대한민국에 묻는 물 음일 것이다.

친일청산에서 일제청산으로

해방공간에서 친일 문제를 처음 제기한 것은 1946년 2월 좌익연합단체인 민주주의민족전선(민전)이었다. 공산주의가 친일파 처단에 열을 올린 것은 유산계급 특히 지주세력을 제거해야 한다는 계급투쟁의 일환이었다. 이는 민족정기를 바로잡아야 한다는 민족진영의 지향과는 성격이 달랐다. 친일청산을 공산혁명을 위한 수단, 더 나아가 대한민국을 부정하기 위한 수단으로 등장시켰다는 이야기다.

1991년 설립된 반민족문제연구소가 펴낸 『친일파 99인』(1993)의 머리말과 서장을 보면 대한민국을 부정하는 것으로 일관하고 있다. 대한민국 전체가 친일로 범벅이 돼 구제불능이라는 것이 이들의 시각이다. 역사의 연속성을 무시한 채 신생국 대한민국의 모든 분야를 친일이라는 한 구멍으로만 바라보고 있는 것이다. 주어진 현실에서 어느 나라도 완벽한 과거 청산을 해내지 못했다. 과거와 현재를 분리시키는 일 자체가 불가능하기 때문이다. 친일 청산이 모든 것의 전부인 것처럼 생각하는 청산 방식은 중세의 종교재판과 다를 바가 없다.

이 연구소의 후신인 민족문제연구소 주도로 발간된 『친일인명사전』(2016)은 노골적 반 대한민국의 서술은 피했지만 저류에 흐르는 인식은 크게 다르지 않았다. 매국노, 민족반역자, 부일협력자의 세 범주 인사들 중 역사적 책임이 무겁다고 판단되는 4,389명을 친일파로 규정해 해방 전후 행적을 담았다고 밝혔다. 친일 청산 열기가 뜨거웠던 1949년 국회 반민족행위특별위원회가 확정한 친일파 688명을 60년이 지나서 6배 이상으로 늘려놓은 것은 자의성에 대한 의심을 피할 수 없다. 독립유공자로 지정됐던 인물들까지 일부 포함시켰다.

40년 가까운 일제의 압제를 겪었던 한국인들에게는 일본에 대한 민족적 트라우마가 있다. 그것은 망국과 친일에 대한 객관적이고 이성적인 판단을 어렵게 만들었다. 또 친일 응징이라는 감정에 도발된 나머지 더 중요한 일제 청산에 대한 고려를 소홀히 하고 말았다. 대마도, 간도, 연해주의 상실은 일제가 우리 땅을 강탈하거나 외국에 이권교환을 위해 포기한 땅이다. 이런 땅을 되찾으려는 의지의 확인이 일제청산이다. 수십 년을 내다보고 학술연구와 정책개발을 차분히 진행시키는 등의 국가적 의지를 결집시킬 필요가 있다.

일제청산의 하부 과제인 친일청산은 적어도 친일의 상황, 동기, 결과와 목표 부합성이라는 네 가지 요소가 고려돼야 한다. 친일의 상황에서는 40년이라는 긴 시간조건을 염두에 두고 생존을 위협받았던 1937년 중일전쟁 이후의 비자발적, 소극적 친일은 비상윤리를 적용해 불문에 붙여야 한다. 친일의 동기는 확인하기도 어렵거니와 자발성과 비자발성, 수단적 친일과 목적적 친일을 가리기가 쉽지 않다. 억울한 피해자의 발생을 막기 위해 구체적 동기가 확인되지 않으면 역시 불문에 붙여야 한다.

친일의 결과는 민족과 역사에 미친 부정적 영향의 크기를 말한다. 여기서는 해당자의 사회적 위치, 지식 정도, 결과에 대한 인식, 전반적인 생활성향, 생존에 대한 위협 정도 등이 두루 고려돼야 할 것이다. 여론의 도마에 오르거나 사회적으로 물의를 일으킬 정도로 결과가 분명한 경우가 아니면 제외대상으로 해야 청산의 정당성을 해치지 않을 것이다.

청산의 목표 부합성은 일제 식민사관의 간계에 빠져들지 않으면서 역사의 유연성을 확보하기 위한 조건이다. 아무런 국가적 실익이 없는데도 친일파를 양산하거나 내분과 자멸을 유도하는 다툼의 소재가 되도록 하는 일은 피해야 한다는 의미다. 친일청산이 중요하다고 해서 국가의 정체성이나 국가의 상징을 다치게 하는 것은 백해무익일 뿐이다. 이승만 대통령, 박정희 대통령, 장면 국무총리, 음악가 안익태, 홍난파 등을 친일파로 규정하는 것은 그 실제를 인정하기도 어렵거니와 식민사관의 덫에 걸린 친일 자충수가 될 우려가 크다.

* 이상 내용은 박진용(전 매일신문 논설실장) 저『다시 쓰는 한국 현대사 70년』(2019)에서 발췌 요약한 것입니다.

문명고와 인헌고 사이에서 역사로 찢긴 교육 현장

박석희(경기 화성시 마산초등학교 교사)

중세의 종교전쟁과 다름없는 이 땅의 역사전쟁

국정 교과서를 채택했다는 것 하나만으로 온갖 고난을 겪은 문명고를 생각하면 문득 인헌고 사태가 생각난다. 인헌고 선생님들은 학생들에게 반일감정과 일본혐오를 조장하는 팸플릿과 교육 활동을 학생들에게 강요했고, 반발하는 학생들을 다른 학생들을 동원해 따돌렸다. 반일불매운동은 자발적인 시민운동이기에 학교에서 실시해도 괜찮으며, 이에 반대하는 학생들이 극우에게 선동된 이상한 아이들이라는 논리였다. 그러나 문명고에서 국정 교과서를 채택하거나 디지텍고에서 '교학사' 교과서를 채택했을 때는 학생들의 의견을 들어보지도 않고 일방적으로 교과서를 채택했다며 들고 일어났다.

이들은 국가가 하나의 역사관을 '강요'한다며 한국사 교과서 국정화를 역사의 퇴행으로 규정했지만, 검정 기준을 통과했음에도 자신들과 다른 역사관을 토대로 교과서를 서술했다는 이유로 자신들과 이념적 성향을 공유하는 언론과 시민단체들을 동원하여 친일과 독재 타도의 낙인을 찍으며, 정상적 교육과정 운영을 방해했다. 그러나 이들은 자신들이 가르치는 내용이 좌편향이라는 비판을 들으면 부당하다며 억울해했다.

이들에게 있어 한국사 교과서 국정화의 문제는 역사의 해석을 국가가 독점한다느니 획일화한다느니의 문제가 아니었다. 그렇다면 지금 정권이 바뀌고 나서 일제시대나 현대사 사건에 대해 정부가 규정하는 바깥의 내용을 공공연히 유포하면 벌을 내린다는 법을 발의하는 국회에 대해 교사들은 정당한 역사 해석과 수업권의 보장을 위해 분연히 들고 일어나야 한다. 그러나 그런 모습은 전혀 없고 인헌고에서처럼 편향된 교육을 명백하게 거부하는 학생들에 대해서도 오히려 정당한 교육활동을 방해하는 극우 문제아라고 다른 학생들 앞에서 낙인찍으며 학생 인권과 학생 중심 교육을 부르짖었던 본인들의 신념과 정반대되는 모습만을 거리낌 없이 보여주고 있을 뿐이다.

이들에게 역사 교육은 진리의 지위를 둔 독점적 해석을 둔 싸움터에 불과했다. 역사적 다양성은 애초부터 그들의 머릿속에 있지 않았다. 이들에게 역사는 과거를 살아간 사람들의 이야기에 대한

담백한 서술이 아니라 자신들이 정의로운 사람이라고 상정한 사람들의 종교 경전이어야만 한다고 말하는 것과 다를 바 없었다. 그래서 역사 교과는 자유롭고 다양한 해석에 입각한 과학적 탐구라기보다는 중세의 종교 전쟁과 같았고, 학교와 몇몇 교육자는 이 종교 전쟁을 수행하는 퇴행적 역할을 기꺼이 수용했다. 우리의 교육 환경이 그만큼 낙후되고 교육자들의 의식 수준이 기대할만큼 높지 않다는 현실의 반증이었다.

정치적 편견과 이데올로기 편향에 운영되는 교육과정

지금까지도 고초를 겪는 문명고등학교의 풍경을 보면, 현장에서 아이들을 가르치는 교육자로서 마음이 무겁기만 하다. 정치로부터 보호받은 독립적인 공간에서 훌륭한 교육을 받아야 할 아이들의 터전이 정치적 공격으로 무참히 할퀴어졌기 때문이다. 그것이 앞으로 좋은 교육을 고민해야 할 선생님들에게 주어진 현실이라는 점에서 우리는 이 한계들을 무겁게 인식하지 않을 수 없다.

로널드 드워킨의 『민주주의란 가능한가』를 읽어보면, 정치적 분열이 너무 심해 한 나라가 마치 두 나라가 된 듯 모든 사회적 주제에서 정확히 양극으로 분열되어 대화가 불가능할 지경이 되었다는 비판이 등장한다. 이 비판은 미국 사회의 정치적 양극화를 다룬 것이나, 우리의 현실을 더욱 극명하게 보여주는 것 같다. 우리는 마치

서로 다른 나라가 과거사를 두고 다투듯 학교에서도 역사 교과서를 두고 크게 다투고 있다. 학생들의 전인적 발달과 인격의 성숙을 위해 자주적이고 전문적인 문화에서 역사를 가르쳐야 할 교사들조차 정치적 편견과 이데올로기 편향에 따라 교육과정을 운영한다. 여기저기서 곪은 상처가 터지고, 국민들은 학교가 적절한 역사교육을 베풀고 있는지 불안해하며 의심의 눈빛을 거두지 못한다.

역사교육의 편향에 관한 문제는 국민들 개개인의 좌우 신념을 가리지 않고 제기된다. 현대사는 세계관과 이해관계가 전혀 다른 이들의 충돌과 갈등으로 점철되어 있어서 어떤 서술과 내용이든 이러한 역사적 사건들로부터 직간접적으로 관계되어 있을 수밖에 없는 많은 국민들에게 불편한 감정을 자극할 수밖에 없기 때문이다.

그런데도 국민들은 치우치지 않고 공정한 시각에서 현대사 교육이 다뤄지고 자녀들이 편향된 교육의 희생자가 되지 않기를 원했다. 오히려 갈등과 충돌이 첨예하기에 국민의 세금으로 공적인 기능을 수행하는 국가 공교육에서야말로 제대로 된 역사교육으로 학생들이 역사에 대한 깊은 이해를 통해 더 나은 사람이 되기를 바라고 정치의 희생양이 되지 않기를 바란 것이다.

학교 교육 현장에서는 오래전부터 대한민국의 건국과 경제성장을 분단과 독재로만 접근하며 이데올로기적 편향성으로 사회와 역사 교과를 정치적 선전과 프로파간다의 도구로 썼던 교육자들이 있었기 때문에 자녀들을 학교에 보낸 국민들은 불안감에 시달렸다. 대한민국은 친일파의 나라고 양민들을 잔인하게 죽이고 정부 기관과 시설들을 방화하고 파괴했던 빨치산들을 통일운동가라고 자신의 자식들에게 가르치는 모습은 충격을 주기에 모자라지 않았다. '전교조'라는 말은 80년대 억압적이고 권위적인 교육계의 문화에 일시적으로 신선한 바람을 일으켰던 신진 교사들이 아니라 자신들의 시대착오적이고 꽉 막힌 세계관을 학생들에게 강요하는 개량 한복 입은 완고한 사람들의 이미지로 국민들에게 다가가게 된 것은 그들의 역사교육에서 비롯된 것이었다.

대안교과서, '교학사' 역사 교과서나 한국사 국정화 교과서는 이러한 문제의식에서 시작된 것이었다. 외세는 무조건 나쁘고 교육현장을 목소리 큰 이데올로기 그룹이 주도하며 학생들에게 편향된 세계관의 역사교육을 주입하는 것을 막을 수 없는 상황에서 근대화와 제국주의와 냉전이라는 복잡한 시대적 조건에 기초했던 초기 국제화에 대해 비교적 긍정적인 시각을 가지고 균형 잡힌 시각을 가질 수 있는 교재를 마련하게 된 것이다.

그러나 결과는 가혹했다. 역사교육을 다양한 관점으로 교류하고, 사실관계를 바탕으로 끊임없이 해석을 고치고, 합리성과 과학성을 더해가며, 과거에 대한 이해를 깊게 한다기보다는 어떤 역사적 관점이 진리성을 가지고 있느냐를 두고, 치열하게 싸우는 종교 논쟁과도 같이 사태는 흘렀다.

교육과정에 기초한 검정 절차들을 통과했음에도 이단의 지위에

놓인 소수파 교과서들은 그것을 채택한 학교에 대한 낙인과 자신의 자식들에게 가르치는 모습은 충격을 주기에 모자라지 않았다. '전교조'라는 말은 80년대 억압적이고 권위적인 교육계의 문화에 일시적으로 신선한 바람을 일으켰던 신진 교사들이 아니라 자신들의 시대착오적이고 꽉 막힌 세계관을 학생들에게 강요하는 개량 한복 입은 완고한 사람들의 이미지로 국민들에게 다가가게 된 것은 그들의 역사교육에서 비롯된 것이었다.

대안교과서, '교학사' 역사 교과서나 한국사 국정화 교과서는 이러한 문제의식에서 시작된 것이었다. 외세는 무조건 나쁘고 교육 현장을 목소리 큰 이데올로기 그룹이 주도하며 학생들에게 편향된 세계관의 역사교육을 주입하는 것을 막을 수 없는 상황에서 근대화와 제국주의와 냉전이라는 복잡한 시대적 조건에 기초했던 초기 국제화에 대해 비교적 긍정적인 시각을 가지고 균형 잡힌 시각을 가질 수 있는 교재를 마련하게 된 것이다.

그러나 결과는 가혹했다. 역사교육을 다양한 관점으로 교류하고, 사실관계를 바탕으로 끊임없이 해석을 고치고, 합리성과 과학성을 더해가며, 과거에 대한 이해를 깊게 한다기보다는 어떤 역사적 관점이 진리성을 가지고 있느냐를 두고, 치열하게 싸우는 종교 논쟁과도 같이 사태는 흘렀다.

교육과정에 기초한 검정 절차들을 통과했음에도 이단의 지위에

놓인 소수파 교과서들은 그것을 채택한 학교에 대한 낙인과 따돌림들로 이어졌다. 역사는 해묵은 대중의 감정과 낙인, 조리돌림과 따돌림으로부터 자유롭지 못할 뿐만 아니라, 그것을 강화하는 기제로서만 존재해야 한다고 말하는 듯했다. 그 순간 역사교과와 역사교육은 인간을 과학적인 근대인으로, 주체적인 개인으로 거듭나게 하는 교과로서가 아니라, 종교적 이데올로기로서 정해진 세계관을 수용하는 중세 종교경전으로 전락했다.

교육 현장은 현재 특정 정치지향을 가진 집단들이 지역 교육청의 교육감 선거에서 압도적으로 승리한 전리품에 지나지 않는 것처럼 취급되고 있다. 이제 교육은 국민들이 바라고 안심하고 아이들을 맡길 수 있는 안전한 지적 성장의 공간이 아니라 정치 세력들이 자신들의 의제를 확대 재생산하고 대량 유포할 수 있는 기반 시설이나 다름없이 되었다. 이런 것들을 바라자고 민주주의를 지킨다며 광장으로 나온 게 아닐 것이다.

소중한 것들을 지키기 위해서 우리는 보다 똑똑해져야 한다. 훌륭한 교육과 그것을 가능케 하는 민주주의가 바로 그런 것들의 예가 될 것이다.

민주시민 교육을 위한 역사교과서가 나와야 한다

민주주의(democracy)란 한 국가의 주권을 특정 개인이나 집단이 아닌, 국가에 속한 모든 국민에게 부여하고, 이렇게 부여된 개개인의 권력을 기반으로 현실정치를 구현하는 사상 또는 그런 정치체제를 뜻한다. 국민이 그 나라의 주인이자 주권자인 정치 제도다.

영어로 민주주의를 뜻하는 'democracy'의 어원은 그리스어 demokratía에서 파생되었는데, 이것은 '엘리트에 의한 지배'의 반대 개념으로 '인민에 의한 지배(rule by the people)', 즉 선거를 통해 피치자 스스로가 권력의 정당성을 부여하도록 하는 정치 체제를 의미한다. 사전에서는 민주주의를 "국민이 권력을 가짐과 동시에 스스로 권리를 행사하는 정치 형태"라고 정의하고 있다.

민주주의의 궁극적인 목적은 지배 계급의 억압과 착취로부터 개인의 자유와 평등이 침해되는 것을 최소화함으로써 인간의 존엄성을 수호하는 것이다. 하지만 민주주의는 저절로 이루어지는 것이 아니다. 오늘날 선진국으로 존중받는 나라들은 현재와 같은 민주주의를 향유하기 위해 오랜 기간 수많은 희생과 투쟁의 과정에서 많은 사람들이 피를 흘려야 했다.

미국의 정치학자 로버트 달(Robert Alan Dahl)은 민주주의 관련 이론에 중요한 기여를 하여 20세기 최고의 민주주의 이론가라는 평을 듣는다. 그의 연구에 의하면, 민주주의는 아무 곳에서나 정상 작동하는 것이 아니다. 지금 당장 굶어죽는 사람이 속출하는 곳에서는 '투표권'보다 '빵'이 더 시급하다. 민주주의, 특히 서구식 자유민주주의가 가능하려면 1인당 소득 4,000~7,000달러의 물적 토대와 잘 훈련된 중산층, 그리고 민주주의를 원활히 운용할 수 있는 민주시민교육이 요구된다.

미국의 정치학자 벤저민 바버는 "시민은 태어나는 것이 아니라 만들어진다."고 외쳤다. 민주주의를 실행할 수 있는 능력을 보유한 민주시민은 저절로, 우연히 생겨나지 않는다는 뜻이다. 그렇다면 민주시민을 만들기 위한 민주시민교육이란 무엇인가?

'민주시민교육'이란 용어는 많이 들어봤지만, 그것이 구체적으로 무엇을 의미하는지, 어떤 내용을 가르쳐야 하는지를 이해하는 사람은 거의 없다. 그 개념조차 정립되어 있지 않으니 어떻게 민주시민교육을 학교에서 시행할 수 있겠는가.

민주시민 교육이란?

현재 한국 사회가 처한 민주주의의 위기는 민주시민교육이 부재한 탓이다. 지금이라도 당장 이 교육을 시작해야 하는데, "민주시민교육의 핵심 콘텐츠는 이것이다."라고 자신 있게 정의할 수 있는 사람도 없고, 커리큘럼도 존재하지 않으니 눈앞이 캄캄해진다. 이럴 땐 민주주의 선진국의 사례를 연구하면 교훈이 도출된다. 미국의 교육 분야 석학인 로버트 프리먼 버츠는 자신의 저서 『민주시민의 도덕』에서 민주시민교육의 핵심 콘텐츠를 다음 세 가지로 정의했다.

첫째, 건국의 이념과 역사(국가의 영혼과 목표)

둘째, 국가의 정체성과 법치주의(헌법의 내용)

셋째, 민주시민의식(즉 국민의 권리와 의무, 권한과 책임)

이 세 가지를 철저히 가르치는 것이 민주시민교육의 핵심이란 뜻이다. 우리 학교 현장에서 현재 진행 중인 교육 내용을 로버트 프리만 버츠의 주장과 비교해보자. 현행 초중고 교과서는 신채호 류의 '민족' 개념에 입각한 투쟁사관으로 도배질되어 있다. 즉 이 땅의 진정한 역사는 임진왜란 당시 의병투쟁, 갑오농민전쟁(동학 농민운동) 및 항일무장투쟁을 거쳐 해방을 맞았다. 이 과정에서 통일정부 수립 열망을 억누르고 외세와 야합한 친일파 민족반역자들이 분단 정권을 수립했으니, 대한민국 건국은 부정되어야 마땅하다고 주장한다.

이처럼 외세와 야합한 분단주의자들에 저항하여 통일정부를 수립하기 위해 1946년 대구에서 민중항쟁이 폭발했고, 제주 4·3 투쟁, 여수·순천 민중항쟁이 발생했다고 꾸며냈다. 명백한 남침전쟁으로 규정된 1950년 6·25 사변을 저들은 "민족통일정부 수립을 위한 인민군의 남하"이며 "조국 통일전쟁"이었다고 역사를 창작해 냈다.

6·25를 통한 민족통일정부 수립 열망이 미 제국주의자들의 개입에 의해 실패했고, 그들의 뜨거운 통일 열망은 1960년 4·19 의거와 5·18 광주민주화 항쟁, 1987년 민주화 항쟁을 거쳐 2016년 촛불혁명으로 이어졌다는 민중투쟁사관이 주류로 자리 잡았다. 또, 이런 관점에 의해 초중고 교과서가 쓰여졌고 언론을 통해, 문화 콘텐츠를 통해 광범위하게 확산되었다.

이 나라의 청소년들은 정규 교과과정을 마치고 사회로 나오면 자연스럽게 장기간의 민중투쟁사관에 입각한 교육에 의해 대한민국을 반대하고, 민족통일정부 수립의 대의에 동참하지 않으면 안 되는 '민주시민'이 탄생되는 것이다.

이러한 민중투쟁사관이 성립하려면 제 나라 국민을 노예로 부려 먹은 세계 최악의 노예제 왕조 조선은 민주적 제도에 의해 원활히 작동되는 위대한 성리학의 나라가 되어야만 한다. 조선의 국가지도부는 자본주의 맹아론에 의해 자생적 근대화를 위한 원대한 작업을 추진했다. 그 노력이 결실을 맺기 직전, 침략근성으로 똘똘 뭉친 일제가 조선을 침탈하여 자생적 근대화가 붕괴되고 민족모순, 계급모순에 가득 찬 불행한 나라가 되었다고 꾸며댔다.

고종은 위대한 항일군주요, 개명군주이고, 일제는 간악한 침략자가 되어야만 이 논리가 성립된다. 그렇게 역사가 소설처럼 꾸며졌다.

실제 역사는 어떻게 진행되었나?

하지만 실제 진행된 역사적 사실(historical fact)는 이런 주장과는 정반대였다. 조선은 자생적 근대화를 위한 어떤 준비도 되어 있지 않은, 노예제에 기반을 둔 중세 암흑 사회였다. 고종은 러시아라는 외세에 의존하려다 '영국-러시아의 그레이트 게임'이라는 세계 패권 질서를 엉망으로 만들었다.

패권국 영국은 일본과 동맹을 맺고, 러시아의 한반도 남진을 저지하는 역할을 일본에게 맡겼고, 러일전쟁에서 일본이 승리했다. 그 후 세계열강은 틈만 나면 러시아를 한반도로 끌어들여 세계 질서를 어지럽히는 대한제국의 관리권을 일본에게 넘긴 것이 망국의 근본 원인이다.

광복군 680여 명, 조선의용대 300여 명 등 무장 독립군이 존재하고 있었던 것은 사실이다. 김일성이 소속되어 있었다고 주장하는 중국 공산당 산하의 동북항일연군은 한민족의 독립과 해방을 위해

투쟁한 집단이 아니다. 그들의 행동강령과 활동지침은 "중화조국을 옹호하고, 동북실지(즉 만주)를 회복하며, 항일운동을 통해 중국을 구한다."고 되어 있다.

당시 일본은 세계 최첨단 무기로 무장한 700만 대군을 태평양전쟁, 중일전쟁에 동원한 군사강국이었다. 수백 명의 독립군이 아무리 원대한 꿈과 이상을 가진 무장집단이었다 해도, 수백만의 일본군와 싸워 독립과 해방을 쟁취하는 것이 가능했을까?

민중투쟁론자들도 그 정도의 상식 정도는 충분히 이해하고 있는 사람들이라고 믿으시는가? 그들은 자신들이 창작해낸 역사가 가능했다고 주장하기 위해 "솔방울로 수류탄을 만드시고, 낙엽으로 전투함을 만드시며, 모래알로 쌀밥을 지으시는" 신출귀몰의 귀신이나 다름없는 존재를 소도구로 등장시켰다. 이른바 '환각의 전투'를 창작해 낸 것이다.

역사적 사실에 의하면, 이 나라의 독립과 해방은 우리 항일 무장독립군의 일제와의 가열찬 무장투쟁의 결과로 얻어진 것이 아니다. 미국을 위시한 연합군이 세계 패권 질서에 도전한 일본과 전쟁을 하여 그들을 항복시킨 후, 일본제국을 해체하는 과정에서 한국을 일본제국으로부터 떼어내어 독립시켜준 것이다.

그 후 UN총회 결의에 의해 UN 감시하에 총선거를 실시하여 제헌의회를 구성하고, 제헌의회에서 헌법을 제정한 다음, 그 헌법에 의거하며 대한민국을 건국했다. 그렇게 탄생된 신생 대한민국을 UN이 승인함으로써 대한민국은 'UN의 자손'이란 평을 들을 정도였다. 어느 누가 분단정권 수립을 획책하여 그 음모에 의한 결과물이 아니라, UN이라는 국제사회의 결의에 의해 탄생된 국제법적인 합법 정부가 대한민국이란 뜻이다.

오늘 우리 사회는 항일무장투쟁이라는 환각의 전투를 수행한 세력을 숭앙하고, 대한민국의 독립을 보장한 카이로 선언 같은 외교적 성과를 이끌어낸 외교독립론은 아예 역사에서 지워버렸다. 대한민국의 건국을 끝까지 반대한 김구를 추앙하고 그를 영웅으로 받든다. 반면에 외교독립운동을 통해 세계 패권국의 지지와 성원을 통해 대한민국을 해방·독립시키고, 대한민국의 건국을 이루어낸 이승만에게는 독재자의 오명을 뒤집어 씌워 '역사의 감옥'에 가두었다.

날조된 민중투쟁사관에 세뇌되어 이승만이 미 제국주의자들의 강요에 의해 친일파를 동원하여 분단정부를 먼저 수립했으므로 정통성이 없고, 주체사상으로 국가를 건설해 온 북한에 정통성을 부여해야 한다는 해괴한 주장들이 난무하고 있다. 게다가 6·25를 북한 공산집단의 남침이 아니라 민족해방전쟁이라고 허위와 거짓으로 포장된 선전선동이 난무하고 있는 것이 작금의 현실이다.

오늘날 우리 사회는 건국에 대해서조차 의견의 일치를 보지 못하고 있다. 한쪽에서는 대한민국의 건국이야말로 공산화를 막고 대한민국이 성공으로 향하는 출발점이었다고 주장한다. 반면, 다른 쪽에서는 건국은 분단을 야기한 출발점이니 '건국'이라는 용어 자체를 부정하고 '남한만의 단독정부 수립' 혹은 '분단정권의 출범'이라고 강변한다.

민주시민을 육성하는 민주시민교육의 출발점은 건국의 역사와 이념을 정확하게, 그리고 객관적 사실에 입각하여 제대로 가르치는 것이다. 이를 위해서는 우리가 살고 있는 대한민국이 어떤 과정을 거쳐 건국이 되었고 그 주역은 누구인지, 당시 이 나라를 둘러싼 국제정세와 주변 환경은 어떤 상황이었는지를 낱낱이 밝혀내야 한다.

대한민국 건국을 통해 '국가 형성(state building)'은 해놓았다. 하지만 민주시민교육을 통해 건국의 이념과 역사를 제대로 가르치고, 국가의 정체성과 법치주의를 교육하며, 국민으로서의 권리와 의무, 권한과 책임을 수행토록 하는 작업은 이루어지지 않았다. 그 결과 우리는 국가이념과 정체성에 대해 공감하고, 역사인식을 공유하는 '국민 형성(nation building)'에 실패하여 숱한 갈등과 반목을 반복하고 있는 것이다.

교과서를 민주시민교육의 기본에 맞게 다시 고쳐 쓰지 않으면 오늘과 같은 이념적 무정부 상태는 계속될 것이다. 그 필연적 귀결점은 베트남과 같은 망국이란 사실을 우리는 기억해야 한다.

역사 거꾸로 바라보기

송○○(문명고 2학년)

역사의 전환기에는 다양한 길과 출구가 운명처럼 펼쳐진다. 비극적 미래가 도사리는 위험한 출구도 있고, 새로운 밝은 평원을 맞이할 수 있는 올바른 출구도 있다. 그래서 역사의 전환기에 지도자의 선택은 국가의 명운을 결정짓는 대단히 중요한 행위이다. 우리는 1945년 해방 이후가 바로 역사의 전환기였다. 1948년 대한민국 정부가 수립된 후 새로운 제도의 구축과 시대정신은 매우 옳았고 오늘날 대한민국이 있게 한 원천이었다. 그때 다른 선택을 했다면 확률적으로 오늘의 자유민주주의 대한민국은 없었을 것이다.

1945년 이후 식민지로부터 독립한 나라 중에 국민 소득 50달러에 나라가 30,000달러의 나라로 바뀐 나라는 우리나라가 유일하다. '한국의 모든 것을 따라하라'라고 부르짖는 동남아시아 지도자들의 메시지를 통해 알 수 있듯이 대한민국은 20세기 후반에 가장 성공한 국가 모델을 이룬 나라이다.

그 원형을 만든 것이 1945년 이후 대한민국 정부 수립과 그 이후에 이루어진 여러 가지 제도 개혁들이다. 이승만 대통령은 미국에서 교육을 받은 사람이고 미국식 자유민주주의와 시장경제의 장점을 누구보다도 잘 알았던 사람이다. 그래서 대한민국 정부가 수립될 때 기본적으로는 미국식 자유민주주의와 시장경제를 이식하는데 초점을 두었다.

농지개혁을 시도하다

대한민국의 농지개혁이 전 세계적으로 가장 성공한 농지개혁중 하나이다. 농지개혁을 통해서 우리 농촌의 전통적인 지주계급 천석꾼, 만석꾼이 없어지고 농촌에 소농체제를 확립을 했고, 그 소농들 간의 경쟁 속에서 많은 사람들이 도시로 나올 수 있는 여건을 만들었다. 전통적인 지주 계급이 사라졌다는 것은 기득권의 저항력이 약화됐다는 것을 의미하며, 새로운 제도를 이식하거나 새로운 경제 환경을 만드는데 유리한 조건이 형성됨을 의미했다.

교육개혁을 시도하다

프린스턴 대학 박사학위 소지자인 그는 미국 교육의 장점을 누구보다 이해하고 있던 사람이었다. 독립협회 때부터 애국계몽운동을 통해서 교육이 가장 중요하다는 것을 깨달았던 사람이고, 대한민국 정부를 수립하면서 누구보다도 교육에 희망을 걸고, 거기에 많은 투자를 했다.

당시 GDP가 상당히 적긴 했지만, 정부 예산의 가장 많은 부분을 교육에 쏟아 부었고, 의무 교육을 실시했다. 또한 역사적 소명의식을 함께 공유하던 지역의 지도자들과 힘을 모아 그 당시 많은 사립학교가 설립되었다. 그 결과 78%이던 우리나라 문맹률이 1948년 이후에 의무 교육이 실시되고 중학교 고등학교 대학교가 다량 생기면서 50년대에 후반이 되면 문맹률이 20% 수준으로 떨어진다.

교육 개혁이 있었기 때문에 많은 사람들이 '아 이제 아이들을 교육을 시켜야 되겠다.'는 생각을 하게 되고 교육이라는 것을 통해서 계층 상승의 희망을 보게 되었다. 부모들은 '허리띠를 졸라매고 배고픔을 참아서라도 아이들을 학교에 보내야 되겠다.'는 생각들이 뿌리내리게 된 것이다. 이 교육열이 60년대 70년대 80년대 대한민국 경제 발전에서 우수한 노동력을 창출하도록 만들고 그들이 산업 각 분야로 배출되면서 한국의 노동력의 우수성이 확보됐고 그 힘을 바탕으로 경제 발전을 이룰 수 있었던 것이다.

한미상호조약을 체결하다

　비록 이승만 대통령이 정권을 운영하는 차원에서 여러 주변 사람들이 권력을 남용하고, 또 그런 과정에서 부정선거나 부정부패 때문에 임기를 채우지 못하고 결국 하야를 하고 말았지만, 공산화로부터 대한민국을 지켜내고 미국이라는 강력한 동맹을 이끌고 와서 '한미상호조약'을 체결하는 세계정세를 읽을 수 있는 유일한 민족 지도자였음은 부인할 수 없다. 역동적인 세계 질서와 힘의 관계 속에 어디와 동맹을 맺어야 될 것인지 그리고 어떤 노선을 취해야 될 것인지에 대해서 뚜렷한 식견과 신념을 가지고 있었던 지도자는 이승만 대통령이었다.

　오늘날 우리 역사를 배우는 많은 사람들이 그에 대해서 부정적인 이야기들을 많이 한다. 물론 공이 있고 과도 있다. 그러나 과에 대해서 우리가 과소평가 할 필요도 없지만 공에 대해서 가감 없이 평가해 주는 것도 우리 역사를 제대로 보는 길이지 않을까 한다. 완벽한 사람이나 지도자를 원하는 것은 너무 지나친 욕심이 아닐까? 중국의 마오쩌뚱(모택동)의 통치 중 많은 인민이 굶어 죽었고 '문화혁명'으로 오점도 남겼지만, 여전히 국부로 존경받는 것처럼 우리들도 이런 역사적 사실을 간과하지 않기를 바란다.

교육의 변화

홍택정(문명중·고등학교 이사장)

교육이 국가의 가장 중요한 '백년지대계'라고 귀가 닳도록 들어왔다. 어느 정권의 어느 교육부 장관을 막론하고 앵무새처럼 반복해온 말이다. 하지만 그렇게 교육의 백년지대계를 부르짖은 정치인들이 실상 아무런 성과를 거두지 못한 채 공수표를 남발했음을 부정하지 못할 것이다.

교육부는 옥상옥의 위치에서 획일적 탁상공론으로 장관이 바뀔 때마다 교육정책이 바뀌었다. 朝變夕改와 朝三暮四가 우리 교육부를 한마디로 표현하는 가장 적절한 비유일 것이다. 모 정치인의 교육부 폐지 발언 조차 일부 공감대를 형성하기도 했을 정도이니 알 만한 일이다.

가장 깨끗하고 오염되지 않아야 할 곳이 교육계다. 우리 사회의

286

마지막 보루다.

물론 훌륭한 교육자들도 많지만, 속내를 들여다보면 곪아 문드러져 있다. 신성한 교육감이란 자리에 대한 모리배적 발상으로, 인사권과 예산집행권의 남용에서부터 특정 이념실현과 이권 챙기기로 얼룩져있다. 교대와 사대, 초등과 중등의 대결 구도 하에 오로지 이권에만 연연해 온 게 교육감 선거의 솔직한 현실이었다.

이제 교육은 이 모든 구태를 떨쳐내고 새롭게 탄생해야 한다. 먼저 정치적 영향에서 벗어나야 한다. 지금과 같은 정치 논리가 교육을 지배한다면 교육의 미래는 없다. 세계 어느 나라에서나 일할 수 있는 능력 있는 인재를 양성하는 것이 급선무다.

학원으로 내몰리는 불쌍한 이 나라 어린이들의 축 처진 어깨와 창백한 얼굴에서 미래의 희망을 발견하기 어렵다. 청소년의 빈번한 자살은 무엇을 말하는가? 우리 교육의 현주소를 대변하는 결과가 아니겠는가? 이래도 교육 현장의 학생들은 정권과 장관이 바뀔 때마다 실험실의 모르모트와 같은 실험대상일 뿐이다. 잦은 입시제도의 변경으로 학생이 시험을 치는지, 학부모와 교사가 시험을 치르는지 모를 정도로 복잡해져 있다. 정치적 입김과 부패와 탁상공론으로 멍들고 있는 이 나라 교육, 유학 열풍의 대안으로 부상하였던 자사고와 특목고는 편법 운영으로 부유층 자녀들의 입시학원이 된 지 오래다. 급기야 폐지론이 대두되어 사회적 갈등의 논란이 되고 있다.

어떻게 할 것인가? 각 학교는 교장이 소대장인 전선이다. 전장의 상황을 잘 파악하고 있는 소대장의 지휘하에 적절한 대처를 해야 한다. 그런데도 국방부에서 전투 지휘를 하는 것과 다를 바 없다. 예를 들어 농사의 경우를 보자. 문전옥답과 척박한 자갈땅이나 모래 땅에 재배해야 할 작물은 다 다르다. 비옥한 평야에서는 벼가 재배 되고, 척박한 산간에서는 옥수수나 감자를 심는다. 토양마다 잘 자라는 작물들이 따로 있게 마련이다. 이런 순리를 무시하고 동일한 작물을 재배하라는 것이 우리 교육이다. 교장과 교사들이 판단해서 벼를 심든지, 감자를 심든지 해야 한다. 대장장이가 쇠의 종류에 따라 괭이나 호미, 칼과 낫을 만드는 이치와 같은 게 교육이다. 맞춤 교육, 창의성 교육 등 미사여구의 말과 구호만으로는 교육이 실현 되지 않는다.

이제 창의력을 바탕으로 한 이해력과 순발력 그리고 인내심과 끈기를 갖춘 그야말로 어디서나 독자생존이 가능한 멀티 플레이어 를 양성하여 프리미어 리그로 진출시켜야 한다. 비료만 많이 준다 고 곡식이 잘 되는 게 아니다. 김매고, 땀 흘리는 농부의 발자국 소 리를 듣고 곡식이 자란다고 하지 않는가? 소비자로부터 신뢰받는 교육상품을 생산할 때 공교육은 뿌리를 내리게 된다.

그러자면 현재와 같은 정치 논리가 배제되어야 한다. 정권에 따라 뒤바뀌는 역사 교과서를 보자. 6·25 남침 사실과 인천상륙작전이 배제되고, 특정인에 대한 功過 중 功은 배제하고 過만 부각시키는 편향된 교과서로 무슨 역사를 배워서 글로벌 인재로 키울 수 있겠는가? 자기 나라 역사조차 왜곡되게 가르치고, 배운다면 어떻게 되겠는가? 일본의 역사 교과서가 왜곡되었다고 비판하지 않는가?

역사란 사실 그대로만 기술되어야 한다. 판단은 각자 개개인이 해석하고 내리는 것이다. 정부나 집필자의 의도대로 왜곡되게 도출된 결론을 기록하는 건 범죄와 같다. 최소한 학생들은 나라의 역사를 정확한 사실대로 배워야 할 권리가 있다. 교육부와 교육과정평가원의 우스꽝스러운 떠넘기기식 검정 교과서 편집지침이 해괴하다 못해 코미디 수준이다.

이념화를 목적으로 한 왜곡된 역사 교과서는 국민이 용납하지 않을 것이다. 지금이라도 폐기된 국정 교과서의 어느 부분이 왜곡되고, 미화되었는지 비교 검토해서 더 사실에 입각한 완벽한 교과서를 만들기를 강력히 요청하고 권고한다.

사학은 범죄집단이 아니다

홍택정(문명중·고등학교 이사장)

문명고등학교의 학교법인은 1908년 경북도 인가 1호로 문명보통학교를 개교하면서 출발했다. 나는 이 학교에 1999년 관리이사로, 2008년 이사장으로 취임해 선조들의 뜻에 어긋나지 않기 위해 노심초사 최선을 다해 왔다.

사학(私學)의 이사장은 건학이념을 실현하며 학교를 지켜나가야 하는 자리라고 생각한다. 그러나 현실적으로 숱한 규제와 억압으로 손발이 잘려나간 채 식물인간이나 다름없는 사립학교 법인은 학교의 시설관리 외에는 아무것도 할 일이 주어져 있지 않다.

사학의 자주성을 훼손하고 있는 사립학교법은 학교법인이 학사에 관여할 수 없도록 되어 있다. 일부 사학의 비리를 빌미삼아 다른 사학까지 규제하는 지경에 이르렀고, 사학이 마치 비리집단인양 매도당하고 있다.

몇 년 전, '교학사' 역사교과서 채택으로 부산의 사학이 곤욕을 치렀을 때 우리는 그 무지막지한 불법적인 반대세력들의 횡포를 경험한 바 있다. 학교에서 교과서를 선택하는 절차는 합법적이고 민주적인 과정에 의해서 이뤄지고 있는 학교의 고유한 자율권 중의 하나다.

그런데도 단지 '교학사' 검정 교과서를 선택하는 과정에 교육부가 아닌 외부세력, 즉 민주노총과 전교조 등 각종 진보를 가장한 좌파단체에서 불법적인 물리력으로 학교의 자율권을 무자비하게 침탈하는 일이 이어졌다.

국정 교과서 선택 과정

그러다 박근혜 정부에서 좌편향된 역사교육을 바로잡기 위해 국정 역사교과서를 발행하게 되었다. 반대세력들의 집요한 공격으로 본질에서 벗어난 친일과 군부독재가 부각되었고, 특히 새마을 사업이 관 주도로 이뤄졌다는 막연하고도 구체적이지 못한 정치적, 이념적 선동으로 반대를 위한 반대가 이어졌다. 본질인 교과서도 나오기 전에 어떻게 그 내용을 예단해 반대할 수 있었는지 지금이라도 묻고 싶다.

문명고등학교는 교장과 교감이 역사교과서를 학교운영위원회의 의결을 통해 절차에 따라 합법적으로 선택했다. 운영위원 12명 중 교사위원 4명과 학부모위원 5명 등 9명이 참석해 5대 4로 가결했다. 담당 역사교사 역시 이에 찬성했고 2월 16일 경북교육연구원에서 연구학교 운영에 대한 교육까지 받았다.

그러나 전교조 교사들과 학부모들의 정치적 논리와 막연한 반대에 설득당한 학생들이 군중심리에 휩쓸려 교내외 시위가 시작되었다. 2월 13일 전교조에서 교장에게 연구학교 신청을 철회하라는 협박 전화가 있었고, 2월 16일 교장실에 전교조 수명이 무단으로 밀고 들어와 연구학교 취소를 강요, 협박하고 이어 교내 주차장에서 휠체어 장애인을 앞장세운 민주노총이 플래카드를 펼치고 불법시위를 벌였다.

이사장이 철수를 요구하자 입에 담지 못할 욕설을 퍼붓는 등 패륜적 행동을 했다. 이들의 불법행동은 영상으로 확보되어 있다. 경산녹색당, 경산시농민회, 경산시민모임, 경산시여성농민회, 경산여성회, 경산시이주노동자센터, 경산장애인자립생활센터, 민주노총 경산지부, 정의당 경산시위원회, 전교조경산지회, 한국뇌병변장애인인권협회 경산지회 등이 동원되었고, 이들 단체는 교육과 무관하다.

교문 앞에서 등교하는 학생들을 상대로 전교조의 시위가 계속되었고 일부 언론이 이를 부풀리며 사실과 다른 허위과장, 선동적인 보도를 일삼았다. 급기야는 3월 2일 입학식 날 시위를 주도해 일부 학부모와 학생들이 입학식장에 난입하는 바람에 입학식이 무산되는 사태까지 발생했다.

무단으로 제 집 드나들 듯하는 기자들은 연일 선동적인 왜곡 보도를 일삼았고, 급기야는 이사장의 신상 털기에까지 이르러 이사장의 고교 동기 카페를 뒤져 재경, 재부산, 재마산 동기회의 격려 방문과 태극기 집회 참석 등을 호도해 보도하는 등 전형적인 인신공격까지 서슴지 않았다.

2월 17일 본교 역사 담당교사는 갑자기 쿨메신저로 수업 거부를 알렸고, 이에 연구학교 운영을 위해 긴급이사회를 소집해 신규 역사교사 채용을 의결해 역사교사를 모집했으나, 5명 모두 하루가 지나면 지원을 철회했다.

영남지역 역사교육과 학과가 있는 대학의 교수들에게 교사 추천을 부탁하는 메일을 발송했으나 아무도 회신이 없었다. 이 나라의 역사학과는 대부분 편향된 이념적 역사 교육관에 치우쳐 있다는 것을 현실로 인식할 수밖에 없었다.

그러나 고맙게도 농촌 두메에서 동문회가 긴급이사회를 열어 모교의 국정 역사교과서 연구학교 지정을 29대 14로 지지했으며, 본교 출신 동문을 역사교사로 추천해 채용하게 되었다. 그간 전국적으로 수백 통의 격려 메시지와 서신, 이사장 고교 동기들의 방문과 격려금 등으로 국정 교과서를 지지하고 성원했다.

반대세력들은 반대자들만 있는 줄로 알겠지만, 지지와 응원의 힘이 결코 적지 않았다. 민노총이 불법으로 걸어 놓은 펼침막들은 애국시민들이 즉각 철거해줬고, 수많은 애국단체들과 국회의원들이 격려 및 지지 시위를 요청했으나, 본교는 그 마음들만 받아들이고 정중히 지원을 사양했다. 양측의 충돌은 학생 교육에 좋은 영향을 주지 않을 것으로 판단했기 때문이었다.

내가 교사라면 아이들에게 이렇게 설득

지나가던 어느 애국시민은 이 플래카드가 보기 싫어 차를 세우고 철거하다 민노총이 고발해 50만 원의 벌금을 낸 경우도 있다. 수많은 찬성세력은 침묵하기 때문에 찬성 의견들이 간과될 뿐이고, 반대세력은 오로지 자기들의 반대 의견만 있다고 생각하는 외눈박이 물고기들이나 마찬가지다.

정권이 바뀌어 대통령이 역사 교과서를 폐기한다고 선언했다. 교육부가 찬성여론 조작을 했다고 검찰이 수사를 하고 있다. 그러나 반대의견도 조작되었다고 하니 반대의견 조작도 수사하는 것이 마땅하다.

학부모회를 압수수색하고 국가정책을 성실히 수행한 교육부 추단 직원들에게도 어떤 책임 추궁을 할 지 모른다. 공무원이 정권교체를 염려해 팔짱을 끼고 맡은 바 일에 있어서 눈치만 보고 있다면 정부가 무슨 일을 할 수 있겠는가?

제 국정 역사교과서의 본질인 내용에 대한 진지한 검토가 있어야 한다. 연구학교가 무엇을 하는 학교인가? 그토록 잘못되었다고 주장하는 친일 미화와 군사 독재를 두둔한 부분을 비교 연구해 가려내는 것이 연구학교의 목적이기도 할 것이다.

"국정 교과서가 잘못된 책이라니 우리가 다른 검정 교과서와 비교분석해서 잘못을 바로잡도록 하자."

이게 올바른 교사, 학생을 진정으로 사랑하는 교사일 것이다. 학교의 대표는 교장이다. 교사들도 연구학교 신청에 반대할 수 있다. 그러나 운영위원회에서 합법적으로 결정된 사안이라면 이에 따르는 것이 맞다.

학교의 의사가 결정된 이후의 반대 활동, 그것도 학교의 대표인 양 일부 언론과 접촉해 왜곡된 내용을 마치 사실인 것처럼 인터뷰를 하고, 외부세력과 결탁해 정치적 행위를 하는 것은 명령불복종, 지시불이행, 집단행동 금지, 성실 의무, 교사의 품위유지 위반 등 여러 가지 해교행위가 되는 것이다.

교사의 교권은 존중되어야 하지만, 교권 이전에 지켜야 할 의무도 많다는 것을 알아야 한다. 전교조의 지시와 소영웅주의에 의한 불법적인 행동들은 법적으로 보호해서는 안 되며, 반드시 그 책임을 져야 하는 행위임을 알아야 한다.

'흑산도로 갈 것이냐? 제주도로 갈 것이냐?'에서 제주도로 목적지가 정해지면 제주도로 가야 한다. 출발하기 전에 제주도가 싫은 사람은 제주행 배를 타지 말아야 한다. 배를 타고 항해 중에 흑산도로 가자고 난동을 부리면 선장이 직권으로 하선을 명령하고, 불응하고 계속 소요를 일으키면 강제 하선시킬 수밖에 없다.

아이가 주사를 맞기 싫어한다고 폐렴이 걸려 죽게 되었는데도 맞게 하지 않을 것인가? 밥 먹기 싫어하고 과자만 먹겠다면 과자만 먹일 것인가? 교장실에서 만난 학생회장이란 아이의 반대 이유를 묻자 그 대답이 걸작이었다.

"전국에서 다른 어떤 학교도 국정 교과서를 선택하지 않는데 왜 우리 학교만 합니까?"
"인터넷 강사 선생님이 국정 교과서는 나쁘다고 했습니다."
"최순실 교과서입니다."

이것이 학생들이 제시한 국정 교과서의 반대 논리다. 일부 반대 교사와 학부모 역시 반대를 위한 반대였을 뿐 구체적인 이유를 대지 못했다.

법인과 본교의 입장

'정승도 저 하기 싫으면 그만'이라는 속담이 있다. 마음이 떠나면 혹은 마음에서 멀어지면 누가 뭐라 해도 생각에서도 멀어진다. 지금의 사립학교가 그 짝이다. 한마디로 정나미가 떨어진 것이다.

아니 떨어진 지가 오래다. 지금은 선대 어른들이 원망스럽기까지 하다. '수많은 일들 중에서 하필이면 사학에 관심을 가져 이렇듯 어려운 일을 감당하게 하느냐.'는 마음이 들기 때문이다.

애초부터 사립학교를 인가해서 약속대로 지켜나가지 않는 교육 당국도 원망스럽기는 마찬가지다. 어려운 시절에 공교육으로 감당하지 못하는 부분을 개인에게 의존해 사학 설립을 장려해 이에 뜻 있는 초대 설립자들은 사학 설립이 곧 애국이라는 신념으로 사재를 털어 학교를 설립한 경우가 대부분이다.

인가 조건에 명시된 수익용 기본 재산은 당시로는 거금이었던 학급당 140만 원이었고, 30학급이면 4,200만 원을 확보해야 충족할 수 있었다. 현재 우리 학교 기준이면 2,520만 원으로 은행금리로 연 30만 원의 법정 전입금을 내면 된다.

하지만 4대 보험의 국가 부담이 늘어나자 1997년 개정된 법으로는 1억 3,000만 원을 내어야 한다. 사립학교가 교사들 4대 보험 사용자 부담분까지 내면서 운영하라는 게 말이나 되는 것인가?

공립교사들의 4대 보험 사용자 부담분은 국가에서 내면서 똑같이 공교육하는 사립학교 교사들의 부담은 어째서 사학법인에 떠넘기는 것인가? 법인 이사장은 교사들의 4대 보험료는 책임져야 하지만, 세계에서 유일하게 일하면서도 보수가 없으며 또한 4대 보험 대상자조차도 해당되지 않는다.

공교육을 지탱한 것은 사학

운동장을 비롯한 학교 부지 및 교사 건물까지 개교에 필요한 모든 시설을 갖추는 데 엄청난 투자가 필요하다. 해방과 연이은 6·25 전쟁으로 피폐해진 국가재정으로는 교육은 엄두조차 내지 못한 암울한 시기에 개인이 사학을 설립해 이를 해결했다. 사학에서 배출한 인재들이 국가발전의 원동력이 되어 오늘과 같은 세계 9위의 경제대국 위치에 오르는 데 기여했다.

하지만 극소수 사학의 비리를 빌미로 각종 규제가 남발되었고, 그것으로도 부족해 4대 보험 사용자 부담금을 사학법인에게 떠넘기는 몰염치한 사후입법으로 법정전입금이란 올가미를 씌웠다. 자본주의 자유경제체제를 지향하는 세계 어느 나라에서 엄연한 사유재산인 학교법인의 시설물을 국가가 공짜로 사용하는 경우가 있는지 묻고 싶다.

좋은 예로 BTL이란 시스템이 있다. 각종 막사 등 군사시설이나 학교 등을 민간인 사업자가 건설하고, 이에 대한 임대료, 즉 사용료를 국가가 지불하는 경우를 말한다.

국가는 수십 년을 공짜로 사학의 시설물을 이용하여 국가의 공교육을 시행하는 현대판 봉이 김선달 같은 짓을 해 왔으니, 공교육을 담당하는 사립교사들의 인건비는 당연히 국가에서 부담해야 할 부분이 아닌가?

마치 교직원 인건비 주는 것을 무슨 특별한 시혜인 것처럼 '재정결함보조금'이라 명명하고 있다. 공사립 평준화 및 등록금 동결에 동의하면서 사립학교의 재정 부족으로 발생하는 인건비 부족분을 국가가 부담하겠다고 제시한 약속이다. 교직원 인건비가 마치 사학이 부담해야 하는 몫임에도, 국가가 부담하는 것으로 호도해 사학을 매도하고 있는 것이다.

이게 바로 법정부담금이란 부당한 올가미이다. 이 법의 단서 조항이 가관이다. "단 법정부담금을 법인이 부담할 수 없을 시, 학교비에서 부담할 수 있다."라고 했다. 사학이 내지 못할 것을 알고 만든 법이다.

이제 이 법조차 사립학교 교직원연금법에서 모법인 사학법으로 옮겨 법정전입금 부담을 강화시키겠다고 입법 발의를 한 상태이다. 사립학교 시설과 운동장을 24시간 개방하고 수업을 관리하는 학사 관리 교장과 방과후학교 시설 개방 관리 교장 등 2명의 교장을 둔다는 뚱딴지 법도 발의되었다.

필요하면 공립이나 할 일이지, 사립학교는 법인이 반대한다. 이 법안을 발의한 의원은 우선 자기 집부터 24시간 개방하기 바란다. 국회의 모든 시설도 솔선해서 24시간 개방해야 한다.

학생회와 학부모회와 교사회를 옥상옥으로 둔다는 입법 발의도 있다. 검찰을 두고 공수처 만든다니 국회도 반대하지 않는가? 현존하는 학교운영위원회에는 교사와 학부모가 참여하고 있다.

이와 같이 사립학교를 무슨 실험장처럼 이런 법 저런 법을 만들어 시험하려 하는 이들의 발상은 어디에 근거하는지 이해할 수 없다. 공립이 하면 될 일이다.

학교를 영구히 지켜야 할 사람은 학생도 교사도 아니다, 학생은 3년이면 졸업하고, 교사는 정년이 되면 퇴직한다. 오로지 학교법인만이 학교를 지켜나간다. 합법적인 절차로 국정 역사교과서를 선택했다고 불법폭력시위의 쓰나미가 학교 현장을 황폐화시키는 현실이 서글프다.

이제 더 이상 건학이념의 실현은 불가능하다는 것이 입증되었다. 교과서 시장이 엄청난 이권으로 부각되었고, 특정집단에 의한 특정출판사의 교과서가 편향적으로 선택되고 있다. 이제 학교의 주인인 학교법인의 설 자리는 어디에도 없는 지경이다.

수없이 많은 사학규제법을 발의하고, 폐기되고 다시 폐기된 내용을 발의하는 악순환이 반복되고 있다. 입법 발의가 의정활동에 평점으로 가산된다니 이런 지경이 되고 있다. 폐기법안에 대한 감점도 있어야 한다.

목적은 사학의 손발을 묶어 식물법인으로 만들어 전교조가 군림하는 학교로 만들려는 것이다. 손발 다 잘린 사학이 스스로 물러나기를 바라는 것이 아니라면 이렇게 부당한 규제로 손발을 묶을 이유가 없다.

그러니 이제 사학은 법인의 마지막 쥐꼬리 같은 모든 권리를 포기하고, BTL 사업자로 전환해야 할 지경이다. 건학이념을 실현할 수 없는 사학은 존립의 명분이 사라졌기 때문이다. 차라리 공짜 좋아하는 국가로부터 20년간 사용료를 받아, 건학이념을 실현할 수 있는 사단법인 사회교육원을 설립해 건학정신을 이어나가는 게 최선의 길이라는 생각도 든다.

걸핏하면 일부 사학비리를 마치 모든 사학이 그런 양 침소봉대 과장 보도해 사학의 위상을 추락시키고 있다. 요즘 새로운 적폐로 떠오르고 있는 연봉을 수천, 수억씩이나 받는 공기업들의 채용비리는 무어라 변명할 것인가?

사학 이사장들이 친인척을 교사로 채용한다고 비난하지만, 교사

자격증 없는 사람을 채용하지 않았다. 교사자격증은 교육부 장관이 중등학생들을 가르칠 자격이 있다고 인정한 자격증이다. 이런 자격증 가진 친인척을 채용한 것이 뭐 그리 큰 잘못인가? 채용시험에 점수 몇 점 더 받았다고 꼭 우수한 교사가 되는 건 아니다.

그래서 면접도 있고, 수업 시연도 하는 것이다. 공기업처럼 부당한 청탁과 압력으로 채용하지 않는다. 일반 기업에서는 후계자를 공채하고, 승진 규정대로 승진시키는가? 사학에도 후계자가 필요하다. 왜 유독 사립학교 법인에게만 특별한 요구를 하는지 묻고 싶다.

사학에도 후계자가 필요하다

정유라가 다닌 학교가 공립이기에 망정이지 사립이었다면 또 한바탕 사립 마녀사냥 바람이 불었을 것이다. 이화여대는 입학비리로 여러 명이 구속되었는데, 국립 경인교대는 자소서 0점인 지원자가 합격되었다니 누구를 구속할 것인지 지켜보겠다.

이미 법제처에서는 중등교사 자격증을 가진 사람들에게 공개채용 시에 필기시험을 면제해도 된다는 유권해석을 한 바 있는데도 교육부에서 필기시험을 고집해 강제하고 있을 뿐이다.

어느 법인이든 학교 발전을 위해 더 좋은 교사를 채용하려고 한다. 점수만 1~2점 높을 뿐 인성과 자질이 부족한 사람은 제외하기 마련이다. 학교 현장에서 법인의 건학이념에 공감하는 교사를 원하는 것이 인지상정이다.

사학 이사장들은 성직자가 아니다. 정치인, 고위공직자, 기업인, 종교인들조차 비리와 무관하지 않다. 전국 970여 곳 법인과 1,900여 곳 초·중·고에서 과연 얼마나 많은 비리가 발생하고 있는가?

연간 예산이 1~2조 원에 달하는 대학과 초·중·고를 비교하지 마라. 겨우 연간 100여억 원 전후의 예산으로 학교를 운영하지만, 그 중 90%는 인건비가 차지한다. 거기에 이사장은 무임금이다.

이사장들의 유노동 무임금이 이상하지 않은가? 일본은 지자체에서 월 1,000여만 원의 품위유지비를 지급한다. 공교육을 대행하는 사학 이사장에 대한 예우 차원이라고 본다. 우리나라는 어떤가? 교직원들의 4대 보험을 부담하라고 하면서 이사장들은 의료보험조차 자비로 부담하고 있다.

밑 없는 독에 물 붓듯이 부당한 법정전입금과 강당이나 체육관 등 시설에 대한 법인부담금이 30%에 이르고 있다. 체육관을 학생과 교사들이 사용하지 이사장이 이용하는가? 사학이 무슨 봉인가?

이제 경제대국 타령만 하지 말고 많은 사학의 공공성, 공정성을 의심한다면 정부가 사학을 인수하는 것이 마땅하다. 아니면 지금이라도 사학법 등 모든 규제를 철폐해 운영권을 되돌려 줘야 한다.

(출처 : 미래한국 2017. 12. 28.)

부록

문명교육재단의
역사교과서 지키기 자료

2017 역사교육 연구학교 응모 신청서

학교현황	학교명		000학교		구 분	(교육부 요청) 정책연구학교
	주 소	(우편번호)				
	전화번호				팩스 번호	

학생현황	학년	학급수	학생수	급당인원	연구학교 적용 학년	학교홈페이지 주소
	1				( )학년 ( )학급 ( )명	http://www.
	2					
	3					

교원현황	교사 수(명)	남		여		계		역사 교사 수	명

업무 담당	구분	성명		연락처	
	교장		(학교)		
	교감		(학교)		
	담당부장		(학교)		

교과서 수요량	교과서 (학생, 교사용 포함)	중학 역사 ①	( )권
		중학 역사 ②	( )권
		고등 한국사	( )권
	교사용 지도서	중학 역사 ①	( )권
		중학 역사 ②	( )권

연구주제	<예시> 국정 역사교과서의 현장 적합성 검토
운영중점 (실행목표)	1. 개조식으로 기술 2. 3.
학교 특징 및 소개	1. 개조식으로 기술 2. 3. 4.

○ ○ 학교장(직인)

영역	역사 교육과정 적용
기간	2017. 3. 1. ~ 2018. 2. 28.

연구학교 운영계획서

참여형 수업을 통한 국정 고등한국사 교과서의 현장적합성 연구

교명: 문명고등학교

차   례

Ⅰ. 연구주제

역사교육은 자라나는 미래세대에게 자랑스러운 대한민국의 정체성과 민족적 자긍심을 길러주고, 현재를 바르게 이해할 수 있는 안목과 함께 미래를 준비할 수 있는 교훈과 지혜를 주어야 합니다.

그러나 지난 10여 년간 검정 역사교과서의 편향성 논란과 이념 논쟁으로 사회적 갈등과 정치적 대립을 거듭하였고, 이로 인해 학교 현장과 학생들은 혼란을 겪어 왔습니다.

자라나는 학생들에게 객관적이고 일관된 올바른 역사교육을 하는 것은 한시도 늦출 수 없는 일입니다. 그간 교육부가 국사편위원회를 통해 학계에서 인정받는 권위자로 집필진을 구성하여 교과서를 집필하였으며, 다양한 분야의 전문가로 편찬심의회를 구성하여 지속적으로 심의 보완한 국정교과서로 학생들을 교육하여 바르고 객관적인 역사관을 가지게 하는 것은 참으로 중요한 일입니다.

국정 역사교과서는 대한민국이 대한민국 임시 정부의 법통을 계승하여 수립된 국가임을 분명히 밝히고, 기존 교과서의 편향성을 극복하여 북한의 실상을 사실 그대로 서술하였습니다.

친일과 독재의 역사를 객관적으로 담았고, 자랑스러운 역사인 민주화와 산업화에 대해 균형있게 서술하였습니다. 자라나는 우리 학생들이 주변국의 역사왜곡에 능동적으로 대응할 수 있도록 고대사와 독도, 동해, 일본군'위안부'에 대한 서술 역시 강화하였다고 합니다.

학생들을 지도하면서 국정 교과서에 혹시 부족한 부분이 있는 것을 발견하면 건의하여 수정보완토록 하며 올바르게 학생들을 지도하기 위한 유의점이나 바른 방향을 설정하는 것이 본 연구의 주제입니다.

310

Ⅱ.연구목적

 국정 고등 학국사 교과서의 현장 적합성 연구를 위하여 기존의 검정 고등학교
한국사(천재교육)의 오류 및 왜곡된 내용을 분석 정리하고 국정 고등한국사의 오류 및
왜곡된 내용도 정리하여 국정 한국사 교재의 현장 적용시 유의점 및 올바른 방향을
설정하는 것이다.
 1. 2015 개정 교육과정의 주요사항을 반영한 역사과 학교 교육과정의 현장 안착을 위한
   사전 방법 연구
 2. 역사 교원의 개정 교육과정에 대한 이해도 제고를 위한 방법 연구
 3. 2015 개정 교육과정이 지향하는 역사과 핵심 역량 개발
 4. 학생 참여형 수업 확대 방안 연구
 5. 역사과 국정 도서의 적합성과 타당성 제고
 6. 국정 한국사 교재의 현장 적용시 유의점 및 올바른 방향 연구

Ⅲ. 연구방침

1. 연구범위 및 제한

 본 연구의 목적을 달성하기 위해 다음과 같이 연구학교 운영의 범위와 제한점을
두고자 한다.
 가. 본교 학생을 대상으로 한다.
 나. 수요자의 요구에 알맞은 프로그램을 운영하기 위하여 인력풀, 지역 사회 지원인사
   등 다양한 인적자원을 활용하여 운영한다.
 다. 본 연구학교에서 요구되는 교육과정은 학교 정규 교육과정 중 수업시간과 방과후
   학교 수업 및 역사관련 체험활동에도 적용하여 운영한다.
 라. 참여형 토론식 수업을 위주로 수업을 진행한다.

2. 기초조사 및 설문조사

 본 연구 운영의 추진 방향과 연구 과제 설정에 필요한 근거를 찾고자 학생, 교사,
학부모를 대상으로 학기별로 설문조사를 실시한다.

3. 연구학교 운영조직

<연구학교 운영조직 구성표>

위원장
교장 김 태 동

부위원장
교감 ▬▬▬▬

주 무
연구부장 ▬▬▬

기획 분과	운영지원 분과	실행지도 분과	평가/개선 분과	기록/홍보 분과

▪ 연구학교 운영
  계획수립·추진
▪ 연구협의회 운영
▪ 교사 연수 추진
▪ 설문조사 계획
▪ 연구 보고회 추진
▪ 자율 동아리
  구성 및 운영
  확대
	▪ 프로그램 실행준비
	▪ 지도강사 섭외/관리
	▪ 지역내 활동 장소 섭외
	▪ 행사 지원
	  -사진, 동영상 촬영
	▪ 학부모 계도 및 홍보
		▪ 프로그램 운영
		▪ 창의적 체험활동
		  연계지도
		▪ 부서 프로그램
		  운영 및 지도
		▪ 학생 안전 지도
		▪ 사회과
		  교육과정 운영
			▪ 각종 협의회
			  준비
			▪ 보고회 관련
			  제반업무
			▪ 활용실태분석 및
			  점검
			▪ 보고회 준비
			  자료 점검
			▪ 전체 운영 결과
			  평가
				▪ 홈페이지
				  홍보 관리
				▪ 자료 제작
				  배부

Ⅳ.세부실천계획

1. 학급 편성 현황

구분	인가학급	수용학급	1학년		2학년		3학년		총 계		비 고
			학급수	학생수	학급수	학생수	학급수	학생수	학급수	학생수	
계	18	18	6	186	6	192	6	206	18	584	

2. 2017학년 1학년 사회과 교육과정 편성

교과영역	교과(군)	세부과목	기준단위	1학년 (2017년) (학급수: 6)				2학년 (2018년) (학급수: 6)				3학년 (2019년) (학급수: 6)			
				집중과정명				집중과정명				집중과정명			
				인문		자연		인문		자연		인문		자연	
				1학기	2학기	1학기	2학기	1학기	2학기	1학기	2학기	1학기	2학기	1학기	2학기
탐구	사회	경제	5	3	3	3	3								
		한국사	5	2	2	2	2					1	1	1	1
		사회·문화	5					2	2			2	2	1	1
		윤리와 사상	5					2	2						
		한국 지리	5					4	4						
		생활과 윤리	5									4	4		

3. 연구대상 및 연구기간

가. 대상

1학년 6개반 186명

나. 연구기간

2017.03.02. ~ 2018.02. 28.

4. 연구 절차 및 추진내용

구분	단계	추 진 내 용	기 간
	계획	. 문헌 연구 및 선행연구 고찰 . 실태 조사 및 분석 . 연구 주제 설정 및 연구 계획 수립	2017. 2. 6. ~ 3. 10.
	준비	. 연구 분과 조직 및 업무 계획 . 추진 운영 위원회 조직 . 직원 연수 및 지도 자료 확보	2017. 3. 1. ~ 3. 31.
	실행	. 관련기관 및 지역사회와의 협력체제 구축 . 직원 연수 및 지도 자료의 개발 . 연구 과제의 실행	2017. 3. 1. ~ 10. 28.
	평가	. 연구 결과 분석 및 검증 평가 . 연구 결과 정리	2017. 11. 10. ~ 11. 20.
	보고	. 연구 결과 운영 보고회 개최	2017. 11.
	후속 실행	. 운영 결과 분석 및 보완 . 운영 중점의 계속 실행	2017. 10. 30. ~ 2018. 2. 28.

5. 연구과제 실행계획

연구과제
학생 참여형 수업을 통한 국정 교과서의 현장 적합성과 타당성 제고

　가. 기존 검정 검정 교과서의 내용 분석

　나. 국정 한국사 교과서의 내용 분석

　다. 국정 교과서 적용시 유의점 및 바른 방향 제시

가. 기존 검정 교과서의 내용 분석
　- **고등학교 한국사(천재교육)교과서 내용 분석**
　1) 효과적인 연구학교 운영을 위한 정기적 협의회 및 교사 연수 실시
　2) 검정 교과서의 내용 정리
　3) 논란 내용의 분석 및 도표작성

나. 국정교과서의 내용 분석
　- **고등학교 국정 한국사 내용 분석**
　1) 학생 참여형 수업 및 토론식 수업진행
　2) 국정 교과서의 내용 정리
　3) 논란 내용의 분석 및 도표작성

다. 국정교과서의 현장 적용시 유의점 및 올바른 방향
　- **고등학교 국정 한국사 교과서의 현장적용 방안**
　1) 국정교과서의 현장 교육시 유의할 점 협의회 및 연수 실시
　2) 국정 교과서의 왜곡된 내용에 대한 보완방향 협의회
　3) 참여형 토론식 수업을 위한 국정교과서의 현장정착을 위한 방향 설정

V.일반화 계획

1. 기존 검정 교과서와 국정 교과서에 대한 내용을 분석하여 차이점을 파악한다.
2. 교과서의 차이가 역사 의식 형성에 어떤 영향을 주는지 파악한다.
3. 2015 개정 교육과정이 지향하는 역사과 핵심 역량 개발에 적합한 학생 활동 중심의 수업 모델을 탐구한다.

학교운영위원회 회의록

간 사	교 장	위원장
(인)	김태동	(비공개)

일 시	2017년 2월 14일 17시 00분
장 소	학교운영위원회실
참석위원	
불참위원	
참 관 인	
안 건	1. 2016학년도 제6차 임시회 회기결정의 건 2. 2017학년도 문명고등학교 국정 역사교과서 선정(안) 3. 2017 역사교육 연구학교 신청(안) 4. 기타
의결사항	1. 2016학년도 제6차 임시회 회기는 2017년 2월 14일 1일로 한다. 2. 2017학년도 문명고등학교 국정 역사교과서 선정(안) 원안 가결한다. 3. 2017 역사교육 연구학교 신청(안) 원안 가결한다. 4. 기타 : 문명중·고등학교 학교운영위원회규정 제21조 제1항에 의거 회의록은 비공개로 한다.

문명고등학교

수신자 경상북도교육감(정책과장)

(경유)

제목 국정역사교과서 폐지에 대한 의견서

국정역사교과서에 대한 새정부의 폐지 지시에 대한 의견서를 붙임과 같이 제출합
니다.

붙 임 : 경상북도교육청에 의견서 제출(5.15.) 1부. 끝.

문명고등학교장

교장(롱등)   전결 05/15
              김태동

협조자

시행 문명고등학교-4200   (2017. 5. 15.) 접수   (   )
우 38649 경상북도 경산시 경청로230길 30 (백천동)   / http://munmyeong.hs.kr
전화 0538137312   /전송 053-813-1338   / sensl88@daum.net   / 비공개(5)

318

국정역사교과서 폐지에 대한 의견서

    평소 역사교재는 국정역사교과서가 필요하다는 생각에서 국정역사교과서 연구학교를 공정한 절차와 법을 지켜서 신청하였습니다. 추진하는 과정에 반대세력과 학부모 등이 여론을 주도하고 절차를 문제삼는 등 억지를 쓰며 행정소송까지 제기하였는데, 본안 판결의 결과를 기다려서 억지비난에 대한 그동안 쌓인 억울함을 풀고 싶습니다.

    그러나 국민의 한사람으로서 법률과 재판관의 판결, 대통령령 및 교육부장관령은 따라야 함이 마땅하다고 생각합니다. 그것이 처음부터 준법과 절차를 강조해온 저가 지켜야할 일이라고 생각합니다.

    많이 아쉽지만, 새정부가 다시 검정을 집필하고 다양성을 강조하는데, 어린학생들이 혼미한 역사관이 아닌 긍정적이고 튼튼한 역사관과 민족의식을 가질 수 있기를 기원합니다.

2017.5.15.

작성자 문명고등학교장 김 태 동

한국사교과서국정화저지네트워크

(130-866) 서울시 동대문구 청량리동 38-29 금은빌딩 3층

전화 02-969-7094 전송 02-965-8879 메일 historyact.kr@gmaill.com 카페 http://cafe.daum.net/historyact2012

○ 수 신	각 언론사 사회부 및 교육·역사·NGO 담당 기자
○ 발 신	한국사교과서국정화저지네트워크
○ 발송일자	2017년 2월 24일
○ 문서제목	[논평] 문명고 사태는 교육부와 경북교육청, 문명고 재단이 결자해지하라

문명고 사태는 교육부와 경북교육청, 문명고 재단이 결자해지하라

새 학기를 앞둔 경산의 문명고등학교가 국정교과서 연구학교 문제로 홍역을 앓고 있다. 국정교과서에 대한 역사학계와 역사교육계의 평가는 이미 끝났다. 애초에 박정희를 위한 박근혜의 교과서에 불과하다는 것이었다. 실제로 작년 11월 현장검토본 공개와 금년 1월 최종본 공개 이후 일일이 세기 힘들 정도로 수많은 오류와 편향으로 가득찬 불량교과서라는 사실이 만천하에 드러났다. 대다수의 국민이 국정교과서를 반대하는 이유도 바로 여기에 있다. 시간이 지나면 지날수록 국정교과서 반대 여론은 더 거세져 지금은 70% 이상에 이른다. 당연히 국민의 뜻에 따라 국정교과서는 당장 폐기되어야 한다. 그러나 국정교과서의 생명을 연장하기 위해 교육부는 연구학교에서의 국정교과서 사용이라는 꼼수를 부렸다. 그리고 이러한 교육부의 비교육적 꼼수가 경산의 한 평범한 고등학교에 큰 파장을 일으킨 것이다. 학생과 학부모, 교사들은 비상대책위원회까지 구성하여 이 추위에 연구학교 지정에 따른 국정교과서 강제 사용에 반대하는 시위를 이어가고 있다.

국정교과서는 철저히 청와대의 기획에 의해 시작된 박정희를 위한 비교육적 정치 교과서이다. 제작 과정과 내용도 문제투성이다. 복면집필, 편찬기준 비공개, 뉴라이트 일색의 집필진과 편찬심의위원회 구성, 대한민국임시정부의 법통을 무시하는 '대한민국 수립' 서술, 친일행위 축소 서술, 박정희에 대한 과도한 미화 등 국정교과서의 문제점은 하나둘이 아니다. 그러나 무엇보다도 국정교과서의 가장 큰 문제는 최종본에서도 끝없이 발견되는 수많은 오류이다. 오류로 가득 찬 교과서로 학생들을 가르치려는 교사는 없다. 그리고 그런 교과서로 배우고 싶어 하는 학생들도 없다.

교육부는 천만 원의 지원금과 교사 승진 가산점까지 제시하며 연구학교를 강행하려 했지만, 대부분의 학교는 불량 교과서를 자라나는 청소년들에게 강요할 수 없다는 판단에 따라 거부했다. 오죽하면 교육부의 입김이 강한 국립고등학교도 모두 거부했다. 이런 상황에서 연구학교란 미명하에 국정교과

서를 강요하는 것은 문명고 학생들만 불량식품을 먹으라는 것과 무엇이 다른가 묻지 않을 수 없다. 따라서 국정교과서 연구학교를 거부하겠다는 문명고 학생과 학부모, 교사들의 주장은 정당한 것이며 교육 수요자의 입장에서 당연한 권리이다.

문명고의 연구학교 선정과정도 문제투성이다. 교육부는 연구학교 신청 마감일인 지난 2월 10일까지 연구학교 신청이 전무하자 임의로 신청기간을 닷새 연장하며 문명고 사태의 단초를 제공했다. 경북 교육청은 교사의 80% 이상이 동의해야 연구학교 신청이 가능한 자체 규정도 무력화하며 연구학교 신청을 강요했다. 문명고 재단은 연구학교에 반대하는 부장교사를 보직 해임하고 담임교사는 담임 배정을 배제하면서 교사들의 반대를 무시했다. 더구나 학교운영위원회 심의과정에서 2:7로 연구학교 안건이 부결되자 학교장이 학부모를 설득하여 재투표를 거쳐 통과시키는 불법도 저질렀다. 교육부와 경북교육청, 문명고 재단이 줄줄이 저지른 불법과 위법의 산물인 문명고 연구학교 지정에 학내 구성 원들이 반대하는 것은 충분히 예견되는 일이었다. 민주주의를 배우며 실천하고 있는 학생들에게 어른들이 보여준 부끄러운 자화상이 문명고의 연구학교 신청과 지정인 것이다.

문명고 사태 해결을 위해서는 당연히 교육부와 경북교육청, 문명고 재단이 나서서 학생과 학부모, 교사들의 의견을 들어야 한다. 그러나 이들은 교육주체들의 목소리를 외면하고 오직 국정교과서 강행에만 혈안이 됐다. 연구학교를 통한 국정교과서 배포에 실패한 교육부는 국정교과서를 검정교과서의 보조교재, 학급이나 도서관의 읽기자료로라도 비치해 달라고 애걸하고 있다. 문명고 재단은 연구학교 운영이 보수의 가치를 지키는 것인 양 정치적인 행보를 이어가고 있다. 일부 수구언론은 사설까지 동원하여 "문명고 김 교장 같은 분, 백명 천명 나와야 교육이 선다."라고 추켜세웠다.

그러나 문명고 재단은 현재의 상황을 직시해야 한다. 대한민국의 모든 학교에서 거부한 국정교과서, 문명고 구성원들이 반대하는 국정교과서 연구학교를 문명고만 강행하는 것이 과연 교육을 바로 세우는 것인지 돌아보아야 한다. 곧 탄핵받을 대통령 주도하여 편찬한 국정교과서를 학생들에게 강요하는 것이 과연 문명고가 자랑스럽게 내세운 건학이념인 '홍익인간'의 교육이념과 부합하는지에 대해서도 분명하게 대답해야 한다.<끝>

2017년 2월 24일

한국사교과서국정화저지네트워크

한변 성명서 1

끝내 국정 교과서도 교학사 사태와 같은 운명을 맞고 있다. 교육부는 적용시기를 2018년으로 연기하면서 국·검정 혼용을 받아들였고, 올해는 희망하는 학교(연구학교)에 한하여 국정 교과서를 쓸 수 있도록 하였다. 그러나 어지러운 정국을 틈탄 레프트(左) 훅에, 좌편향 역사 교육을 개선하겠던 교육부의 당찬 의지는 온데간데없이 물러나 그로기 상태에 빠진 형국이다. 좌편향 세력들은 이에 그치지 않고, 조직적이고 체계적으로 일선 학교의 연구학교 신청을 방해하였다.

전국 5,556개 중·고등학교 가운데 유일하게 국정 역사교과서 연구학교로 지정받은 경산의 문명고 역시 교내외 압력이 거세다. 다양성이 가장 존중돼야 할 민주주의 교육 현장에서, 5,000개가 넘는 학교의 100%가 국정 교과서를 포기하기에 이르렀으니 훗날 역사교과서에 어떻게 기록될 것인가.

'모두 다 찬성투표 하자, 100% 투표, 100% 찬성' 저들이 보면 참으로 감격스러워할 만한, 전체주의 북한의 선거포스터 문구다. '대한민국 수립'은 오류이고, '조선민주주의인민공화국 수립'은 올바른 서술이라고 하니, 저들이 우리 아이들에게 물려주고 싶은 나라가 둘 중 어느 곳인지 알 수 없는 노릇이다.

아무런 사회 경험 없고 오로지 좌편향 역사 교육에 의해 세뇌된 18세 청소년에게 선거권을 부여하자고 그토록 줄기차게 주장하는 저의는 또 무엇이란 말인가.

18세 선거권을 주장하려면 좌우 모두 납득할 수 있는 균형잡힌 역사교육이 선행돼야 한다.

역사교과서도, 나아가 우리 역사도 바람 앞의 등불이며, 대한민국은 건국 이래 가장 큰 변곡점에 들어섰다. 교육은 백년지대계이고 올바른 역사교육은 국운(國運)을 가를 것이다. 정치는 타협의 산물일지언정 역사는 바로 새기는 것이라는 점을, 교육부와 교육현장 모두 망각하지 말아야 한다.

2017. 2. 22.
한반도 인권과 통일을 위한 변호사모임 상임대표 김 태 훈

한변, 문명고에 소송등 모든 법적지원 지원

보도에 의하면, 전국 중·고교 5,556곳 중 유일하게 국정 역사 교과서 연구학교로 지정된 경북 경산 문명고의 신입생 입학식이 2일 취소됐다고 한다. 그 이유는 연구학교 지정에 반대하는 일부 단체와 학생 및 학부모의 항의시위 때문이라고 한다.

나아가 '문명고 학부모대책위원회'는 같은 날 '민주사회를 위한 변호사모임'(민변) 지원으로 대구지법에 연구학교 지정처분 취소 및 효력정지를 요구하는 행정소송을 제기했다고 한다.

우리는 이미 지난 달 22일 다양성이 가장 존중돼야 할 민주주의 교육 현장에서 거의 모든 학교가 좌편향 세력들의 조직적이고 체계적인 방해로 국정 역사교과서를 포기하게 된 것은 전제주의 사회와 다름없는 망국적 사태라고 우려한 바 있다.
이에 그 동안 대한민국의 자유민주주의 정체성 확립과 법치주의 수호를 위해 활동해 온 우리 한변은 주변의 조직적이고 악의적인 방해와 압박에도 불구하고 민주적 절차에 따라 국정 역사교과서를 채택한 문명고의 용기와 올바른 역사관에 찬사를 보낸다. 이러한 문명고의 자유로운 선택이 좌절되지 않고 꿋꿋이 유지 발전되어 나가도록 보호하고 지원하는 것은 2세의 올바른 역사교육과 나라의 장래를 걱정하는 모든 애국시민의 의무이다. 이에 우리 한변은 문명고를 위한 소송대리 등 모든 법적 지원에 앞장 설 것을 밝히는 바이다.

2017. 3. 3.
한반도 인권과 통일을 위한 변호사모임(한변) 상임대표 김태훈

국정역사교과서 연구학교 지정 철회

경상북도교육청

【 지정 철회 사유】

1. 새 정부 교육분야 정책
- 2017. 5. 9. 교육부 '국정교과서 전용사이트 연결 배너' 삭제.
- 2017. 5. 10. 교육부 '국정교과서 폐지' 공식 발표
- 2017. 5. 12. 대통령 '국정 역사교과서 폐지' 지시에 따라서
        교육부는 '중·고등학교 교과용도서 국·검·인정 구분
        수정 고시' 개정 작업 착수(30일 소요)
- 2017. 5. 말. 교육부 '역사교육 정상화 추진단' 해체 예정

2. '2015년 교과용도서 국정화 고시' 관련 계류 중인 행정재판
- 고시 취소 및 효력정지 가처분 소송(서울행정법원)
- 고시 위헌 소송(헌법재판소)

3. 문명고 연구학교 지정 효력 정지 결정 배경
- 국정교과서 정책 유지 여부의 불확실성에 기인함

4. 문명고등학교와 연구원의 의견
- 새 정부가 '국정 역사교과서 폐지' 수순을 밟고 있는 상황에서
  대법원 재항고는 소송의 실익이 없을 것으로 사료되고,
- 문명고 연구학교 지정에 있어서 절차상의 하자는 없으나, '교과용
  도서 국정화 고시'와 관련하여 계류 중인 헌법소원 및 행정재판 결과와
  교육부의 '중·고등학교 교과용도서 국·검·인정 구분 수정 고시'
  개정 작업이 완료되면 본안(문명고 연구학교 지정처분 취소 소송)
  또한 각하될 여지가 있는 것으로 사료 됨

소 취 하 증 명 원

사 건 대구지방법원 ████████ 연구학교 지정처분 취소

원 고 ████████

피 고 경상북도 교육감 외1명

위 사건에 관하여 소가 2017. 5. 30. 취하 되었음을 증명합니다.

2017. 6. 14.

대 구 지 방 법 원

법 원 주 사 ████████

대 구 고 등 법 원

제1행정부

결   정

사   건   2017루112 연구학교 지정처분의 효력정지 신청

신청인, 피항고인   ████████████████████████████

████████████████████████████

████████████████████████████

██████████████████████████████████

████████████

신청인들 소송대리인 법무법인 ████████████

법무법인 ████████████

피신청인, 항고인   ████████████████████████

████████████████████████

████████████████████████████████

제1심 결 정   ████████████████████████████████

주   문

1. 피신청인의 항고를 기각한다.

관계 법령

■ 교육기본법

제5조(교육의 자주성 등)

① 국가와 지방자치단체는 교육의 자주성과 전문성을 보장하여야 하며, 지역 실정에 맞는 교육을 실시하기 위한 시책을 수립·실시하여야 한다.

② 학교운영의 자율성은 존중되며, 교직원·학생·학부모 및 지역주민 등은 법령으로 정하는 바에 따라 학교운영에 참여할 수 있다.

제12조(학습자)

① 학생을 포함한 학습자의 기본적 인권은 학교교육 또는 사회교육의 과정에서 존중되고 보호된다.

② 교육내용·교육방법·교재 및 교육시설은 학습자의 인격을 존중하고 개성을 중시하여 학습자의 능력이 최대한으로 발휘될 수 있도록 마련되어야 한다.

③ 학생은 학습자로서의 윤리의식을 확립하고, 학교의 규칙을 준수하여야 하며, 교원의 교육·연구활동을 방해하거나 학내의 질서를 문란하게 하여서는 아니 된다.

제13조(보호자)

① 부모 등 보호자는 보호하는 자녀 또는 아동이 바른 인성을 가지고 건강하게 성장하도록 교육할 권리와 책임을 가진다.

② 부모 등 보호자는 보호하는 자녀 또는 아동의 교육에 관하여 학교에 의견을 제시할 수 있으며, 학교는 그 의견을 존중하여야 한다.

■ 초·중등교육법

제23조(교육과정 등)

① 학교는 교육과정을 운영하여야 한다.

② 교육부장관은 제1항에 따른 교육과정의 기준과 내용에 관한 기본적인 사항을 정하며, 교육감은 교육부장관이 정한 교육과정의 범위에서 지역의 실정에 맞는 기준과 내용을 정할 수 있다.

③ 학교의 교과는 대통령령으로 정한다

제31조(학교운영위원회의 설치)

① 학교운영의 자율성을 높이고 지역의 실정과 특성에 맞는 다양하고도 창의적인 교육을 할 수 있도록 초등학교·중학교·고등학교 및 특수학교에 학교운영위원회를 구성·운영하여야 한다.

② 국립·공립 학교에 두는 학교운영위원회는 그 학교의 교원 대표, 학부모 대표 및 지역사회 인사로 구성한다.

③ 학교운영위원회의 위원 수는 5명 이상 15명 이하의 범위에서 학교의 규모 등을 고려하여 대통령령으로 정한다.

제32조(기능)

① 국립·공립 학교에 두는 학교운영위원회는 다음 각 호의 사항을 심의한다.

1. 학교헌장과 학칙의 제정 또는 개정
2. 학교의 예산안과 결산
3. 학교교육과정의 운영방법

대 구 지 방 법 원 **열람용**

제 1 행 정 부

결   정

사 건   2017아10067 연구학교 지정처분의 효력정지 신청
신 청 인   1.

          2.

          소송대리인
          소송대리인
피 신 청 인   경상북도 교육감
          소송수행자
          소송대리인

주   문

피신청인의 2017. 2. 17.자 문명고등학교의 연구학교지정처분은 이 법원 2017구합
████ 사건의 판결확정일까지 그 효력 및 후속 절차의 집행을 정지한다.

이   유

1. 기초사실

기록 및 심문 전체의 취지에 의하면 다음의 각 사실이 인정된다.

가. 문명고등학교(이하 '이 사건 학교'라 한다)는 사립학교로, 신청인들은 이 사건 학

교 1학년 재학생들의 부모들이다.

나. 교육부장관은 2015. 9. 23. 교육부 고시 제2015-74호로 「2015 개정 교육과정」
을 제정하였고, 2015. 12. 1. 교육부 고시 제2015-80호로 「2015 개정 교육과정」 총
론의 부칙 중 일부 과목의 적용 시기를 다음과 같이 개정하였다가, 2017. 1. 6. 교육부
고시 제2017-108호로 위 총론의 부칙 중 중학교 사회 교과(군)의 '역사' 및 고등학교
기초 교과 영역 '한국사' 과목의 적용 시기에 관한 사항을 폐지하는 것으로 개정하였
다. 그 결과 「2015 개정 교육과정」에 따라 개발된 국정 역사교과서(이하 '이 사건 국
정교과서'라 한다)는 2018년경 이후 모든 학교에 수업교재로 사용되게 되었다.

> 부칙
> 1. 이 교육과정은 학교 급별, 학년별로 다음과 같이 시행합니다.
>   가. 2017년 3월 1일 : 초등학교 1, 2학년
>   나. 2018년 3월 1일 : 초등학교 3, 4학년, 중학교 1학년, 고등학교 1학년
>   다. 2019년 3월 1일 : 초등학교 5, 6학년, 중학교 2학년, 고등학교 2학년
>   라. 2020년 3월 1일 : 중학교 3학년, 고등학교 3학년
>   단, 중학교 사회 교과(군)의 '역사' 및 고등학교 기초 교과 영역의 '한국사'
>   과목은 2017년 3월 1일부터 적용합니다.

다. 한편 교육부는 2017. 1. 10. '2015 개정 교육과정에 따른 역사교육 연구학교 운
영계획'을 발표하였는데, 이에 따라 지정된 연구학교는 「연구학교에 관한 규칙」 제3조
에 따른 '교육과정·교육방법·교육자료 및 교과용도서 등의 연구·개발·검증을 목적으로
하는 정책 연구학교'가 되고, 2015 개정 역사과 교육과정이 적용되며, 이 사건 국정교
과서를 주교재로 사용하게 된다.

라. 피신청인은 교육부가 발표한 역사교육 연구학교 운영계획에 따라 2017. 1. 18.
경상북도 내의 중·고등학교를 대상으로 연구학교를 공모하고, 응모 신청서 제출기한을
'2017. 2. 10. 14:00'로 정하여 안내하였으며, 2017. 2. 8. 응모 신청서 제출기한을
'2017. 2. 15'로 연장하였다.

마. 이 사건 학교장은 2017. 2. 15. 피신청인에게 2017 역사교육 연구학교 응모 신청

문명중고등학교 총동창회의
「2017 국정역사교과서 연구학교 지정·운영」에 대한 지지 선언

우리 문명중·고등학교 총동창회는 2017. 2. 20. 19:00 ██████

██ 식당에서 개최된 (긴급)이사회에서 모교 문명고등학교의 「2017

국정역사교과서 연구학교 지정·운영」 건에 대한 찬·반 투표 결과, 기수

별 이사와 임원단 등 참석인원 43명 중 찬성 29명, 반대 14명으로

모교 문명고등학교의 결정을 존중하기로 의결하고 지지를 선언하였습

니다.

2020. 6. 1.

문명중·고등학교 총동창회 회장 ███████

학교법인문명교육재단 이사장 귀하
(문명중·고등학교장)

신문

"좌파교육감 국정 교과서 연구학교 지정 방해, 명백한 위법" / 미디어펜 2017. 02. 08.

문명고, 교장실에 교사 불러 '국정' 찬성서명 강요 파문 / 한겨레 2017. 02. 19.

문명고, 국정 교과서 '전국 유일 연구학교' 지정 강행 / 한국일보 2017. 02. 19.

문명고 金 교장 같은 분, 백명 천명 나와야 교육이 선다 / 조선일보 [사설] 2017. 02. 21.

문걸어 잠근 문명고 이사장… 천년이고 만년이고 해봐 / 오마이뉴스 2017. 02. 21.

문명고의 외로운 버티기… '연구학교 철회는 없다' / 문화일보 2017. 02. 24.

단 하나 남은 문명고에 온갖 압력 가하는 '전체주의' 깽판 / 미디어펜 2017. 02. 25.

5,556학교중 단 한곳도 그냥 두지 않았다 / 조선일보 2017. 03. 03.

속보/문명고와 같은 재단 문명중, 국정 역사교과서 보조교재 신청 확인 / 중앙일보 2017. 03.

문명고 오늘 입학식 때 근조 리본 행정소송도 추진 / 경향신문 2017. 03. 02.

문명고 국정 교과서 수업 맡을 교사가 없다 / 경향신문 2017. 03. 02.

"국정 교과서 연구학교는 옳다. 따라와야" 문명고 교장 일문일

답 / 경향신문 2017. 03. 02.

경북 문명고 , 좌파세력 한 달째 위협 계속… 입학식 취소 / 조선일보 2017. 03. 03.

국정 교과서 채택했다고 학교 무단침입에 욕설… 속칭 진보의 추악한 민낯/ 뉴데일리 2017. 03.

전교조 "우린 모르는 일"… 이사장 "겁박해도 채택 취소는 없다" / 조선일보 2017. 03. 04.

"교과서 획일화 반대한 세력, 이젠 다양성 말살 나서는 모순" / 동아일보 2017. 03. 08.

문명고 판결문 보니, 사실상 국정 교과서 '탄핵' / 프레시안 2017. 03. 17.

문명고 연구학교지정 효력정지… "확정판결까지 국정 교과서 못써"/ 연합뉴스 2017. 03. 17.

문명고 국정 교과서 연구학교 지정 효력정지 / 부산일보 2017. 03. 17.

문명고 교장 "시위하면 정책도 폐지한단 생각, 어디서" / 서울신문 2017. 03. 19.

문명고 교장 김태동 "국정 교과서 철회 없다" / 연합뉴스 2017. 03. 19.

문명고 교장이 학교 홈피에 올린 놀라운 글 / 한겨레 2017. 03. 19.

문재인 대통령, '국정 교과서' 확인 사살! 문재인 취임 후 교육 첫 업무 지시,

"오직 '검정 교과서' 사용하라" / 뉴데일리 2017. 05. 13.

교육부, '국정 교과서 폐기' 본격 돌입… 이미 배포된 교과서 행

방은? / 뉴데일리 2017. 05. 20.

文당선으로 국정 교과서도 폐기 수순… 문명고대책위 "환영" / 중앙일보 2017. 05. 10.

"문명고 국정 교과서 연구학교 지정 철회" 배포된 국정 교과서 폐기 / 서울경제 2017. 05. 16.

진보 아니면 모두 적폐… 국정 교과서 조사위 논란, 교원단체 '왕따시킨' 조사위원회…

급진 진보 성향 가득 '기울어진 운동장' / 뉴데일리 2017. 09.

방송

경산 문명고 학생, 국정 교과서 연구학교'신청 철회' 시위 / YTN NEWS (2017. 02. 17.)

'국정 역사교과서' 문명고, 학생·시민단체 반발 / YTN NEWS (2017. 02. 20.)

'문명고 유일 역사교사' 국정 교과서 수업거부… / OhmynewsTV (2017. 02. 21.)

경산 문명고 '국정 교과서' 논란에 입학식 파행 / YTN NEWS (2017. 03. 03.)

문명고 입학식 파행…'국정 교과서' 가르칠 교사도 없어 / JTBC News (2017. 03. 03.)

문명고, 이르면 내일 국정역사교과서 배포 / KBS (2017. 03. 12.)

법원, 문명고 국정 교과서 연구학교 지정 제동…'전국 0' / JTBC News (2017. 03. 17.)

문명고, 확정판결 때까지 국정 교과서 못써/ YTN News (2017. 03. 17.)
문명고 국정역사교과서 연구학교 지정 효력정지 / 안동MBC NEWS (2017. 03. 18.)

잡지

미래한국 2017. 12. 2

"이번 역사교과서는 문재인 교과서… 정권 홍보 책자이며 학생용 이념 교재"

최보식 조선일보 선임기자

"2018년 김상곤 교육부 장관 시절 펴낸 교육부 백서(白書)에 '연구학교는 학교 현장에서도 외면을 받았다'라고 했습니다. 너무 괘씸해 그때부터 이 책을 준비했습니다."

홍택정(73) 문명고 이사장은 직정적이었다. 그가 몇몇 필자와 공동으로 '문명고 역사지키기 77일 백서'를 출간했다. 세간에서는 벌써 잊힌 한 고등학교의 '작은 일'을 소환한 것이다.

"그 과정에서 우리 학교가 얼마나 고통받았고, 외부 세력까지 개입된 불법·폭력으로 광란의 현장이 됐던 사실에 대해 교육부 백서에는 한 줄 언급이 없었습니다. 마치 학교가 몹쓸 일을 저지른 것처럼 해놓았습니다."

박근혜 정부가 '국정 역사교과서'를 만들었을 때, 경북 경산시에 있는 문명고는 전국에서 유일하게 '연구학교'로 선정됐다. 국정 교과서를 채택해 기존의 검인정 교과서와 함께 수업 시간에 가르치겠다는 취지였다.

하지만 일부 교사·학생·학부모는 학교의 결정에 강하게 반발했고, 심지어 그 지역 민노총·전교조·농민회까지 가세했다. 그해 입학식도 열지 못했다. 지방의 한 고교가 가장 뜨거운 뉴스 현장이 됐던 것이다. 박근혜 탄핵으로 출범한 문재인 정부는 '적폐 청산 대상 1호'로 찍어 국정 역사교과서를 백지화했다. 문명고의 연구학교 지정과 철회도 한때의 소동으로 끝났다.

- 이미 지나갔고 돌이킬 수 없는데, 지금 와서 이런 책을 내는 게 무슨 소용이 있을까요?

"당시에 입만 벌리면 '법치'니 '민주적 절차'라고 떠들던 전교조 등 세력이 학교에서 이런 짓을 했구나, 그때 있었던 사실을 기록으로는 남겨둬야 한다는 생각을 했습니다."

- 당초에 왜 국정 역사교과서를 채택하려고 했습니까?

"검정(檢定) 역사교과서의 좌편향 문제가 워낙 심각했으니까요. 박근혜 정부에서 국정 교과서를 하겠다고 했을 때, 사학의 이사장 모임인 한국사립초중고법인협의회는 2016년 11월 정기총회에서 지지 성명을 냈습니다. 그런 결정을 해놓고는 막상 국정 교과서 여론이 안 좋아지자 다들 돌아섰어요. 저 혼자만 '돈키호테'가 된 격이었지요."

- 당초 '국정화' 추진에는 무리한 면이 많았습니다. 보수 성향 언론인·지식인들도 시대 역행이라며 돌아섰지요?

"저도 국정화 방식에는 찬성 안 했지만, 이 말고는 역사 교과서의 좌편향을 바로잡는 게 현실적으로 어려웠습니다."

- 박근혜 탄핵 촛불 집회가 열리는 시점이었는데, 정권이 바뀌면 교과서 운명이 어떻게 될지 모른다는 판단은 못 했나요?

"교육부에서 교과서를 만들었고, 학교 내 합법적 절차를 거쳐 연구학교 결정이 이뤄졌습니다. 학교를 대표하는 교장·운영위원회·동창회가 찬성했습니다. 그런 결정을 어느 반대 세력이 떠들고 위협한다고 해서 포기할 수는 없는 겁니다. 저보고 '극우'라고 하는데, 저는 '불법과 폭력에 결코 항복하지 않겠다'는 원칙주의자입니다."

- 국정 역사교과서는 한 학교의 결정에 국한된 문제가 아니었지요. 박 전 대통령이 탄핵당하자 44억 원쯤 들여 만든 교과서는 한 번도 사용 못 하고 폐기되고 말았지요.

"좌파 진영에서는 책이 나오기도 전부터 '친일·독재 미화 교과서'라고 공격했습니다. 실제 나오자 그런 말은 쏙 들어갔습니다. 그때까지 나온 역사 교과서 중에서 가장 우수했습니다. 게다가 우리 학교에서는 국정 교과서만으로 가르치겠다는 것이 아니라, 검정 교과서도 부교재로 함께 비교 연구를 하겠다고 한 겁니다. 이게 난리를 치면서 막아야 할 사안입니까."

- 당초 이사장께서 국정 역사교과서를 채택하자고 한 겁니까?
"김태동 전 교장 선생님이 먼저 의견을 냈습니다. 이는 학교장의 고유 권한입니다. 전체 교사 79%가 동의했고, 운영위원회에서도 5:4로, 동창회에서도 긴급회의를 열어 찬성했습니다. 하지만 전교조 교사 3명이 주도해 반대가 시작됐습니다. 학교 경영의 책임자인 저는 분노를 참으면서 '광란의 77일'을 지켜봤습니다."

- 그 과정에서 가장 마음에 맺히는 장면은요?
"민노총과 전교조, 농민회 등 외부 세력이 교장실까지 쳐들어와 협박했습니다. 제가 학교에서 나가달라고 요구하자 "××놈아! 니가 뭐고?"라는 등 욕을 했습니다. 왜 이들이 학사(學事)에 개입합니까. 학교가 정치적 선동의 제물이 되고 만 겁니다. 저에 관한 신상털기, 인신공격도 행해졌어요."

- 저는 국정 교과서가 가져올 '획일성' 문제를 비판했지만, 학교가 자율적으로 국정 교과서를 선택한 것이라면 존중해야 한다고 봤습니다. 그게 오히려 다양성을 인정하는 것이지요. 단지 한 학교에 불과한데, 왜 그렇게 기를 쓰면서 반대했을까요?
"저도 이해가 안 됐습니다. 반대하는 이들은 교과서 내용은 보지도 않았습니다. 일부 학생도 휩쓸렸습니다. 당시 학생회장에게 반대 이유를 물으니 '왜 우리 학교만 국정 교과서를 선택합니까? 인터넷 강사 선생님이 국정은 나쁘다고 했습니다. 최순실 교과서입니다'라고 답변했어요."

- 당시 '연구학교 운영 계획'을 맡았던 역사 과목 교사도 나중에 반대했다고 들었는데요?

"그 뒤 분위기가 바뀌자 돌아섰습니다. 한마디로 황당했습니다."

- 반대 교사들은 학생과 학교를 위해 그렇게 한다고 했지요?

"그렇지만 학교 차원의 결정이 났으면 따라줘야 합니다. 교장과 이사장은 학교를 말아먹기 위해 연구학교를 선택했을까요. 이들은 외부 세력과 비상대책위를 만들어 계속 반대 서명을 받았고 언론에 왜곡된 내용을 흘렸습니다. 정말 문제의식이 있는 교사라면, 이번 기회에 국정 교과서의 왜곡된 부분을 반드시 파헤쳐보겠다고 해야 하지 않을까요."

- 학부모대책위가 경북교육청을 상대로 낸 '연구학교 지정 효력정지 신청'을 법원이 받아들였지요?

"여기서도 민변이 나서 법적 소송을 대행했습니다. 재판부는 '이 교과서로 대입을 준비해야 하는 학생과 학부모들은 회복할 수 없는 손해를 본다'고 했어요. 국정으로만 가르치는 것이 아니라, 국정과 검정 교과서 두 권을 비교 연구하겠다는데 오히려 도움이 되지 무슨 불이익입니까. 박근혜 탄핵 직후라 그런 눈치 판결이 나왔을 겁니다."

- 그 뒤 문 대통령이 국정 역사 교과서를 '적폐 1호'로 찍어 행정명령
으로 폐기 지시를 했지요. 올해 들어와 검정 역사 교과서가 개편됐지요.
지금 문명고는 어떤 교과서를 채택하고 있습니까?

"검정 교과서 8종이 다 그 수준입니다. 한 교과서는 우리 현대사
기술에서 '독재'라는 표현을 27회, 북한에 대해서는 한 번만 언급했
습니다. 북한이 내놓은 주장 그대로 '유일(唯一) 체제'라고만 쓰고 있
습니다. 천안함 사건이나 연평도 폭격 등 북한의 무력 도발은 빠져
있고, 북한 정권을 평화주의자로 비치게 해놓았습니다. 국정 교과
서가 나쁘다고 폐기했으면 더 좋은 교과서가 나와야 하지 않습니
까. 이번 검정 교과서가 제대로 만들어졌으면 '우리가 괜히 그때 고
집부렸다'며 얼마나 미안했겠습니까."

- 그전의 검정 교과서보다 더 못하다는 뜻인가요?

"불과 3년밖에 안 지난 촛불 집회가 교과서마다 모두 나옵니다.
촛불 집회 컬러 사진을 두 면에 걸쳐 게재하거나, 이를 '21세기형 민
주혁명'이라고도 했습니다. 문 대통령이 판문점에서 김정은과 마주
서서 웃고있는 전면 사진도 나옵니다. 대신 보수 쪽 전직 대통령들
은 수의 입은 모습도 실려있습니다. 이런 교과서를 만들려고 그렇
게 난리를 쳤나 싶습니다."

- 과거에는 언론이 역사 교과서의 좌편향성 문제를 떠들었는데, 현
정권에서 워낙 놀랄 만한 뉴스가 많아서인지 교과서 문제는 뉴스가 안

340

되고 지나갔군요.

"국정 교과서는 내용 면에서 크게 나무랄 데 없지만 '박근혜 교과서' '최순실 교과서'라는 식으로 집요하게 공격받았습니다. 하지만 이번 검정 교과서는 명실상부 '문재인 교과서'가 됐습니다. 역사 교과서인 것 같지만, 실제로는 정권 홍보 책자이고 학생 대상의 이념 교재인 겁니다."

- '학생 대상 이념 교재'라는 표현은 너무 센 것 같군요.

"검정 교과서 집필진 중에는 '학생들은 민중의 기간 부대가 될 자원'이라는 글을 썼던 이도 있습니다. 올해부터 18세인 고3 학생은 투표권을 갖게 됩니다. 지금 역사 교과서대로 정치 편향성을 주입하면 50만 표는 어디로 가겠습니까."

- 요즘 같은 세상에 학생들이 어떤 교과서로 배운다고 그쪽으로 가겠습니까?

"작년 말 고1 학생이 교지(校誌)에 '그동안 이승만을 나쁜 인물로 배웠는데, 도서관에서 이승만 관련 책을 읽으니 그렇지 않았다. 왜 우리는 이승만을 이렇게 홀대해왔느냐'는 글을 실었습니다. 학생들은 교과서나 교사, 추천 도서에 크게 영향을 받습니다."

사학 이사장은 '식물인간'

- 몇 달 전 연구학교 사태와 관련해 집단행동을 했던 교사 다섯 명을

징계했다고 들었습니다. 세월이 지났는데 지금 와서 이러는 것은 뒤끝 있는 보복처럼 비치는데요?

"교장 선생님이 지난 6월 명예퇴직 전에 해교(害校) 행위자 징계를 요청했습니다. 그냥 넘어갈 수 없고 최소한 절차는 밟아야 한다는 것이었지요. 감봉 3개월, 견책 같은 경징계 수준으로 했습니다."

- 전교조가 부당 징계를 취소하라는 성명을 냈고, 해당 교사들은 소청심사위원회에 이의 제기를 했지요?

"이들은 서로에게 책임을 떠넘겼고, 다른 교사들의 책임은 왜 묻지 않느냐는 식으로 나왔습니다. 이런 모습까지 보니 정말 실망이 컸습니다. 해당 교사들이 '내 책임이니 다른 교사들은 용서해달라'고 했으면 아마 징계를 거뒀을 겁니다."

- 연구학교 무산으로 끝이 아니라 여전히 후유증이 남아있군요.

"제가 안 피우던 담배도 그때 피웠습니다. 학교 기강이 무너졌고요. 교장과 이사장의 말이 안 통하면 어떻게 학교를 운영하겠습니까. 사학(私學)의 이사장은 건학 이념을 실천하며 학교를 지키는 자리라고 생각합니다. 하지만 현실적으로 숱한 규제와 억압으로 손발이 잘려나가 식물인간이나 다름없습니다. 그렇다고 제가 학교에서 월급 한 푼 받는 것도 없습니다. 이 업을 물려주신 선친께 원망의 마음도 들었습니다."

출처_ 조선일보2020.10.26.

342

광란의 그 현장
문명고, 역사지키기 77일 백서

지 은 이 ㅣ 홍택정 외
만 든 이 ㅣ 최수경
만 든 곳 ㅣ 글마당 앤 아이디얼북스

(출판등록 제2008-000048호)

만 든 날 ㅣ 2023년 01월 10일
펴 낸 날 ㅣ 2023년 01월 20일
주　　소 ㅣ 서울시 종로구 인사동길 49 (안녕인사동 3F) 301호
전　　화 ㅣ 02. 786.4284
팩　　스 ㅣ 02. 6280. 9003
홈 페 이 지 ㅣ www.idealbooks.kr
이 메 일 ㅣ gul@idealbooks.kr

ISBN 979-11-978822-7-2(03300)

책값 18,000원